LOVE OF KIM YOUNG RAN ACT

김영란法 사랑

김영란法 사랑

2016년 10월 4일 초판 1쇄 인쇄
2016년 10월 7일 초판 1쇄 발행

지은이 지영환 | **발행인** 장진혁 | **발행처** (주)형설이엠제이
주소 서울 마포구 성암로330 DMC첨단산업센터 623호 · 전화 (070) 4896-6050
등록 2014-000262 | **홈페이지** http://www.emj.co.kr | **e-mail** emj@emj.co.kr
공급 형설출판사

형설아카데미는 (주)형설이엠제이의 자체 브랜드입니다.

ⓒ 지영환 All Rights Reserved.

ISBN 979-11-86320-34-1 03360

* 이 책은 저작권법에 의해 보호를 받는 저작물이므로 동영상 제작 및 전재와 복제를 금합니다.

이 도서의 국립중앙도서관 출판시도서목록(CIP)은 서지정보유통지원시스템 홈페이지(http://seoji.nl.go.kr)와 국가자료공동목록시스템(http://www.nl.go.kr/kolisnet)에서 이용하실 수 있습니다.(CIP제어번호 : CIP2016022401)

LOVE OF KIM YOUNG RAN ACT

김영란法 사랑

지영환 저

형설 아카데미

머리말

　양승태 대법원장이 2016년 9월 6일 서울 서초구 대법원에서 열린 긴급 전국법원장회의에서 인천지법 부장판사의 뇌물수수 사건과 관련해 "부정을 범하는 것보다 굶어 죽는 것이 더 영광이다."며 대국민 사과를 했습니다. 대법원장이 법관 비리와 관련해 대국민 사과를 한 것은 이번이 세 번째입니다.

　"우리는 지난 주 현직 부장판사가 법관의 직무와 관련하여 거액의 금품을 수수한 혐의를 받고 구속된 일로 인해 엄청난 충격에 휩싸여 이 모임을 열고 있습니다. 아직 남은 수사와 재판 과정에서 분명히 가려져야 할 부분이 있기는 하지만, 법관이 지녀야 할 가장 근본적인 직업 윤리와 기본자세를 저버린 사실이 드러났고, 그 사람이 법관 조직의 중추적 위치에 있는 중견 법관이라는 점에서 우리 모두가 느끼는 당혹감은 실로 참담합니다. 한 법관의 잘못된 처신이 법원 전체를 위태롭게 하고 모든 법관의 긍지와 자존심을 손상시키고 있습니다. 더구나 작년에 이어 다시 이 같이 일이 거듭되어 법관 전체의 도덕성마저 의심의 눈길을 받게 됨으로써 명예로운 길을 걸어가기 위해 온갖 노력을 다해 온 모든 법관들이 실의에 빠져있습니다. 그러나 그 가운데서 가장 크게 실망하고 마음에 상처를 받은 사람은 그 동안 묵묵히 사법부를 향해 변함없는 애정과 지지를 보내면서 법관이 우리 사회의 소금이 되기를 절실히 기대하고 믿어 온 국민들일 것입니다. 〈중략〉 이 때문에 우리는, 이러한 일이 상식을 벗어난 극히 일부 법관의 일탈행위에 불과한 것이라고 치부해서도 아니 되고, 우리가 받은 충격과 상처만을 한탄하고 벗어나려 해서도 아니 됩니다. 부끄럽고 송구스러운 마음일지언정 이 일이 법관 사회 안에서 일어났다는 것 자체로 먼저 국민들께 머리 숙여 사과하고 깊은 자성과 절도 있는 자세로 법관의 도덕성에 대한 믿음을 줄 수 있도록 있는 힘을 다하여야 할 것입니다."

〈양승태, "대법원장의 대국민 사과문 일부", 2016.9.6.〉

대법원장이 자신이 몸담고 있는 사법부의 잘못을 스스로 반성하는 자성의 목소리를 낸 것은 불거지고 있던 사법부

내의 비리와 이를 묵인하던 관행에 국민들의 불만이 거세지고 이에 대한 여론이 확산되는 과정에서 나온 것으로, 전반적인 부패 상황이 얼마나 심각한 것인가를 여실히 보여 주었습니다.

 단순히 한 기관의 내부 사정에 그치지 않습니다. 청렴을 가장 중요한 가치로 삼고 일해야 하는 공직자 집단인 사법부가 부패의 온상이 되어 왔다는 점은 사회 전체에 대한 부정부패의 고리를 생각해 볼 수 있게 하는 대목이 아닌가 싶습니다. 이러한 문제가 발생한 것이 어제 오늘의 일이 아닌데도 개선되지 않는 이유는 무엇 때문일까요?

 이러한 현실을 보완하고자 "부정청탁 및 금품등 수수의 금지에 관한 법률" '김영란法'이 만들어졌습니다. 법이 가지고 있는 원칙과 본래 원형질(原形質)의 목적을 실현할 수 있으려면 이해가 쉬워야 하는데 다양한 현실 속에서 어떻게 적용될 수 있는지 충분한 고민의 흔적이 한 눈에 들어오지 않습니다. 친절한 이해와 소통의 한계를 스르르 고민해 오면서 『공무원범죄학』, 『감찰론』에 이어 『김영란法 사랑』이라는 책을 펴내게 되었습니다.

　이 책은 본 법률에 대해 전체 4부로 다루고 있습니다. 먼저 제1부에서는 공무원범죄의 개념을 집중적으로 다루고 있습니다. '김영란法'이 제재 대상으로 삼고 있는 것은 언론인과 일반 국민 등 폭넓은 것이지만, 집중 대상이 되는 것은 공직자입니다.
　어떤 행동을 하는 데에 있어 도덕적인 판단을 가지고 행동하는 것은 모든 사람들에게 중요하겠지만, 공무원은 국민의 대리인으로 국민들을 위해 봉사하는 직업적 특성상 공정한 자세가 더욱 강조되기 때문입니다.
　여기에서는 공무원범죄의 개념과 그 유형을 살펴보는 동시에 특성을 파헤쳐 '김영란法'이 공직자 사회에서 어떤 의미를 가질 수 있는지 소개하였습니다.

　다음으로 제2부에서는 '김영란法'의 구체적인 내용을 다루고 있습니다. 특히 눈여겨 볼 부분은 알쏭달쏭 법령과 관련된 사례를 기초로 우리들의 실생활 속 어떤 부분에서 이 법이 적용될 수 있는가를 다뤘습니다.

'김영란法'이 대상으로 삼고 있는 범죄의 유형은 우리들의 생활 속 행동들과 아주 밀접한 연관성을 띠고 있는 것이 사실이지만, 보통의 사람들이 어떤 행동을 할 때에는 자신의 행동을 온전히 의식하지 않습니다. 법을 어기고 싶은 마음이 없어도 자신도 모르는 사이 실수를 저지르는 것은 대개의 사람들이 어떤 부분들을 주의해야 하는지 잘 알지 못하기 때문입니다.

이 책의 독자들은 사례를 통해 각자가 어떤 행동을 할 때 특히 조심해야 하는가를 구체적으로 느낄 수 있을 것입니다. 그 올바른 행동 균형과 곤충의 촉각(觸覺) 혹은 현미경을 보는 듯이 밝은 눈으로 세상을 보아야 할 것입니다.

제3부에서는 '김영란法'과 같은 목적으로 그동안 실행했던 법률들이 가지고 있는 한계와 새로운 법률의 필요성을 담고

있습니다. '김영란法' 제정 이전에도 사회의 부패를 방지하기 위한 다양한 노력들이 없었던 것은 아닙니다. 하지만 이러한 노력이 부패 척결이라는 긍정적인 결과로 이어질 수 없었던 것은 각각 한계를 가지고 있었기 때문입니다.

  기존 법령의 한계를 밝힘과 동시에 어떤 점들이 개선될 수 있는지를 다루는 것이 제3부의 내용으로, 김영란法의 필요성을 더 잘 느낄 수 있을 것입니다.

  마지막 제4부에서는 직종별 매뉴얼을 다루고 있습니다. 김영란법의 목적이 사회 곳곳에 만연한 부정부패 척결이라는 목적을 가지고 있는 만큼 그 대상 또한 다양한 분야에 속해 있습니다.

  이때 제2부의 내용이 실제 생활 속 이야기가 담겨 있다면, 제4부에서는 유관단체 및 언론사 등이 갖추어야 할 행동 양식들을 소개하고 있다는 점에서 차이가 있습니다. 이러한 매뉴얼은 실제 각 분야에서 일하고 있는 사람들이 자신의 직무 분야에서 어떻게 행동해야 할지에 대해 실질적인 도움을 줄 수 있다는 점에서 의의가 있을 것입니다.

　한 사람의 잘못은 한 사람의 차원에서 끝나는 것이 아닙니다. 사람은 사회적 존재라는 점을 새삼 상시하지 않더라도, 우리들의 움직임이 내가 속한 사회와 공동체를 대표할 수 있는 행동이 된다는 것은 두말할 필요가 없습니다. 자신이 하는 작은 행동 하나에도 책임감을 가지고 행동해야 하는 것이 이러한 이유 때문이 아닌가 싶습니다.
　이 한 권의 책이 사회 구성원들의 인식에 당장의 커다란 변화를 가져오고, 앞으로 있을 수 있는 모든 부패와 범죄에 완전한 예방책은 될 수 없을 것입니다. 하지만 미세하고 작은 노력이 모여 투명한 정치 사회 실현에 한 걸음 다가갈 수 있을 것입니다.
　'김영란法'을 잘 이해하는 것을 넘어 개인적 차원에서는 자신의 생활에 올바른 생활지침이 되고 국가와 정부의 투명하고 공정한 사회 공동 목표에 성큼 다가설 수 있는 토양이 되기를 간절히 소망합니다.

별 하늘 땅 바위 나무 식물 곤충 동물 물고기 바다 등 자연 철칙처럼 사람이 법과 질서를 잘 지키면 세계 4대 성인 공자, 예수, 석가모니, 소크라테스의 경지는 아니더라도 누구나 그 가까이 다가갈 수 있습니다.

다산이 지닌 목민의 정신을 공직 안팎 사람 모든 이들에게 알리고 지켜갈 정신을 기르는 시대가 왔습니다. 올바른 정신 철학을 스스로 펼쳐 태어나 죽을 때까지 영혼(soul 靈魂)토록 참 행복을 느낄 수 있으리라 생각합니다. 국가와 정부 사회의 윤리 도덕 교육 범죄 예방에 대한 비용을 자연 감소시켜 문화 복지 혜택을 누리도록 만들어야 할 것입니다.

심장(heart 心臟)의 궤도는 좀처럼 중심을 벗어나지 않습니다. 남한강 장닭 이마 위에 세로로 붙은 붉은 톱니 볏을 신나게 흔들어 대며 사람들 잠을 깨웁니다.

고흥(高興) 팔영산국립공원(八影山國立公園)에서
지은이 지영환 올림

차례

제1부 공무원범죄란 무엇인가?

Chapter 1 공무원범죄학이란? * 22

1. 범죄학으로 살펴본 공무원범죄 * 23
   1 직무중심으로 * 23
   2 시장이론중심으로 * 24
   3 공익중심으로 * 25
   4 종합적으로 * 26

2. 공무원범죄와 부패의 관계는? * 27

3. 공무원범죄는 화이트칼라범죄이다 * 32

4. 형법상 공무원범죄에는 * 34

Chapter 2 공무원범죄의 종류에는 * 35

1. 생계형 범죄 * 35

2. 치부형 범죄 * 36

3. 권력형 범죄 * 36

Chapter 3 공무원범죄에 대한 새로운 접근이 필요하다 * 38

Chapter 4 공무원범죄는 고도의 정치성·신분성을 띤다 * 43

제2부 「부정청탁 및 금품등 수수의 금지에 관한 법률」에 대하여

Chapter 1 추진배경과 경과에 대하여 * 48

1. 법이 만들어진 배경은? * 48

   1 헌법적 가치를 실현하기 위해 * 48
   2 공직사회에 대한 국민의 신뢰 높이기 위해 * 49
   3 국제사회의 평가와 국가경쟁력 높이기 위해 * 50
   4 부패영역 줄이기 위해 * 52
   5 부패 사각지대 보완하기 위해 * 52
   6 '부패 만드는 사회문화적' 요인 개선하기 위해 * 53

2. 어떻게 만들어졌나? * 54

   1 청탁금지법 정부안 마련 및 국회제출까지 * 54
   2 국회 제출 이후 제정 · 공포에 이르기까지 * 55

3. 기대되는 효과는? * 56

   1 공공기관에 대한 국민신뢰 확보할 수 있다 * 56
   2 공직자 · 공적 업무 종사사를 보호한다 * 57

Chapter 2 적용범위에 대하여 * 58

1. 누구에게 적용되는가 * 59

   1 적용대상기관을 중심으로 * 59
   2 적용대상자를 중심으로 * 60

2. 적용원칙은? * 66

Chapter 3 국가와 공직자 의무에 대하여 * 68

1. 공직자 직무의 특성이란 * 68

2. 국가나 공공기관의 책무란 * 69

3. 공직자 책무의 특성에는 * 69

Chapter 4 부정청탁의 금지에 대하여 * 71

1. 부정청탁의 금지에 대하여 * 71

1 부정청탁행위 주체에는 * 73
　　2 부정청탁행위의 상대방과 범위에는 * 74
　　3 부정청탁의 방법에는 * 78
　　4 부정청탁이 성립하려면? * 85

2. 부정청탁 대상 직무의 종류에는? * 92
　　1 인·허가 등 처리 관련 부정청탁 * 93
　　2 행정처분 또는 형벌부과 감경·면제 관련 부정청탁 * 95
　　3 인사 개입 등 관련 부정청탁 * 96
　　4 공공기관의 의사결정 관여 직위 선정·탈락 관련 부정청탁 * 98
　　5 수상·포상 등 선정·탈락 관련 부정청탁 * 99
　　6 입찰·경매 등 직무상 비밀 누설 관련 부정청탁 * 100
　　7 계약 당사자 선정·탈락 관련 부정청탁 * 102
　　8 보조금·장려금 등 배정·지원 개입 등 관련 부정청탁 * 103
　　9 공공기관의 재화·용역 매각·교환 등 관련 부정청탁 * 105
　　10 학교의 입학·성적 등 처리 관련 부정청탁 * 107
　　11 징병검사·부대배속 등 처리 관련 부정청탁 * 108
　　12 각종 평가·판정 결과 조작 등 관련 부정청탁 * 108
　　13 행정지도·단속·감사 결과 조작·묵인 관련 부정청탁 * 110
　　14 수사·재판·심판 등 처리 관련 부정청탁 * 111

3. 부정청탁 사유의 예외에는? * 113
　　1 법령·기준에서 정한 절차·방법에 따라 요구하는 행위 * 114
　　2 공개적으로 특정한 행위를 요구하는 행위 * 115
　　3 공익적 목적의 고충민원 전달행위 * 116
　　4 기타 법정기한 내 처리요구 등 * 120
　　5 사회상규에 위배되지 않는 행위 * 120

4. 직무수행을 금지하는 부정청탁이란? * 121

5. 부정청탁은 어떻게 처리될까? * 123
　　1 공직자는 부정청탁을 거절할 의무가 있다 * 124
　　2 부정청탁을 받았으면 신고해야 한다 * 125

3 부정청탁을 받은 공직자 어떤 조치를 받을까? * 128
　　4 부정청탁의 내용과 조치사항 공개 * 129

6. 위반행위에 대한 제재에는? * 130

　　1 징계 * 131
　　2 과태료 부과 또는 형사처벌 * 131

Chapter 5 금품 등의 수수금지에 대하여 * 134

1. 수수 금지 물품 등 * 134

　　1 제재대상이 되는 수수 금지 금품에는 * 136
　　2 '동일인'과 '1회' * 139
　　3 '회계연도'란 * 143
　　4 '직무와 관련하여'란 * 145
　　5 금품의 의미란 * 148
　　6 금지되는 행위란 * 150
　　7 배우자의 금품 등 수수 금지란 * 152

2. 수수 금지 금품 등의 예외사유에 대하여 * 155

　　1 개요 * 156
　　2 제1호(공공기관이나 상급 공직자 등이 제공하는 금품 등) * 156
　　3 제2호(사교·의례 등 목적으로 제공되는 음식물·선물 등) * 157
　　4 제3호(채무의 이행 등 정당한 권원에 의하여 제공되는 금품 등) * 158
　　5 제4호(친족이 제공하는 금품 등) * 160
　　6 제5호(단체의 기준이나 장기적·지속적 친분관계에 따른 금품 등) * 161
　　7 제6호(직무 관련 공식적 행사에서 통상적·일률적으로 제공하는 금품 등) * 163
　　8 제7호(기념품·홍보용품 등이나 경연·추첨을 통하여 받는 상품) * 164
　　9 제8호(다른 법령·기준 또는 사회상규에 따라 허용되는 금품 등) * 165

3. 수수 금지 금품은 어떻게 신고하고 처리할까 * 166

　　1 수수 금지 금품 등의 신고와 반환 * 168
　　2 소속기관장은 어떻게 행동해야 할까 * 171

4. 외부강의 등의 사례금 수수 제한 * 173

1 왜 제정하게 되었을까 * 174
  2 외부강의 등의 범위는 * 174
  3 외부강의의 사전 신고와 제한 * 178
  4 초과사례금도 신고와 반환 대상 * 178

5. 위반행위에 대한 제재에는 * 179

  1 징계 대상이 되는 경우 * 181
  2 형사처벌 대상이 되는 경우 * 181
  3 과태료 부과 대상이 되는 경우 * 182
  4 과태료 부과 취소의 경우 * 183
  5 몰수 · 추징과 징계부가금 * 184

Chapter 6 부정청탁 방지에 관한 업무의 총괄기관에 대하여 * 185

1. 부정청탁 등 방지에 관한 업무 총괄기관에 대하여 * 185

2. 위반행위의 신고와 처리에 대하여 * 186

  1 위반행위의 신고 * 187
  2 신고 처리 방법에는? * 189
  3 이의신청 및 재조사 요구에 대하여 * 191

3. 신고자 보호와 보상에 대하여 * 192

  1 보호 · 보상 대상 신고자 * 195
  2 신고자 보호를 위한 조치들 * 197
  3 보상금 · 포상금이란 * 199

4. 위법한 직무처리에 대한 조치에 대해 * 202

  1 위법한 직무처리에 대한 조치와 부당이득의 환수 * 204
  2 비밀누설 금지 * 205
  3 교육과 홍보 * 206
  4 청탁방지담당관의 지정 * 206

Chapter 7 징계와 벌칙에 대하여 * 208

1. 징계의 의미 * 208

2. 벌칙의 의미 * 209

3. 과태료 부과 통보 * 212

4. 과태료 부과 취소 * 213

5. 양벌규정 * 215

  1 양벌규정과 적용 제외 * 215
  2 양벌규정의 법인 면책사유(상당한 주의와 감독) * 216
  3 법 제24조(양벌규정)와 질서위반행위규제법 제11조의 관계 * 217

제3부 공무원범죄를 줄이기 위해

Chapter 1 법령 및 제도의 개선방향 * 226

1. 법령은 어떻게 바뀌어야 하는가 * 226

  1 직권남용죄 * 226
  2 직무유기 * 228
  3 뇌물죄 * 230
  4 법 왜곡죄의 신설 필요성 * 232

2. 제도적으로 나아가야 할 방향에 대하여 * 235

  1 내부고발자 보호 제도의 개선 방향은? * 235
  2 현행 몰수제도의 개선 방향은? * 236
  3 공무원범죄의 공소시효 개선 방향은? * 240

Chapter 2 사면권의 제한 및 남용방지 * 242

1. 사면권이 가지는 문제점은 무엇인가 * 242

2. 사면권을 통제하기 위한 방법 * 243

  1 절차적 통제 * 243
  2 입법적 통제 * 244
  3 사법적 통제 * 245

    4 정치적 통제 * 245

Chapter 3 공무원범죄 통제를 위한 올바른 철학윤리론 * 246

1. 올바른 철학윤리상이란 * 246

2. 별과 철학윤리 * 248

　　1 아이작 뉴턴 법칙에 나타난 철학윤리 * 249
　　2 스피노자의 윤리학 * 250
　　3 암행어사 퇴계 이황의 철학윤리 * 250
　　4 암행어사 다산 정약용의 철학윤리 * 253

3. 올바른 철학윤리를 실천하기 위하여 * 254

제4부 직종별 매뉴얼

Chapter 1 유관단체 매뉴얼 * 258

1. 선물 신고 처리 및 조치 매뉴얼 * 258

　　1 선물 신고 처리 및 조치 절차도 * 258
　　2 선물의 상담 * 259
　　3 선물의 신고 * 259
　　4 선물의 반환 * 261
　　5 선물의 인도 및 인도된 선물의 처리 * 265
　　6 수수 금지 선물의 조사 및 처리 * 265

2. 수수 금지 음식물 신고 처리 매뉴얼 * 268

　　1 개요 * 268
　　2 음식물 가액의 확인 * 268
　　3 수수 금지 음식물 자가 진단 Check List * 270
　　4 수수 금지 음식물 신고 처리 및 조치 절차 * 272

Chapter 2 언론사 매뉴얼 * 275

1. 수수 금지 음식물 신고 처리 매뉴얼 * 275
  1 개요 * 275
  2 선물 가액의 확인 * 276
  3 수수 금지 선물 자가 진단 Check List * 277

2. 수수 금지 경조사비 신고 처리 매뉴얼 * 279
  1 개요 * 279
  2 경조사 범위 및 경조사비 가액의 확인 * 279
  3 수수 금지 경조사비(결혼 · 장례에 한정) 자가 진단 Check List * 281
  4 경조사비 신고 처리 및 조치 * 284

3. FAQ * 288
  1 금품 등 수수 금지 관련 * 288
  2 금품 등 신고 처리 관련 * 298

Chapter 3 공직자 부패행위 관련 해외 8개국 비교 연구 * 300

Chapter 4 2015 국제투명성기구 조사 세계 부패 인식지수 * 314

1부

공무원범죄란 무엇인가?

Chapter 1   공무원범죄학이란?

공무원범죄학(公務員犯罪學)이란 형법상 해당성, 위법성, 책임성 범죄의 성립요건으로 국가적 법익, 사회적 법익, 개인적 법익을 침해하는 공무원의 범죄행위를 연구한 조직된 지식과 체계를 갖춘 학문을 의미한다.

공무원범죄는 국가의 일반권력기능을 보호하는 죄형법규로 볼 때 공무원 신분이 있는 자가 저지른 범죄를 말한다. 즉 공무원이 직무상의 의무에 반하여 사익을 추구하거나 공익을 침해하는 일체의 행위로 형벌법규 위반행위뿐만 아니라, 행정법 또는 당해 공공기관의 내부규정에 의하여 징계를 가할 수 있는 모든 행위가 포함된다.

공무원범죄는 공무원의 직무에 관한 죄와 공무방해에 관한 죄로 나누어진다. 공무원의 직무에 관한 죄를 직무범죄(Amtsdelikte)라 한다. 공무원 직무에 관한 죄는 직무위배죄·직권남용죄·뇌물죄를 포함한다. 그리고 공무방해에 관한 죄는 공무집행방해죄와 직무강요죄·위계에 의한 공무집행방해죄 등 일반공무집행방해죄 외에 법정 또는 국회회의장모욕죄·인권옹호직무방해죄·공무상 비밀표시무효죄 등 다양한 행태의 특별공무집행방해죄를 포함한다.

우리는 일상적인 용어로서 공무원의 범죄행위를 지적할 때 흔히 부정부패라는 용어를 사용하고 있다. 또한 화이트칼라범죄라는 개념을 공무원범죄의 개념으로 대체하거나 혼용하여 사용하고 있다. 그러므로 공무원범죄의 원인과 대책을 살펴보기 전에 공무원 범죄의 개념을 명확하게 할 필요성이 있다.

1 범죄학으로 살펴본 공무원범죄

　형법적인 측면의 정의에 따를 때 공무원범죄란 공무원이 직무와 관련하여 범하는 형법규범 위반이라 정의할 수 있다.
　그런데, 이러한 형법적 정의 이외에 범죄학적 입장에서는 공무원범죄의 개념을 보다 포괄적으로 재정의할 필요가 있다. 이를 통해 범죄학적인 접근에 있어서 공무원이라는 특정 주체와 관련한 현상들을 포괄적으로 포섭함으로써 공무원범죄라는 고유영역에 대한 이론적 설명 및 통제방법을 통일적으로 강구할 수 있게 될 것이기 때문이다. 이러한 범죄학적 의미의 공무원범죄 개념의 사용에 도움을 줄 수 있는 견해가 있어서 이를 소개한다.
　미국 워싱턴 대학의 교수 하이덴하이머(Heidenheimer)가 부패관련 논문 중 58편에서 사용된 부패의 개념을 분석한 바에 따르면 공무원범죄를 다음과 같이 직무중심, 시장중심, 공익중심의 정의로 유형화하고 있다. 필자도 이에 공감을 표하며, 이러한 하이덴하이머 교수의 분류를 중심으로 설명하고자 한다.

1 직무중심으로

　공무원범죄를 직무와 그 직무에 부과된 규범으로부터의 일탈행위에 관련시켜 정의하려는 입장으로 베일리(D. H. Bayley), 맥물란(H. Mcmullan), 나이(J. S. Nye) 등이 이러한 정의를 시도하였다. 베

일리에 의하면 '공무원범죄란 뇌물수수행위(bribery)와 같은 부당한 배려에 의하여 공무원이 그의 업무를 위반하게끔 유인된 경우'라 정의하며 족벌주의(nepotism)와 공금횡령(misappropriation) 등도 부패 개념에 포함된다.

나이는 '개인이나 가족, 자신의 당파(private clique)를 위한 이기심이나 금전상의 이익(pecuniary), 지위획득(status gains) 때문에 공공기능상의 정상적 의무를 벗어나는 정치적 행위, 또는 개인적 영향(private regarding influence)을 배제하기 위한 형태의 규범을 어기는 행위'라고 공무원범죄(official deviance)를 정의한다. 하지만 이러한 직책중심의 정의는 공직자의 부패문제에 한정됨으로써 부패로 볼 수 있는 많은 행위가 제외될 수 있다는 점에서 문제가 있다. 즉 공직자에게 뇌물을 주는 사람이나 뇌물을 받는 공직자나 모두 부패에 개입된 사람인데, 뇌물을 받는 공무원의 문제에만 초범을 맞추게 된다는 점을 지적할 수 있다. 다른 문제점으로 부패행위의 기준이 되는 공적의무의 성격을 규명하는 것이 쉽지 않다는 비판도 면하기 어렵다.

2 시장이론중심으로

레프(N. H. Leff), 반 크레버린(J. Van. Keveren), 틸만(R. Tilman) 등 경제학자들이 시장이론을 기초로 공무원범죄를 정의했다. 레프에 의하면 '공무원부패란 정부의 경제정책을 입안하고 관리하는 책임을 맡고 있는 관료로부터 은혜를 사는 행위'라고 규정하며 그 전형적인 예로서 외국환 수입·수출투자 또는 생산면허를 획득하거나 탈세를 하기 위하여 뇌물을 공여하는 행위를 들며 이 경우 뇌물은 경제활동에 부과되는 세금적 성격을 갖게 된다. 틸만은 관료제를 시장경제의 강제적 가치모형과 유사하다고 하여 암시장관료제(Black Market Bureacracy)로서 관료부패 현상을 설명했는데, 그에 의하면 현대 관료제의 이상인 중앙집권적 할당기구는 수요와 공급 간의 불균형하에서 파괴되기 쉬운데, 이 불균형 때문에 중앙집권적 할당기구가 파괴되어 암시장이 형성되는 것과 같은 것이 부패로서 나타난다고 한다. 주로 경제학자들이 주장하는 견해이다.

그러나 이 견해에 대해서는 어떤 규율을 공무원에 적용할 것이며 공무원에게 어떤 규율을 적용할지를 누가 결정해야 하는 문제가 남아 있다는 비판이 따르게 된다. 부패인식 측정법과 부패경험 측정법이 있는데 일반적으로 국가 간의 비교를 위해서는 부패에 관한 객관적인 방법론보다 부패인식을 조사하는 것이 더 믿을 만하다.

3 공익중심으로

공무원부패란 공익을 침해하는 것이라는 점을 강조하는 입장이다. 직무중심의 정의는 부패개념을 너무 좁게 보아 부패현상 중 많은 것이 제외되고 시장이론중심의 견해는 부패를 너무 넓게 보는 폐단이 있으므로, 부패의 기준은 공익에 두어 침해 정도에 따라 부패 정도를 규정해야 한다고 하는 견해이다. 이러한 개념 주장자로서 프리드리히(Friedrich)는 '어떤 일을 수행할 책임 있는 공무원이 법적으로 규정되지 않은 금전 또는 기타 보상을 제공한 자에게는 누구나 혜택을 주는 행위를 함으로써 국민대중과 그 이익에 손해를 끼치는 경우에 부패가 된다'라고 하고 있다. 그러나 이 고찰에 대하여는 공익을 누구의 평가로 규정해야 하느냐의 문제가 생긴다는 비판을 할 수 있다.

4 종합적으로

이러한 부패인 공무원범죄의 범죄학적 측면에서의 개념정립에 대한 논란은 부패현상이 그 나라의 정치제도 및 사회·문화적 환경과 깊이 관련되어 있을 뿐만 아니라 역사적 전통과도 결부되어 있기 때문에, 어느 나라를 막론하고 보편적으로 적용될 수 있는 단일의 부패개념을 정의하는 것이 사실상 불가능하다는 것을 말해 준다. 또한 연구자의 연구 방향이나 강조하는 점이 다르기 때문에 더욱 그러하다는 점을 보여준다. 그런 이유에서인지 법 규정에 의하여 공무원범죄에 대한 개념정의를 내린 법규정은 그리 찾아보기 어려운데, 미국의 시민자치단체법(municipal corporation law)은 우리의 형법체계와 유사하여 최소한 3개의 범주로 공무원범죄(officail deviance)를 분류하고 있다.

즉 공무원범죄를 직무불이행(nonfeasance), 부정(malfeasance) 직권남용(misfeasance)으로 유형화한다. 한편, 山中一郞은 공무원의 일반민간인과의 상호작용의 형식을 '인간관계'라 규정하고 그것이 범죄행동계(criminal behavior system)를 구성한다고 하면서 공무원범죄 연구의 핵심은 바로 그 범죄행동계의 본질을 명확히 하는 데 있다고 한다. 그는 이러한 공무원의 '인간 관계'에 중점을 두어 공무원범죄의 개념을 요건화하였는데 그가 지적한 것을 종합하면 '공무원범죄는 공무원이 직무상의 관계에서 신분적 제특성을 이용하여 부정하게 재산상의 이익을 수수하는 범죄를 말한다.'고 할 수 있다.

그러나 공무원이라는 신분을 가진 주체가 반드시 그 신분적 특성을 이용하여 재산상 이익의 취득을 목적으로 하는 것은 아니다. 다음의 공무원범죄의 유형에서도 볼 수 있는 바와 같이 재산 이외의 목적에 의하여도 행하여진다고 할 것이므로 위 견해는 공무원범죄의 여러 유형을 포섭할 수 없는 단점이 있다. 따라서 본 연구에서는 공무원범죄를 공무원이 직무상의 관계에서 신분적인 모든 특성을 이용하여 부정하게 재산상의 이익·재물을 수익하거나 그 지위를 이용하여 규범을 위반하는 범죄라고 정의하고자 한다.

2 공무원범죄와 부패의 관계는?

부패는 공무원범죄와 흔히 혼용되어 사용된다. 따라서 공무원범죄와 부패가 어떠한 관계에 있는가를 살펴보기 전에 먼저 부패의 일반적인 의미를 명확히 할 필요가 있다. 공직자가 갖추고 지켜야 할 공직자윤리에 위반되는 의미로서의 부패(corruption)란 법규·제도 등이 문란해 바르지 못하다는 것을 지칭한다.

우리가 흔히 말하는 부정부패라는 용어는 엄격히 따지자면 부정과 부패가 합하여진 것으로 두 용어의 뜻을 구별할 수 있다. 부정이란 공무원이 공무수행에 있어서 비정상적이고 규범외적인 방법으로 사적인 이익을 추구하는 것을 말하고, 부패는 부정의 행위가 행정에 미치는 악영향, 즉 행정기능의 약화 내지 능률저하와 공익의 침해를 의미한다. 즉 부정은 규범이나 법규에 위반되는 행위 그 자체에 중점을 두고 내린 정의인 반면, 부패는 그 규범이나 법규에 위반되는 행위가 미치는 부정적 결과에 중점을 두어 내리는 정의로 구별될 수 있다.

다만, 부패라는 용어가 지니는 다양하고 복잡한 속성 때문에 법규 명확성을 저해하는 문제점이 있어 예외적인 경우를 제외하고는 법률용어로 쓰지 않는 것이 보통이다. 그러나 실제로는 일반국민이나 매스컴에서는 공무원범죄의 전형적인 케이스를 부패라는 용어로 매우 보편적으로 사용하고 있다. 또한 2001.7.24. 부패방지법이 제정·공포되면서 '부패' 또는 '부패행위'라는 용어가 본격적으로 법률용어로 사용되기 시작하였다. 이러한 의미에서 부패의 개념을 그림으로 표시하여 보면 다음과 같은 그림을 그릴 수 있다.

■ 범죄와 부패의 관계

부 패   범 죄

　부패를 넓은 의미에서 보면 주체에는 아무런 제한이 없이 자기 또는 제3자의 부당한 이익을 위하여 자기에게 부여된 권한 또는 지위를 오용하는 일체의 행위를 말한다. 반드시 불법행위에 국한하지 않고 부당이득 또는 사회상규에 위배되는 행위도 포함된다. 부패를 이와 같이 넓게 볼 경우 공직자의 불법행위뿐만 아니라 사적인 거래관계에서 부여된 권한을 이용하여 부당한 이익을 추구하거나 사기업의 임직원이 기업의 내부규칙에 반하여 자신의 이익을 도모하는 행위도 부정행위에 속하므로 부동산투기, 환투기, 주가조작, 불공정거래, 사기업종사자의 배임수재는 물론 배임, 공무와 관련된 사기 등도 부패행위가 될 수 있다.

　그러나 이와 같이 사회적 윤리 개념에 어긋난 일체의 행위를 모두 부패의 개념에 포함하게 되면 부패문제와 도덕문제의 구별이 어렵게 되며, 공무원범죄 개념과도 실질상 거리가 멀어지게 된다고 하지 않을 수 없다. 반면, 부패를 좁은 의미로 보면, 넓은 의미의 부패

개념 중 공직자가 직무상의 의무에 반하여 사익을 추구하거나 공익을 침해하는 일체의 행위를 말한다. 행법상의 직무범죄인 뇌물 수수, 직무유기, 직권남용, 불법체포감금, 가혹행위, 공무상 비밀누설, 선거방해와 특별 형법인 특정범죄가중처벌 등에 관한 법률, 병역법, 조세범처벌법 등의 직무범죄 등 형벌법규위반 행위뿐 아니라 행정법 또는 당해 공공기관의 내부규정에 의하여 징계를 가할 수 있는 모든 행위가 포함된다. 공무원의 개인적인 범죄행위나 부도덕행위도 형벌을 받거나 사회적 물의를 일으킨 경우 품위유지위반 등으로 징계의 대상이 되지만, 그것은 이미 행하여진 일탈행위에 대한 제재의 반사적 효과일 뿐이므로 좁은 의미의 부패에는 포함되지 않는다.

 왜냐하면 공직자의 행위라 하여 공무와 무관한 개인적 불법 행위를 모두 부패행위라고 한다면 공적 지위의 남용이라는 논의의 초점이 흐리게 되기 때문이다. 여기서는 부패를 좁은 의미의 부패, 즉 공직부패의 개념으로 정의하고자 하며, 부패의 개념을 공직부패의 개념으로 정의할 때 부패의 개념은 곧 공무원범죄의 개념과 가깝게 된다. 부패방지법 제2조 제3호에서는 '부패행위'를 공직자가 직무와 관련하여 그 지위 또는 권한을 남용하거나 법령을 위반하여 자기 또는 제3자의 이익을 도모하는 행위, 또는 공공기관의 예산사용, 공공기관 재산의 취득·관리·처분 또는 공공기관을 당사자로 하는 계약의 체결 및 그 이행에 있어서 법령에 위반하여 공공기관에 대하여 재산상 손해를 가하는 행위라고 정의하고 있다. 이외에도 부패방지법에는 공직자가 업무처리 중 알게 된 비밀을 이용하여 재물 또는 재산상의 이익을 취득하거나 제3자로 하여금 취득하게 하는 것도 부패행위의 한 유형으로 규정되고 있다.

영미의 경우 부정부패의 개념을 다음과 같이 정의한다. 19세기 중반에 영국 대법원(The House Of Lord)의 경우 선거에서 뇌물이 오고간 'Cooper vs Slade' 사건에서 Willes 판사는 '부정부패'라는 단어를 법률에서 나타내는 의미로서 '부정직한'의 의미 대신에 "부패한 투표자들을 포섭하기 위한 위법한 행위"라고 사용했다.

이보다 훨씬 근대적인 사건은 Lindley 사건인데, 피고는 콩 납품과 관련된 계약을 맺는 데 있어서, 관련 회사의 직원으로부터 뇌물을 수수한 혐의를 이미 받고 있었다. Pearce 판사는 여기서 '부패한'의 의미를 "고용주의 신뢰를 저버리고 마땅히 고용주에게 돌아가야 할 권위를 뇌물을 수수함으로써 부당하게 챙긴 것"이라고 기록하고 있다.

또한 Smith 사건의 경우 피고는 캐슬포드(Castleford)의 시장에게 자신의 편의를 위해 그가 시의회에 영향력을 행사해 주기를 청탁했는데, 상고법원의 Parker 부장판사는 이전에 Cooper vs Slade의 Willes 판사의 판례에 따라 다음과 같은 판결을 내렸다. "여기서 '부패한'이라는 단어는 피고가 '고의적이고 계획적으로(deliberated and with intention)' 누군가를 부정한 거래로 끌어들였다"는 의미로 사용되었다. Parker 경의 이 말에 대한 해석은 '부정부패'의 함의를 더욱 넓게 만들었다. 그러나 그는 이 사건에 있어서 이 단어가 범죄의 동기에 작용한 영향력과는 달리, 보상에 있어서는 독립적인 기능을 가지고 있다고 첨언했다.

보다 더 현대적인 경우가 바로 Wellburn 사건인데, 상고법원은 또다시 willes 판사의 판례에 따라 그가 사용한 '부패한'이라는 단어를 보다 '일반적인 단어'로 사용했다.

3 공무원 범죄는 화이트칼라범죄이다

화이트칼라범죄(white collar crime)라는 용어는 서덜랜드(E. H. Sutherland)가 명명한 용어로 처음에는 기업범죄를 바탕으로 출발한 개념이다. 화이트칼라범죄의 개념은 "사회경제적 지위가 높은 사람들이 직업상 저지르는 범죄"라고 정의된다. 이러한 용어의 정의에 비추어 볼 때에는 공무원범죄는 전형적인 화이트칼라범죄에 속하며, 직무와 관련하여 범죄를 통해 자신의 이익을 추구한다는 점에서 일반 형사범과 차이가 있다. 일반 범죄의 경우 범죄수법이 교묘한 사이코패스 유형의 범죄 양상으로 바뀌고 있는 추세다.

화이트칼라범죄란 사회의 각 방면에서 관리적·지도적 입장에 있는 자가 직무상의 지위를 이용하여 직무과정에서 범하는 범죄행위이다. 회사 임원의 지위를 이용한 횡령(橫領)·배임(背任), 최근에 많이 발생하는 컴퓨터 범죄·증수뢰(贈收賂)·탈세·경제법규 위반 등이 그 예이다. 이것은 반드시 형법상 범죄로서 취급되는 것은 아니다. 종래 범죄는 빈곤이나 정신장애 등 어떤 의미에서는 인생의 낙오자가 행하는 특유의 현상이라는 견해가 지배적이었으나, 미국의 범죄학자 서덜랜드는 사회의 지도적 지위에 있는 화이트칼라에 속하는 자가 직무행위와 관련하여 사리사욕 때문에 반사회적 행위를 하는 현상이 있음을 지적하며 범죄관(犯罪觀)을 수정할 것을 주장하였다. 물론 이러한 자의 범죄라도 살인·방화·강도 및 직무와 관련이 없는 절도 등은 화이트칼라범죄에 포함되지 않는다.

화이트칼라범죄는 일정한 권한이나 지위를 남용하여 사리사욕을 채우려 한다는 특색이 있으며, 보통 계획적이고 교묘한 방법으로 이루어진다. 피해도 상당히 크고 국가경제를 혼란시키며 정치·행정에 대한 불신을 초래하는 등 해악성이 인정되지만, 기업 또는 국민이 피해자라는 점에서 피해의 파급이 간접적이고 피해감각이 잘 환기되지 않는 경향이 있다. 또한 가해자 쪽도 살인·강도를 범하는 것과 같은 죄악감을 느끼지 않는다. 사건처리에 있어서도 위법·합법의 구별이 어려우므로 형사문제로서 다루어지지 않거나, 범죄를 입증할 증거가 인멸되어 소추(訴追)를 단념하게 되거나, 사회적 지위가 높기 때문에 정치적 고려에 의하여 기소되지 않는 경우도 있다. 질적으로나 양적으로 증대되는 경향이 있으며 그와 같은 불법을 예방하려면 영리본위의 기업경영이나 이권을 발생시키는 국가의 경제활동을 시정해야 한다.

4 형법상 공무원범죄에는

　공무원범죄에 관한 현행 형법규정은 일반적으로 공무원의 직무에 관한 죄와 공무방해의 죄로 구분된다. 공무원 부정부패와 직접 관련되는 형벌법규는 공무원의 직무에 관한 죄에 해당하는 직무유기죄, 피의사실공표죄, 공무상비밀누설죄, 일반공무원 직권남용죄, 불법체포·감금죄, 폭행·가혹행위죄, 선거방해죄, 단순수뢰죄, 사전수뢰죄, 제3자뇌물제공죄, 수뢰후부정처사죄, 부정처사후수뢰죄, 사후수뢰죄, 알선수뢰죄, 증뢰죄·증뢰물전달죄 등이다. 형법상 이외의 형태인 공무방해죄는 공무원의 부정부패와는 직접적인 관련이 있다고 보기 힘들다.

　공무방해죄를 구성하는 범죄군들은 일반인들이나 공무원의 신분을 가진 자들이 공무원에게 향한 범죄를 의미하기 때문이다. 따라서 공무원 부정부패와 관련된 범죄유형 중 공무원의 직무에 관한 죄를 기준으로 실제적인 공무원의 부정부패와 연관될 수 있는 범죄유형을 중심으로 살펴보기로 하자. 여기에는 일반적으로 뇌물의 죄에 해당하는 유형의 범죄군들과 뇌물과 관련된 유형들의 직무에 관한 죄들로 유형화할 수 있다.

Chapter 2 / 공무원범죄의 종류에는

1 생계형 범죄

생계형 범죄란 하위직 공무원이 정당한 보수만으로는 기본적 생활을 영위하는 데 위협을 느껴 양심의 가책을 느끼면서도 부정의 유혹을 뿌리치지 못하여 범죄행위를 하고, 이러한 부정소득으로 기본적 가계의 적자를 메워 나가는 정도의 범죄행태라고 할 수 있다. 이러한 유형의 범죄는 주로 생활이 곤궁한 하위직 공무원이 생계를 유지하기 위해 담당·처리하는 업무와 관련하여 뇌물을 수수하는 행위 등의 형태로 다양하고 광범위하게 발생한다. 특히 비교적 보수수준이 낮은 개발도상국의 경우에 구조화되어 있다.

물론 이러한 범죄도 불법적이며 부정한 것이므로 윤리적으로나 법적으로 비난받아야 하며, 현실적으로 보수수준이 낮다고 하여 면책될 수 있는 것은 아니다. 다만 생계형 범죄의 경우는 아래에서 설명할 치부형, 권력형 범죄에 비해 그 직위·책임성·범죄규모에 있어서 가장 낮고 개선가능성은 가장 높다. 또한 정상참작의 동기가 있어 재판상 재량의 여지로 참작될 수 있다.

2 치부형 범죄

　치부형 범죄란 하위직 공무원이 그의 공직을 치부와 축재의 수단으로 삼아 고의적으로 공직수행의 상대방(국민·기업·타 공무원)을 유인·위협하거나 또는 소극적으로 거액의 뇌물을 거부하지 아니하고 수수하여 이러한 부정소득으로 치부하는 범죄형태이다. 하위직 공무원의 행위이기는 하나 그 규모, 범의의 간악성과 적극성, 타인에 대한 영향·책임성·치유가능성 등에 있어서 생계형 범죄보다 훨씬 더 비난받아야 하고 처벌 수위에 있어서도 정상참작의 여지가 적다.

　그러나 어떤 하위직 공무원의 범죄행위가 생계형인가, 치부형인가를 분별하는 것은 그리 쉬운 일이 아니며, 그 행위로부터의 유인·위협 등의 악성이 표면적으로 나타나지 않는 경우에는 뇌물의 규모, 범죄 행위 자의 생활 정도 등과 당시의 사회통념 등에 따라 판단되어야 할 것이다.

　우리 사회에서 논란의 대상이 되고 있는 세무·교통·위생·도시계획·건축·검사 분석 등의 분야에 종사하는 일부 하위직 공무원의 범죄가 이에 해당한다.

3 권력형 범죄

　권력형 범죄란 국가원수·국무총리·장관·국회의원 등 고위직 공무원이 직접적이거나, 간접적으로 그 직무와 관련하여 자신의 공직을 이용하여 치부와 축재, 혹은 자기와 관련된 타인의 이익을 위해 이용하는 것을 말한다. 고위직 공무원은 하위직 공무원의 직무수행을 지휘·감독하고 국민의 준법정신과 도덕성을 계도해 나가야 할 책임이 있으며, 국가의 주요정책을 결정하거나, 직접적으로 보좌하는 역할을 하므로 이러한 권력형 범죄는 국가와 사회에 큰 영향을 미친다. 또한 고위직 공무원은 비교적 생활이 안정되어 있고, 이들에 의한 범죄 규모도 다액성을 띤다고 볼 수 있으므로 이들의 범죄를 생계형과 치부형으로 구분할 필요가 없게 된다.

Chapter 3 / 공무원범죄에 대한 새로운 접근이 필요하다

 2007년 1월 23일 서울중앙지방법원 형사합의 23부는 이른바 '인혁당 재건위' 사건 재심사건에서 관련자 8명 전원에 대한 무죄 판결을 내렸다. 1975년 4월 8일 대법원에 의해 사형이 확정되고 난 그 다음날 4월 9일 이들 전원에 대한 사형이 집행되어 무고한 이들이 형장의 이슬로 사라진지 32년만의 일이다. 이들을 죽게 만든 사법부가 스스로 그 살인행위에 결정적으로 기여하였음을 인정한 것이다. 사법부는 사람을 죽게 한 사람을 살인죄로 처단하고, 과실치사로 사람을 죽게 한 경우라도 그 범죄자를 처벌한다. 그런데 정작 자신들의 사법살인행위에 대해서는 어느 누구도 책임지는 사람이 없었고, 현재에도 없다. 이 사건을 기소했던 (군)검찰과 모진 고문과 조작으로 수사를 맡았던 수사기관의 어느 누구도 책임지겠다고 나서지 않고, 책임지는 사람도 없다. 조금 오래 전의 예이지만, '박종철 군 고문치사' 사건의 예를 보아도 그렇다. 당시 경찰은 박종운이라는 학생운동권 수배자의 행방을 추궁하기 위하여 그의 후배였던 박종철을 연행하여 고문하다가 사망케 하였다. 그러나 그가 직접혐의자도 아니고, 수배 중인 자의 행방을 알기 위해 참고인에게 고문을 가하여 죽음에 이르게 한 사안이었기 때문에 그 사건의 처리과정에서 소신 있는 부검담당 의사의 용기 있는 증언이 없었다면, 사인(死

因) 자체가 은폐되었을 것이다. 또한 사건이 고문치사로 밝혀진 뒤에도 끊임없이 사건을 은폐하다가 결국 사건의 전모가 밝혀져, 치안본부장까지 구속되는 사태를 맞이했던 것이다. 이 사건에서 대한민국의 공식적인 형사사법체계가 아니라, 양심선언, 폭로, 대중궐기와 같은 법외의 수단으로서야 진실을 밝혀내었다는 것은 시절의 탓을 넘어서 국가의 형사사법체계에 대한 깊은 반성을 요하는 일이다.

이러한 문제를 포함하여 공무원의 온갖 비리와 그에 대한 효과적인 대책의 결여는 오직 사법(司法)의 경우에만 국한된 문제인 것인가? 그렇다고 볼 수 없다.

헌법 제7조는 "공무원은 국민전체에 대한 봉사자이며, 국민에 대하여 책임을 진다."고 명시하고 있으며, 국가공무원법 제1조는 "공무원으로 하여금 국민전체의 봉사자로서 행정의 민주적이며 능률적인 운영을 기하게 함을 목적으로 한다."고 규정하고 있다. 이것은 공무원이 특정의 계층이나 정당 또는 개인에게 봉사하는 것이 아니라 주권을 가진 국민 전체의 봉사자임을 명백히 밝히고 있음을 뜻한다. 따라서 국가는 실력자나 국왕의 수탈기관으로서 그들의 이익에 봉사하는 기관이 아니라, 국민에 의해 구성되고, 국민에게 봉사하는 '국민국가'로 관철되어야 할 국민봉사기관이자 국민을 위한 수단기구에 불과한 것이다. 이러한 점에서 법, 특히 형법에 의한 공무원범죄의 규율은 현대국가에서 새로운 의의를 가지며, 재검토되어야 할 필요를 가진다고 판단된다.

그러나 아 쉽게도 우리나라의 형법체계, 실무에서는 아직도 공무

〈신동윤 기자, 2015 한국 부패인식지수 '56점' 7년째 제자리걸음, 헤럴드 경제, 2016-01-27.〉

원은 국민 위에 군림하는 지배자로 여기는 면이 적지 않아 보이며, 특히 이 점은 '인혁당재건위사건'과 같은 사법살인이라는 반인륜적 범죄행위에 대해 우리 형사실체법은 아무런 대책조차 없는 것에서 극명하게 볼 수 있다. 또한 최근 수사기관의 최고책임자라고 할 수 있는 전직 검찰총장과 전직 검사장에게 대법원이 공무상 비밀누설 및 직권남용죄 등을 인정하여 유죄판결을 선고하는 충격적인 결정이 내려졌다. 이른바 '이용호 게이트'와 '평창종합건설' 사건 수사과정에서 당시 대검차장이던 신승남씨와 광주 고검장이던 김대웅씨가 피의자측에게 수사기밀을 누설하고 수사담당자에게 압력을 행사하였다는 혐의를 인정받은 것이다.

그런데 문제는 사법관련 공무원의 범죄에만 국한된 것이 아니다. 우리나라에서 너무도 흔하게 발생되는 대부분의 '정경유착'은 고위공무원의 관여 없이는 불가능하다고 해도 과언은 아니다. 아직도 진행 중인 '론스타' 사건을 살펴보자.

'론스타'에 외환 은행을 매각하는 문제 역시 고위공직자가 조직적으로 관여한 것으로 알려지고 있으며, 외형상은 합법적일 뿐더러, 그 당시에 대단한 공적으로 선전되었던 사안이다. 처음에 이 사건은 론스타의 스타타워 빌딩 매각 관련 탈세혐의 문제로 촉발되었는데, 뒤에는 부총리급 인사가 개입된 '외환은행 매입관련 비리 의혹'으로 비화되었다. 즉 은행법상 산업자본이 10% 이상 출자한 사모투자전문회사(PEF)는 은행 지분 10%까지만 소유할 수 있고 4% 이상 지분에 대해서는 의결권을 행사할 수 없도록 돼 있으나, 부실금융기관에 대해서는 예외가 인정되었는데, 이러한 예외를 인정받기 위하여 외환은행의 BIS를 조작했다는 의혹이다. 2003년 5월 8.44%, 6월 9.14%, 연말 9.14%인 것이 론스타 대주주 자격 심사 과정인 2003년 7월 21일 금융감독원 자료에서는 6.16.%로 훨씬 낮게 평가되었던 것이다. 이 과정에서 심사를 담당해야 할 금융감독당국자와 국내 최대 로펌 등이 개입된 조작 의혹이 이제야 제기되고 있다.

이 사건에 대해 검찰은 이번 검찰수사를 통하여 외환은행의 매각 과정에서 당시 재경부 금융정책국장과 외환은행장 등이 론스타 펀드 측과 유착되어 정부의 금융 정책 기조에 반하여, 절차와 규정을 어기면서까지 의도적으로 외환은행 자산은 저평가하고 부실 규모는 부풀려 정상 가격보다 최소 3,443억 원, 최대 8,252억 원의 낮은 가격에 매각하였고, BIS비율을 부당하게 낮추어 금융감독위원회로 하여금 론스타의 외환은행 인수를 승인하게 한 사실을 확인하였다. 론스타 펀드가 한국에서 다수의 자산유동화전문회사를 설립한 후 부실채권을 매매하는 과정에서 자산유동화전문회사 간의 수익률을 불법적으로 조작해서 113억 원의 조세를 포탈하고, 243억 원의 업무상 배임행위를 한 사실, 론스타 펀드가 외환은행을 인수한 직후, 자회사인 외환카드를 인수·합병하는 과정에서 인수 가격을 낮추기 위해 허위의 감자(減資)설을 언론에 유포하여 주가를 하락시킴으로써 403억 원의 불법이익을 얻은 사실을 밝혀냈다. 이에 외환은행장, 변호사 등 여섯 명을 구속 기소하였고, 재경부 금융정책국장 등 아홉 명을 불구속 기소하였다.

이후 사건은 구속영장 기각 등을 둘러싼 검찰과 법원의 힘겨루기 양상으로 변질되어 많은 논란을 낳았다. 이러한 사건들 앞에서 우리가 늘 듣게 되는 '엄정한 법집행'은 찾아보기 힘들고, '의혹'으로 시작되었다가, 하위직 몇 명만 처벌받고 묻혀버리는 일이 반복되고 있는 것이다.

Chapter 4 / 공무원범죄는 고도의 정치성·신분성을 띤다

공무원에 의한 범죄는 고도의 정치성 내지 신분성을 띠고, 조직적·계획적·은폐적 특성으로 인하여 암수범죄율이 높은 데다가, 공무원에 의한 범죄에 대하여 일반국민의 비판의식의 수준이 높은 것과는 대조적으로 이를 제재·극복할 수 있는 제도적 장치 마련을 위한 연구나 노력이 부족하거나 활발히 진행되어 오지 못했던 것이 현실이다. 그만큼 공무원에 의한 범죄에 대한 통제가 제대로 이루어지지 않았으며 사회에 미치는 영향력에 대하여 심각한 숙려가 부족하였음은 물론, 공직의 투명성에 대한 사회적 고민이 미성숙하였음을 말해 준다. 과거 공무원의 범죄나 부패를 공무원 개인의 양심적·윤리적 문제로 한정하고, 해당공무원에 대한 처벌이나 징계로 '일벌백계'했다고 넘어감으로써 범죄문제를 결말지어 왔던 귀결이기도 할 것이다.

이러한 점에서 공무원에 의한 범죄는 더 이상 개인적 비리의 문제가 아니라 그 개인을 둘러싼 조직이나 환경, 제도에 관한 문제로 접근하여 그 대안을 모색하여야 하는 것으로 인식이 바뀌어야 한다. 세계적으로도 공무원에 의한 범죄 또는 공무원부패통제를 위한 예방 및 대안을 입법적·제도적 차원에서 그에 대한 연구가 활발히 진행되고 있다. 물론 이러한 선행연구들이 법학적 관점에서 이루어진 것이기보다 범죄학적 관점, 행정학적 관점에서 주로 이루어진 것이어서 법학, 특히 형법적인 시각에서는 상당한 이론적 문제점을 노출되는 것도 사실이지만, 어떠한 측면에서는 이러한 타 학문의 관점을 형법해석에 있어서도 적극적으로 도입할 필요도 있다고 판단된다.

형법적 시각에서 현재 존재하는 형벌규범의 해석론을 전개하는 것만으로는 해결할 수 없는 실질적인 범죄현상들이, 예컨대 '사법살인'의 경우에서 보는 바와 같이 엄연히 존재하기 때문이다. 또한 어떤 현상은 죄형법정주의의 원칙상 해석만으로 해결할 수 없고, 입법적으로 해결할 수밖에 없는 경우도 있기 때문이다.

공무원에 의한 범죄인 공직부패에 대한 범죄학적 혹은 행정학적 접근은 주로 다음의 두 가지 시각에서 이루어진다. 그 하나는 공무원들의 의식이나 문화의 측면에서 접근하는 것인데, 이를 '인적 접근'이라고 할 수 있다. 다른 하나는 정치나 경제 또는 기타 사회 각 부분을 규율하는 제도의 측면에서 이 문제를 파악하는 것으로, 이를 '제도적 접근'이라고 할 수 있다. 부패에 대한 통제 방안을 마련함에도 이상의 두 가지 시각 가운데에서 어떠한 입장을 취하는가에 따라서 그 결론 및 대책이 크게 달라진다. 우리나라의 역대 정부의 입장은 주로 행태론적인 시각인 인적 접근에 치우쳐왔다는 연구 분석은 본 책의 방향성을 설정하는 데에 있어서 비판적인 시각을 제공하고 있다.

지금까지 공무원에 의한 범죄에 관한 연구의 상당수가 행정학 분야에서의 공직자윤리제고 및 관료부패와 관련한 논문들이었다. 범죄학분야에서는 화이트칼라범죄 유형의 하나로서 규정짓고, 화이트칼라범죄의 일반적인 특성을 적용하여 왔으나 공무원에 의한 범죄는 기업범죄, 관세범죄, 경제범죄 등의 전형적인 화이트칼라범죄와는 다른 체계기능적인 관료조직 및 행정 구조와 관련되어 있으므로 공무원에 의한 범죄에 대한 독자적이고 체계적인 연구 분석은 미진했다고 판단된다.

2부

「부정청탁 및 금품등 수수의 금지에 관한 법률」에 대하여

Chapter 1 추진배경과 경과에 대하여

> 제1조(목적) 이 법은 공직자 등에 대한 부정청탁 및 공직자 등의 금품 등의 수수(收受)를 금지함으로써 공직자 등의 공정한 직무수행을 보장하고 공공기관에 대한 국민의 신뢰를 확보하는 것을 목적으로 한다.

1 법이 만들어진 배경은?

1 헌법적 가치를 실현하기 위해

　대한민국의 헌법 전문은 "유구한 역사와 전통에 빛나는 우리 대한민국은…모든 사회적 폐습과 불의를 타파하며…".라고 명시하고 있다. 우리는 「대한민국 헌법」 전문에서 부정부패 없는 투명하고 청렴한 대한민국 사회를 만들기 위한 의지가 표출된다는 것을 알 수 있다. 이러한 의지를 실현하기 위한 노력으로 '02년 「부패방지법」이 시행되었고, 이 법이 시행된 이래 지난 10년간 국민권익위원회(舊 부패방지 위원회, 국가청렴위원회)는 다양한 부문에서 부패방지 활동을 전개해 왔다. 청탁금지법도 부패방지 정책 시행의 일환으로 우리 사회의 폐습으로 작용하는 부정청탁과 금품수수 관행을 근절하기 위해 추진되었다.

2 공직사회에 대한 국민의 신뢰 높이기 위해

그동안 대한민국 내에서는 국민권익위원회를 비롯해 정부의 부패방지 노력에도 불구하고 공직자의 부패, 비리 사건이 끊임없이 발생해 왔다. 이러한 현실 때문에 우리 사회 전반에 대한 국민들의 신뢰는 매우 낮은 수준에 머무르고 있는 실정이다.

■ 공직사회에 대한 부패인식 수준

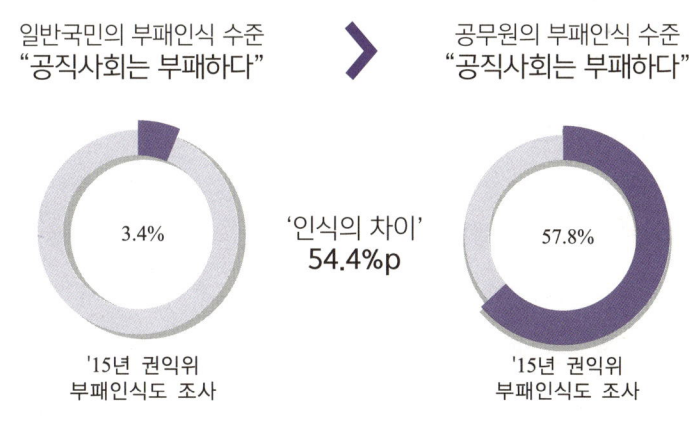

일반국민과 공직자의 인식의 차이가 시사하는 점

▶ 국민들이 기대하는 공직사회의 청렴 수준이 공직자가 생각하는 것보다 훨씬 높은 수준임을 의미
▶ 국민들의 시각에서 '부패'를 공직자들은 관행으로 여겨 문제의식을 갖지 못함

'15년도 국민권익위원회의 부패인식도 조사에 따르면, 우리사회

가 부패하다고 응답한 비율은 일반국민의 경우 57.8%에 달한다. 그런데 같은 조사 결과, 공무원의 3.4%만이 공직사회가 부패하다고 응답했는데, 이는 공직사회의 부패실태에 대한 일반국민의 인식과 공직자의 인식에 상당한 차이가 있음을 보여주는 것이라고 할 수 있다.

이런 조사 결과는 다음과 같은 두 가지 사실을 말해 준다. 즉 국민들이 기대하는 공직사회의 청렴 수준이 공직자가 생각하는 것보다 훨씬 높다는 것, 동시에 현재 공직사회에 대한 국민들의 의혹과 불신이 팽배해 있다는 것이다.

3 국제사회의 평가와 국가경쟁력 높이기 위해

대한민국의 부패 상황에 대한 인식은 비단 우리나라 국민들만 가지고 있는 편견이 아니다. 한 예로 '15년 국제투명성기구(TI)의 우리나라 부패인식지수(CPI)는 100점 만점에 56점, 168개국 중 37위로 저조하다는 조사 결과가 있으며, 경제협력개발기구(OECD) 회원국 기준 순위는 최근 5년 동안 34개국 중 27위로 하위권에 머물러 있다는 결과 또한 보고되고 있다. 또한 홍콩 정치경제위험자문공사(PERC, Political & Economical Risk Consultancy)의 '16년 아시아 부패지수에 따르면, 한국의 부패지수는 전년에 비해 소폭 개선되었으나 여전히 다른 아시아 선진국에 비해 낮은 수준이라는 것을 알 수 있는데, 이러한 조사를 통해 우리나라에서 활동하는 국내외 기업인,

전문가가 우리사회 부패실태에 대해 바라보는 인식이 부정적인 수준에 머물러 있다는 결론을 얻을 수 있다.

OECD 사무국이 '16.5월 발간한 뇌물척결보고서에 따르면 부패인식지수가 낮은 나라가 높은 나라보다 해외직접투자(FDI) 유치 확률이 15% 낮은 것으로 나타났다고 한다. 우리나라의 부패수준에 대한 국제사회의 이러한 평가결과는 외국기업의 투자 저해 등으로 연결되어 경제 발전을 저해하는 요소로 작용한다는 것을 말해 준다. 우리나라의 경제수준이나 국가경쟁력을 감안해 우리나라의 부패수준에 대한 국제사회의 인식은 상당히 저평가된 상태라고 생각해 볼 수 있는데, 이는 국내외 교역을 국가경쟁력으로 삼고 있는 우리나라의 현 상황에 심각한 문제라고 할 수 있다.

■ 한국의 청렴수준에 대한 국제사회의 평가
국가경쟁력에 비해 공공부문의 청렴수준은 상대적으로 낮은 평가

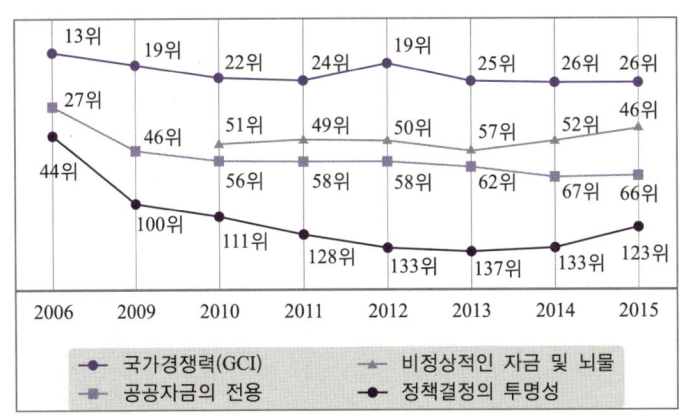

4 부패영역 줄이기 위해

부패의 개념은 사회와 문화적 배경, 시간과 공간에 따라 다르게 인식되어 왔는데, 전통적 의미의 부패라고 할 수 있는 뇌물수수, 공금횡령 등과 같이 윤리적이지 않으면서 동시에 불법으로 규정된 행위를 의미하는 것이 일반적이었다. 하지만 법질서에 대한 사람들의 인식이 확대되면서 최근에는 전통적인 의미의 부패행위를 넘어서서 비록 합법의 영역이지만 비윤리적인 행위까지 모두 불법으로 포괄하는 경향을 띠고 있는 것이 특징이다.

부패에 대한 인식이 확장되고 있는 만큼 이를 제재하기 위한 노력 또한 필요하다. 청탁금지법은 비윤리적인 부패영역을 축소시켜 국민 눈높이에 맞는 제도적 기반을 갖추기 위한 정책적 노력의 산물이라고 할 수 있다.

5 부패 사각지대 보완하기 위해

그동안 관행으로 여겨졌던 스폰서, 떡값, 대가와 결부되지 않은 전별금 등과 같은 경우도 최근에는 부정부패의 시발점으로 인식되고 있다. 이는 공직자의 청렴성에 대한 사람들의 기대수준이 상승했다는 사실과 이에 대한 판단 기준이 변화했다는 것을 보여 준다.

이런 현실은 기존의 법체계가 가지는 한계 또한 보여 준다. 이 때문에 다양화·은밀화·고도화된 새로운 유형의 부패행위에 대한 기존 반부패 법령의 규제 사각지대에 보완이 필요하다. 즉 도덕이나 윤리에 맡겨 둘 수만 없고 법제도를 통해 새로운 윤리와 도덕으로 자리 잡도록 유도할 수 있는 노력이 필요하다.

6 '부패 만드는 사회문화적' 요인 개선하기 위해

부패문제를 효과적으로 해결하기 위해서는 사회 문화적 구조를 바탕으로 변화하는 부패의 속성과 국민의 기대수준을 고려해 원인을 진단하는 동시에 부패 문화에 대한 인식 변화를 유도할 수 있는 노력이 필요하다.

'15년도 국민권익위원회의 부패인식도 조사는, 일반국민(36.3%), 공무원(46.1%), 기업인 (42.3%), 외국인(33.8%) 모두 '부패 유발적 사회문화'를 우리 사회의 부패 발생의 주된 원인으로 지적한다는 사실을 보여 준다. 우리사회의 부패는 뿌리 깊은 청탁관행, 고질적인 접대문화와 같은 '부패유발적 사회문화'에서 기인하고 있는 것이다.

이러한 원인의 하나로 우리사회의 구조를 들 수 있다. 우리사회는 혈연, 지연, 학연 등의 연고 관계는 물론 그 외 사회관계에서 형성된 각종 연줄을 통해 끈끈히 관계를 맺으면서 구성되어 있는데, 특히 투명하고 공정한 의사결정이 이루어져야 하는 공직사회에서 연줄을 이용한 청탁 관행은 뿌리 뽑아야 할 고질적인 병폐라고 할 수 있는 것이다. 청탁이 만연하는 사회에서는 비공식적 절차와 연줄을 통한 문제해결을 시도하게 되며 이는 곧 상호불신으로 연결되는 결과를 낳는다. 이러한 뿌리 깊은 청탁관행은 사회 구성원도 인식하지 못하는 사이 암묵적으로 인정되는 것이 사실이다.

고질적인 접대문화도 들 수 있다. '15년도 국민권익위원회의 부패인식도 조사 결과에 따르면, 일반국민의 40.2%, 기업인의 62.9%, 외국인의 50.0%가 공직자에게 금품이나 향응을 제공한 동기로 "원만한 관계유지, 관행 등을 이유로 제공"하였다고 답변했다. 이런 행동이 잘못됐다는 것을 알면서도 행하는 것은 금품이나 향응이 당장의 대가성이나 직무관련성이 없더라도 장차 자신에게 도움이 될 것이라는 생각이 작용했기 때문이다. 이러한 접대문화는 공정한 경쟁을 가로막아 공직자의 공정한 직무수행을 저해할 뿐만 아니라 공직자의 직무수행에 대한 의혹과 불신을 낳는 등 악순환을 초래한다.

2 어떻게 만들어졌나?

1 청탁금지법 정부안 마련 및 국회제출까지

'11.6.14. 국무회의에서는 '공정사회 구현, 국민과 함께하는 청렴확산방안'의 일환으로 가칭「공직자의 청탁수수 및 사익추구 금지법」제정을 추진한 이후, 「부정청탁금지 및 공직자의 이해충돌방지법」 국민권익위원회안을 마련하였으며, '11.10.18.에는 제1차 공개토론회를 개최하여 입법 필요성 및 입법방향에 대해 논의한 후, 국내외 입법사례 등을 검토하여 법안을 마련하고자 하였다. 이런 과정은 '12.2.21. 제2차 공개토론회를 개최하여 법안 공개, 조문별 토론을 통해 법조계, 언론, 학계, 시민단체 등 다양한 의견을 수렴해 진행되었으며, '12.4월~5월 권역별 법안 설명회(호남권, 충청권, 경상권)를 통해 법안의 내용을 홍보하고 지자체 공직자와 시민의 의견을 수렴하는 등의 과정을 통해 진행되었다. 또한 '12.4월~7월 한국법제연구원을 통해 '공직부패 종합대책법으로서 부정 청탁 및 이해충돌방지법안에 대한 분석 연구'를 실시함으로써, 사회 전반에 걸친 다양한 의견들을 반영하고자 노력하였다.

정부입법절차의 진행 과정을 살펴보면, '12.5월~8월 「부정청탁 및 이해충돌방지법」 제정안에 대해 관계부처 간 의견조회와 협의를 시작으로 '12.8.22.~10.2. 대국민 입법예고를 실시하였다. '13.2월에는 부정청탁 금지 및 이해충돌방지법 제정을 새 정부 국정과제(137번 공직혁신과 깨끗한 정부 구현)로 선정하여 '13.7.30. 관계 부처와의 긴밀한 협조 하에 마련된 정부안에 대해 국무회의에서 의결하였다. 최종적으로 '13.8.5. 정부 최종안을 국회에 제출하는 것으로 입법절차를 마무리하였다.

2 국회 제출 이후 제정·공포에 이르기까지

제출된 정부안은 '14.4월 발생한 세월호 사건으로 인해 이른바 세월호 3법으로 불리며 국회에서 논의가 본격화되었다. 이에 정무위원회에서는 6차례에 걸쳐 법안소위 법안심사를 진행하였고(법안심

사 : '14.4.25., '14.5.23., '14.5.27., '14.12.2., '14.12.3., '15.1.8.), '15.1.12. 정무위원회 전체회의에서 의결되었는데, 공직자의 이해충돌 방지 규정은 제외하고, 법 적용대상에 사립학교와 언론사까지 포함하는 것으로 입법적 합의를 보았다.

다음에 '15.3.3. 법제사법위원회 전체회의와 국회 본회의에서 의결되었으며, '15.3.27. 부정청탁 및 금품등 수수의 금지에 관한 법률 (약칭 : 청탁금지법)이 제정·공포되었고, '16.9.28. 시행될 예정이다.

3 기대되는 효과는?

1 공공기관에 대한 국민신뢰 확보할 수 있다

과거 우리나라는 공직자 등이 거액의 금품 등을 받아도 직무관련성과 대가성이 없다는 이유로 처벌받지 않아 공직사회에 대한 국민적 불신이 증가하였다. 이처럼 우리사회에 만연한 연고·온정주의로 인해 청탁을 자연스럽게 받아들이는 관행은 부정의 시작이라고 할 수 있는데, 이런 현실에 청탁금지법은 부패 빈발분야의 부정청탁행위를 제재하고 방지하는 것을 통해 공직자 등의 공정한 직무수행을 보장할 수 있을 것이다. 청탁금지법은 공직자 등이 금품 등을 수수하는 행위를 직무관련성과 대가성이 없는 경우에도 제재가 가능하도록 한다는 점에서 그 적용 범위가 넓기 때문에 보다 많은 국민들의 신뢰를 확보할 수 있을 것이다.

2 공직자·공적 업무 종사사를 보호한다

공직자 등이 부정청탁을 받거나 금품 등을 제공받을 경우 직무수행의 공정성을 저해한다. 이를 방지하고자 하는 청탁금지법은 공직자 등과 경제적 이익을 같이 하는 배우자가 공직자 등의 직무와 관련하여 받은 이익은 공직자 등의 이익으로 보아 처벌하는 내용을 담고 있다. 하지만 공직자 등이 신고 등 절차를 따를 경우 사후에 발생할 수 있는 책임으로부터 선량한 공직자 등을 보호하기 위한 측면도 가지고 있다. 즉 선의의 공직자 등을 보호하기 위해 배우자의 금품 등 수수 사실을 알았을 때 신고·반환한 공직자 등은 면책하는 등이 그것이다.

Chapter 2 적용범위에 대하여

제2조(정의) 이 법에서 사용하는 용어의 뜻은 다음과 같다.
1. "공공기관"이란 다음 각 목의 어느 하나에 해당하는 기관·단체를 말한다.
  가. 국회, 법원, 헌법재판소, 선거관리위원회, 감사원, 국가인권위원회, 중앙행정기관(대통령 소속 기관과 국무총리 소속 기관을 포함한다)과 그 소속 기관 및 지방자치단체
  나. 「공직자윤리법」 제3조의2에 따른 공직유관단체
  다. 「공공기관의 운영에 관한 법률」 제4조에 따른 기관
  라. 「초·중등교육법」, 「고등교육법」, 「유아교육법」 및 그 밖의 다른 법령에따라 설치된 각급 학교 및 「사립학교법」에 따른 학교법인
  마. 「언론중재 및 피해구제 등에 관한 법률」 제2조제12호에 따른 언론사
2. "공직자 등"이란 다음 각 목의 어느 하나에 해당하는 공직자 또는 공적 업무 종사자를 말한다.
  가. 「국가공무원법」 또는 「지방공무원법」에 따른 공무원과 그 밖에 다른 법률에 따라 그 자격·임용·교육훈련·복무·보수·신분보장 등에 있어서 공무원으로 인정된 사람
  나. 제1호나목 및 다목에 따른 공직유관단체 및 기관의 장과 그 임직원
  다. 제1호라목에 따른 각급 학교의 장과 교직원 및 학교법인의 임직원
  라. 제1호마목에 따른 언론사의 대표자와 그 임직원
제11조(공무수행사인의 공무수행과 관련된 행위제한 등) ① 다음 각 호의 어느 하나에 해당하는 자(이하 "공무수행사인"이라 한다)의 공무 수행에 관하여는 제5조부터 제9조까지를 준용한다.

1. 「행정기관 소속 위원회의 설치·운영에 관한 법률」 또는 다른 법령에 따라 설치된 각종 위원회의 위원 중 공직자가 아닌 위원
2. 법령에 따라 공공기관의 권한을 위임·위탁받은 법인·단체 또는 그 기관이나 개인
3. 공무를 수행하기 위하여 민간부문에서 공공기관에 파견 나온 사람
4. 법령에 따라 공무상 심의·평가 등을 하는 개인 또는 법인·단체

② 제1항에 따라 공무수행사인에 대하여 제5조부터 제9조까지를 준용하는 경우 "공직자 등"은 "공무수행사인"으로 보고, "소속기관장"은 "다음 각 호의 구분에 따른 자"로 본다.

1. 제1항제1호에 따른 위원회의 위원: 그 위원회가 설치된 공공기관의 장
2. 제1항제2호에 따른 법인·단체 또는 그 기관이나 개인: 감독기관 또는 권한을 위임하거나 위탁한 공공기관의 장
3. 제1항제3호에 따른 사람: 파견을 받은 공공기관의 장
4. 제1항제4호에 따른 개인 또는 법인·단체: 해당 공무를 제공받는 공공기관의 장

1 누구에게 적용되는가

1 적용대상기관을 중심으로

먼저 국회, 법원, 헌법재판소, 선거관리위원회, 감사원, 국가인권위원회, 중앙행정기관 및 그 소속기관, 지방자치단체 및 시·도 교육청을 들 수 있다. 이때 공직유관단체(공직자윤리법 제3조의2), 공공기관운영법에 따른 기관(공공기관 운영법 제4조 포함) 또한 포함된다.

다음으로 유치원, 초·중·고교 및 대학교 등 법령에 따라 설치된 각급 학교, 「사립학교법」에 따른 학교법인을 들 수 있다.

「언론중재 및 피해구제 등에 관한 법률」제2조제12호에 따른 언론사(방송 사업자, 신문 사업자, 잡지 등 정기간행물 사업자, 뉴스통신 사업자, 인터넷신문 사업자)들도 포함된다. 이때 정기간행물 사업자에 대해서도 언론중재법 제2조(정의)제12호에 "잡지 등 정기간행물의 진흥에 관한 법률" 제2조제2호에 '정기간행물 사업자 중 잡지 또는 기타간행물을 발행하는 자'를 의미(정보간행물 또는 전자간행물을 발행하는 자는 제외)한다"고 규정하고 있는데, 이렇듯 법 적용의 대상을 명확히 규정해 구체적 성격을 띤다.

2 적용대상자를 중심으로

먼저 공무원을 들 수 있다. '공무원'이란 「국가공무원법」, 「지방공무원법」과 다른 법률에 따라 임용·복무·신분보장 등에 있어 공무원으로 인정된 사람을 말한다. 이에 더해 다른 법률에 따라 공무원으로 인정된 사람 역시 포함되는데, 사법연수생(법원조직법 제72조), 수습(견습)으로 근무하는 자(국가공무원법 제26조의4), 공중보건의사(농어촌 의료법 제3조), 청원경찰(청원경찰법 제5조) 등을 들 수 있다. 또한 경력직 공무원(일반직공무원, 특정직공무원)과 특수경력직공무원(정무직 공무원, 별정직공무원)이 있는데, 총괄하자면 국가공무원법 또는 지방공무원법에 따르는 공무원인 이상 자신이 수행하는 직무의 종류를 불문하고 법 적용대상자에 해당된다고 할 수 있다.

다음으로 공직유관단체의 장과 임직원을 들 수 있다. 이는 「공직자윤리법」 제3조의2에 따른 공직유관 단체, 공공기관운영법 제4조에 따른 기관의 장과 그 임직원을 말하는데, 이때 임원(이사, 감사)은 상임과 비상임 모두를 포함하고, 공직유관단체와 근로계약을 체결한 근로자는 근로계약의 형태나 수행 직무를 불문하고 그 직원에 해당한다.

다음으로 공적업무종사자가 있다. 이는 사립학교의 장과 교직원, 학교법인의 임직원, 언론사의 대표자와 그 임직원을 말한다. 이때 언론사의 대표자는 언론사의 경영에 관하여 법률상 대표권이 있는 자 또는 그와 같은 지위에 있는 자를 말하며, 직원은 근로 계약 형태를 불문하고 공공기관과 근로계약을 체결한 근로자를 의미한다. 공적업무종사자의 업무 범위를 분명하게 제한하지 않고 있기 때문에, '공적 업무'는 해당 공공기관이 수행하는 업무 전체를 의미한다. 이때 언론사의 경우 보도·논평·취재 외에 행정, 단순 노무 등에 종사하는 자도 법 적용 대상에 해당한다고 할 수 있다. 다만, 사보 등을 발행하여 부수적으로 언론활동을 하는 기업 등이 '잡지 등 정기간행물사업자'로서 언론사에 해당하는 경우에는 정기간행물 발행 업무에 종사하는 자만 적용 대상에 포함된다.

공직자 등의 배우자도 포함된다. 청탁금지법은 공직자 등의 배우자는 공직자 등의 직무와 관련한 금품 등을 수수하는 것을 금지하는 내용을 담고 있다.

각종 위원회에서 공직자가 아닌 위원, 권한을 위임·위탁받은 법인·단체·개인 등과 같은 공무수행사인도 법 적용 대상자에 해당한다.

> **청탁금지법**
>
> 제11조(공무수행사인의 공무 수행과 관련된 행위제한 등) ① 다음 각 호의 어느 하나에 해당하는 자(이하 "공무수행사인"이라 한다)의 공무 수행에 관하여는 제5조부터 제9조까지를 준용한다.
> 1. 「행정기관 소속 위원회의 설치·운영에 관한 법률」 또는 다른 법령에 따라 설치된 각종 위원회의 위원 중 공직자가 아닌 위원
> 2. 법령에 따라 공공기관의 권한을 위임·위탁받은 법인·단체 또는 그 기관이나 개인
> 3. 공무를 수행하기 위하여 민간부문에서 공공기관에 파견 나온 사람
> 4. 법령에 따라 공무상 심의·평가 등을 하는 개인 또는 법인·단체

공무수행사인의 경우 '공무 수행과 관련'하여서만 부정청탁 금지 및 수수 금지 금품 등 수수의 금지 규정을 적용한다. 그리고 공무수행사인에 대해 부정청탁 및 금품 등 수수 금지 규정 등을 적용하는 경우 소속기관장은 공무수행사인의 유형에 따라 상이하다.

> **청탁금지법**
>
> 제11조(공무수행사인의 공무수행과 관련된 행위제한 등) ② 제1항에 따라 공무수행사인에 대하여 제5조부터 제9조까지를 준용하는 경우 "공직자 등"은 "공무수행사인"으로 보고, "소속기관장"은 "다음 각 호의 구분에 따른 자"로 본다.
> 1. 제1항제1호에 따른 위원회의 위원: 그 위원회가 설치된 공공기관의 장
> 2. 제1항제2호에 따른 법인·단체 또는 그 기관이나 개인: 감독기관 또는 권한을 위임하거나 위탁한 공공기관의 장
> 3. 제1항제3호에 따른 사람: 파견을 받은 공공기관의 장
> 4. 제1항제4호에 따른 개인 또는 법인·단체: 해당 공무를 제공받는 공공기관의 장

일반인도 포함된다. 이때의 일반인은 공직자 등에게 부정청탁을 하거나 수수 금지 금품 등을 제공, 제공의 약속 또는 의사표시를 한 일반인을 말하는데, 이때 장소적 적용범위 내에서 위반행위가 발생한 이상 일반인은 내국인뿐만 아니라 외국인도 포함된다.

법인·단체의 종업원이 업무에 관하여 위반행위를 하면 그 행위자인 종업원 외에 법인·단체도 양벌규정(법 제24조)에 따라 제재 대상이 된다.

청탁금지법

제5조(부정청탁의 금지) ① 누구든지 직접 또는 제3자를 통하여 직무를 수행하는 공직자 등에게 다음 각 호의 어느 하나에 해당하는 부정청탁을 해서는 아니 된다.

제8조(금품 등의 수수 금지) ⑤ 누구든지 공직자 등에게 또는 그 공직자 등의 배우자에게 수수 금지 금품 등을 제공하거나 그 제공의 약속 또는 의사 표시를 해서는 아니 된다.

제24조(양벌규정) 법인 또는 단체의 대표자나 법인·단체 또는 개인의 대리인, 사용인, 그 밖의 종업원이 그 법인·단체 또는 개인의 업무에 관하여 제22 조제1항제3호[금품 등의 제공자가 공직자 등(제11조에 따라 제8조가 준용되는 공무수행사인을 포함한다)인 경우는 제외한다], 제23조제2항, 제23조제3항 또는 제23조제5항제3호[금품 등의 제공자가 공직자 등(제11조에 따라 제8조가 준용되는 공무수행사인을 포함한다)인 경우는 제외한다]의 위반행위를 하면 그 행위자를 벌하는 외에 그 법인·단체 또는 개인에게도 해당 조문의 벌금 또는 과태료를 과한다. 다만, 법인·단체 또는 개인이 그 위반행위를 방지하기 위하여 해당 업무에 관하여 상당한 주의와 감독을 게을리하지 아니한 경우에는 그러하지 아니하다.

■ 법률 적용대상

● 적용 대상기관

– 헌법기관, 중앙행정기관, 지방자치단체, 시·도 교육청, 공직유관단체 등 모든 공공기관

● 적용 대상자

– (공직자 등) 국가지방공무원, 공직유관단체 및 공공기관의 장과 임직원, 각급 학교의 장과 교직원, 학교법인의 임직원, 언론사의 대표자와 임직원

- 사립학교를 포함한 각급 학교, 학교법인, 언론사
- 공직자 등의 배우자
- 공무수행사인
  ※각종 위원회에 참여하는 민간위원, 공공기관의 권한을 위임·위탁받은 자, 공공기관에 파견근무하는 민간인, 공무상 심의·평가 등을 하는 자
- 공직자 등에게 **부정청탁**을 하거나 **수수금지 금품 등을 제공한 자**

CASE

사립초등학교 교사인 A가 자신의 반 학생의 학부모 B로부터 '숙제를 못했다는 이유로 혼내지 말고 칭찬해 달라. 생활기록부에 좋게 기재해 달라'는 부탁을 받고 460만 원 상당의 현금과 상품권 등을 받은 경우

결론

법 적용대상기관인 학교는 초·중등교육법, 고등교육법, 유아교육법 및 그 밖의 다른 법령에 따라 설치된 각급 학교를 말한다. 이때 공공기관에 해당하는 각급 학교의 장과 그 교직원은 법 적용대상자인 공직자 등에 해당하며, 사립초등학교는 초·중등교육법에 따라 설치된 각급 학교이고 그 교원 A는 법 적용대상자에 해당된다.

교사 A는 1회 100만 원을 초과하는 금품 등을 받았으므로 직무 관련 여부와 관계없이 3년 이하 징역 또는 3천만 원 이하 벌금 대상이 되며, 제공자인 학부모 B는 1회 100만 원을 초과하는 금품 등을 제공하였으므로 3년 이하 징역 또는 3천만 원 이하의 벌금 대상이 된다.

2 적용원칙은?

　청탁금지법은 속지주의를 바탕으로 한다. 이러한 점 때문에 대한민국 영역 내에서 위반행위를 한 내국인과 외국인에게도 법이 적용된다. 이때 대한민국의 영역이란 한반도와 그 부속도서를 의미하고, 행위와 결과 어느 것이라도 대한민국의 영역 내에서 발생하면 적용 대상이 될 수 있다. 한 예로, "외국인이 대한민국 공무원에게 알선했다는 명목으로 금품을 수수하는 행위가 대한민국 영역 내에서 이루어졌으나, 금품수수의 명목이 된 알선행위를 하는 장소가 대한민국 영역 외인 경우에도 대한민국 영역 내에서 죄를 범한 것이라고 하여야 할 것이므로, 형법 제2조에 의하여 대한민국의 형벌법규인 구 변호사법 제90조제1호가 적용되어야 한다(대법원 2000. 4. 21. 선고 99도3403 판결)"는 판례가 있다. 이를 바탕으로 기국주의도 적용되어 대한민국 영역 외에 있더라도 대한민국의 선박 또는 항공기 내에서 죄를 범한 외국인에게도 적용할 수 있다.

　또한 속인주의를 따르기도 한다. 이 때문에 대한민국 국적을 가진 내국인이대한민국 영역 밖에서 위반행위를 한 경우에 대한민국 적용될 수 있으며, 이런 규정을 바탕으로 대한민국의 국적을 가진 공직자 등이 대한민국 영역 외에서 외국인으로부터 부정청탁을 받거나 금품 등을 수수하는 경우에도 청탁금지법이 적용된다.

CASE

공립초등학교 교장 A가 원어민 기간제교사인 외국인 B로부터 내년에도 계속 근무할 수 있게 해달라는 청탁과 함께 50만 원 상당의 양주를 선물로 받은 경우

결론

외국인이라도 대한민국 영역 내에서 위반행위를 한 경우 과태료 부과 대상이 될 수 있다.

교장 A는 「초중등교육법」에 따른 학교의 장이므로 청탁금지법의 적용대상자인 공직자 등에 해당하는데, 교장 A는 직무와 관련하여 B로부터 100만 원 이하 금품 등을 수수하고, 외국인 B는 이를 제공하였으므로 A와 B 모두 과태료 부과 대상이 된다. 사립초등학교 교장 A와 기간제 교사 B 사이에는 인사 등에 대한 직무관련성이 있다.

Chapter 3 국가와 공직자 의무에 대하여

제3조(국가 등의 책무) ① 국가는 공직자가 공정하고 청렴하게 직무를 수행할 수 있는 근무 여건을 조성하기 위하여 노력하여야 한다.
② 공공기관은 공직자 등의 공정하고 청렴한 직무수행을 보장하기 위하여 부정청탁 및 금품 등의 수수를 용인(容認)하지 아니하는 공직문화 형성에 노력하여야 한다.
③ 공공기관은 공직자 등이 위반행위 신고 등 이 법에 따른 조치를 함으로써 불이익을 당하지 아니하도록 적절한 보호조치를 하여야 한다.
제4조(공직자 등의 의무) ① 공직자 등은 사적 이해관계에 영향을 받지 아니하고 직무를 공정하고 청렴하게 수행하여야 한다.
② 공직자 등은 직무수행과 관련하여 공평무사하게 처신하고 직무관련자를 우대하거나 차별해서는 아니 된다.

1 공직자 직무의 특성이란

공직자 등이 수행하는 다양한 직무들은 대부분 공적인 정책의 결정 및 집행 등과 관련된 것들이다. 이런 공적 정책들은 기존 또는 새롭게 만들어지는 이해관계에 실질적인 영향을 미치므로 이해관계자들이 민감하게 반응할 수밖에 없다. 공직자 등은 법적인 권위에 근거하여 국가 운영과 관련한 다양하고 실질적인 권한을 행사하는

데, 이때 공직자 등이 권한을 행사함에 있어 다양한 주체들에 대한 영향력이 존재하기 때문에 언제나 공정한 직무수행이 위협받을 수 있는 상황이다. 이런 현실 때문에 국가나 공공기관의 책무 및 역할이 매우 중요하다. 또한 국가나 공공기관의 역할을 넘어서서 직무를 직접 수행하는 공직자 등의 자세도 중요하다.

2 국가나 공공기관의 책무란

국가나 공공기관은 공정하고 청렴한 직무수행을 할 수 있는 근무여건을 조성하고, 부정청탁 및 금품 등의 수수를 용인하지 않는 공직문화를 형성하기 위해 노력해야 한다. 또한 공공기관은 공직자 등이 위반행위를 했을 시 신고 등 법에 따른 조치를 함으로써 불이익을 당하지 않도록 적절한 보호조치를 할 책무가 있다.

3 공직자 책무의 특성에는

공직자 등의 윤리가 충분히 확보되어 있지 않는 경우 공공기관 및 공직자 등에 대한 국민의 신뢰는 떨어진다. 이 때문에 공직자 등이 수행하는 직무의 특성상 보다 높은 수준의 윤리성·도덕성이 요구되고 절제된 사생활의 원칙이 필요하다고 할 수 있다. 즉 공직자들 스스로가 사적 이해관계에 영향을 받지 아니하고 직무를 공정하고 청렴하게 수행하는 노력이 필요한 것이다. 이를 바탕으로 직무수행과 관련해 행동할 때에는 공평무사하게 처신하고 직무관련자를 우대하거나 차별해서는 안 된다.

Chapter 4

부정청탁의 금지에 대하여

1 부정청탁의 금지에 대하여

제5조(부정청탁의 금지) ① 누구든지 직접 또는 제3자를 통하여 직무를 수행하는 공직자 등에게 다음 각 호의 어느 하나에 해당하는 부정청탁을 해서는 아니 된다.
1. 인가·허가·면허·특허·승인·검사·검정·시험·인증·확인 등 법령(조례·규칙을 포함한다. 이하 같다)에서 일정한 요건을 정하여 놓고 직무관련자로부터 신청을 받아 처리하는 직무에 대하여 법령을 위반하여 처리하도록 하는 행위
2. 인가 또는 허가의 취소, 조세, 부담금, 과태료, 과징금, 이행강제금, 범칙금, 징계 등 각종 행정처분 또는 형벌부과에 관하여 법령을 위반하여 감경·면제하도록 하는 행위
3. 채용·승진·전보 등 공직자 등의 인사에 관하여 법령을 위반하여 개입하거나 영향을 미치도록 하는 행위
4. 법령을 위반하여 각종 심의·의결·조정 위원회의 위원, 공공기관이 주관하는 시험·선발 위원 등 공공기관의 의사결정에 관여하는 직위에 선정 또는 탈락되도록 하는 행위
5. 공공기관이 주관하는 각종 수상, 포상, 우수기관 선정 또는 우수자 선발에 관하여 법령을 위반하여 특정 개인·단체·법인이 선정 또는 탈락되도록 하는 행위
6. 입찰·경매·개발·시험·특허·군사·과세 등에 관한 직무상 비밀을 법령을 위반하여 누설하도록 하는 행위

7. 계약 관련 법령을 위반하여 특정 개인·단체·법인이 계약의 당사자로 선정 또는 탈락되도록 하는 행위
8. 보조금·장려금·출연금·출자금·교부금·기금 등의 업무에 관하여 법령을 위반하여 특정 개인·단체·법인에 배정·지원하거나 투자·예치·대여·출연·출자하도록 개입하거나 영향을 미치도록 하는 행위
9. 공공기관이 생산·공급·관리하는 재화 및 용역을 특정 개인·단체·법인에게 법령에서 정하는 가격 또는 정상적인 거래관행에서 벗어나 매각·교환·사용·수익·점유하도록 하는 행위
10. 각급 학교의 입학·성적·수행평가 등의 업무에 관하여 법령을 위반하여 처리·조작하도록 하는 행위
11. 징병검사, 부대 배속, 보직 부여 등 병역 관련 업무에 관하여 법령을 위반하여 처리하도록 하는 행위
12. 공공기관이 실시하는 각종 평가·판정 업무에 관하여 법령을 위반하여 평가 또는 판정하게 하거나 결과를 조작하도록 하는 행위
13. 법령을 위반하여 행정지도·단속·감사·조사 대상에서 특정 개인·단체·법인이 선정·배제되도록 하거나 행정지도·단속·감사·조사의 결과를 조작하거나 또는 그 위법사항을 묵인하게 하는 행위
14. 사건의 수사·재판·심판·결정·조정·중재·화해 또는 이에 준하는 업무를 법령을 위반하여 처리하도록 하는 행위
15. 제1호부터 제14호까지의 부정청탁의 대상이 되는 업무에 관하여 공직자 등이 법령에 따라 부여받은 지위·권한을 벗어나 행사하거나 권한에 속하지 아니한 사항을 행사하도록 하는 행위

우리사회에 만연한 연고주의·온정주의와 결부된 청탁관행이 부패의 주요 원인이지만 이를 규제하기 위한 제도적 장치는 미흡한 것이 사실이다. 이런 상황에서 형법, 변호사법, 특정범죄가중처벌법 등이 금품 수수와 결부된 청탁을 규제하고 있는 것과 달리, 청탁금지법은 부정청탁행위 그 자체를 규제한다는 점에서 의의가 있다.

부정청탁행위란 법에 열거된 14가지 대상 직무와 관련하여 '법령을 위반하여' 또는 '지위·권한을 남용하여' 처리하는 행위를 말한다. 다만, 공공기관의 재화·용역 관련 직무에서는 '법령에서 정하는 가격 또는 정상적인 거래관행을 벗어나' 처리하는 행위를 의미한다.

청탁금지법에는 부정청탁에 대해 보다 명확한 기준을 제시하기 위해서 부패가 빈번하게 발생하는 분야의 대상 직무와 관련된 부정청탁 행위유형을 열거하고 있다.

또한 청탁금지법은 부정청탁 내용의 실현 여부와 무관하게 부정청탁행위 그 자체를 금지대상으로 하고 있는데, 한 예로 부정청탁을 받은 공직자가 부정청탁에 따라 직무를 수행하지 않은 경우에도 부정청탁을 한 자는 제재대상에 해당하는 것이 그것이다.

1 부정청탁행위 주체에는

'누구든지' 직접 또는 제3자를 통하여 열거된 14가지 대상 직무와 관련한 부정청탁행위를 금지(법 제5조제1항)한다. 이때 '누구든지'는 실제 청탁행위를 할 수 있는 자를 전제로 하므로 자연인만 해당되고 자연인을 통해 행위를 하는 법인은 제외된다. 그러나 법인 소속 임직원(자연인)이 업무에 관하여 실제 위반행위를 한 경우 법인은 법 제24조(양벌규정)에 따라 제재대상이 된다.

2 부정청탁행위의 상대방과 범위에는

1) 부정청탁의 상대방

부정청탁이란 누구든지 직접 또는 제3자를 통하여 '직무를 수행하는 공직자 등'에게 법령을 위반하여 14가지 대상 직무를 처리하도록 하는 행위를 말한다. 이때 부정청탁의 상대방은 법에 열거된 '14가지 대상 직무를 수행하는 공직자 등'이다.

> **청탁금지법**
>
> 제5조(부정청탁의 금지) ① 누구든지 직접 또는 제3자를 통하여 직무를 수행하는 공직자 등에게 다음 각 호의 어느 하나에 해당하는 부정청탁을 해서는 아니 된다. ②'직무를 수행하는' 공직자 등'이 최초 부정청탁을 받은 경우 거절의사를 명확히 표시해야 하고 그럼에도 불구하고 다시 동일한 부정청탁을 받은 경우 신고 의무가 발생

신고절차를 따를 경우 사후에 발생할 수 있는 책임으로부터 면제

될 수 있는 규정인데, 이는 선량한 공직자 등을 보호하기 위한 취지에서 마련된 것이다.

> **청탁금지법**
>
> 제7조(부정청탁의 신고 및 처리) ① 공직자 등은 부정청탁을 받았을 때에는 부정청탁을 한 자에게 부정청탁임을 알리고 이를 거절하는 의사를 명확히 표시하여야 한다.
> ② 공직자 등은 제1항에 따른 조치를 하였음에도 불구하고 동일한 부정 청탁을 다시 받은 경우에는 이를 소속기관장에게 서면(전자문서를 포함한다. 이하 같다)으로 신고하여야 한다.

공직자 등이 동일한 부정청탁을 다시 받고도 신고하지 않은 경우 징계처분 대상이 된다.

2) 공직자의 범위

'직무를 수행하는 공직자 등'에는 해당 업무를 직접 처리하는 공직자 외에 결재선상에 있는 과장, 국장 등이 포함된다. 또한, 내부 위임전결 규정에 따라 전결권을 위임한 경우 결재선상에 있지 않지만 지휘감독권이 있는 기관장 등의 공직자 등도 포함된다. 이때 내부 규정에 따라 전결권이 위임된 경우 대외적 명의는 기관장이고 전결권을 위임하였더라도 부정청탁을 받은 경우 거절의사 표시 및 신고 의무를 부과하는 것이 입법취지에 부합한다.

결제선상에 있지 않지만 지휘감독권이 있는 상급 공직자 등이 부정청탁을 받고 하급자에게 지시 등을 통하여 사무를 처리한 경우, 상급자는 직무를 수행하는 공직자 등에 해당하고 지시 그 자체가 부정 청탁에 따른 직무수행이므로 형사처벌 대상이 된다. 상급자의 지시는 제3자를 위한 부정청탁의 성격도 가지므로 하급자는 거절하는 의사를 명확히 표시해야 하고, 제3자를 위한 부정청탁임을 알면서 지시에 따른 경우 부정청탁에 따른 직무수행으로 형사처벌 대상이 된다.

다만, 사실상 영향력을 미칠 수 있는 지위·직책에 있는 공직자 등은 직무를 수행하는 공직자 등에 포함되지 않는다. 이는 사실상 영향력을 미칠 수 있는 지위·직책에 있는 공직자 등까지 포함시킬 경우 신고의무의 대상이 지나치게 광범위해질 우려가 있기 때문이다. 사실상 영향력을 미칠 수 있는 지위 직책에 있는 공직자 등이 부정청탁을 받고 직무를 수행하는 공직자 등에게 전달한 경우 제3자를 위한 부정청탁에 해당하여 과태료 부과 대상이 된다.

CASE

지방자치단체장 B가 평정대상 공무원 A의 부탁을 받고 관련 법령에서 정한 절차에 따라 평정대상 공무원에 대한 평정단위별 서열명부 및 평정순위가 정해졌는데도 평정권자 C에게 공무원 A에 대한 평정순위의 변경을 지시하며 서열명부를 새로 작성하도록 한 경우

결론

공무원의 채용·승진 등 인사 관련 직무는 청탁금지법상 부정청탁 대상 직무에 해당되며, 「지방공무원법」, 「지방공무원 임용령」, 「지방공무원 평정규칙」 등의 법령을 위반하여 공직자 등의 인사에 개입하거나 영향을 미치도록 하는 행위는 부정 청탁에 해당한다.

부정청탁의 상대방인 직무를 수행하는 공직자 등에는 업무를 직접 처리하는 공직자 등 외에 결재선상에 있는 과장, 국장 등과 결재선상에 있지 않지만 지휘감독권이 있는 기관장 등이 포함되어 있다. 따라서 지방자치단체장 B는 해당 업무를 처리하는 평정권자C의 지휘·감독권자로서 직무를 수행하는 공직자 등에 해당하므로 부정청탁에 따라 직무를 수행한 경우에 해당하여 형사처벌의 대상이 된다.

지방자치단체장 B의 지시는 제3자를 위한 부정청탁의 성격도 있으므로 평정권자 C는 거절하는 의사를 명확히 표시해야 하고, 제3자를 위한 부정청탁임을 알면서 지시에 따른 따른 경우 부정청탁에 따른 직

른 직무수행으로 형사처벌의 대상이 된다.

　공무원 A는 이해당사자로서 직접 자신을 위하여 부정청탁을 하였으므로 과태료 부과 대상에서 제외되나, 이 법(제5조) 위반으로 징계대상에 해당된다.

> 제5조(부정청탁의 금지) ① 누구든지 직접 또는 제3자를 통하여 직무를 수행하는 공직자등에게 다음 각 호의 어느 하나에 해당하는 부정청탁을 해서는 아니 된다.

3 부정청탁의 방법에는

1) 직접 청탁

　누구든지 '직접 또는 제3자를 통하여' 직무를 수행하는 공직자 등에게 하는 부정청탁을 금지한다. 다만, 직접 자신을 위하여 하는 부정청탁은 과태료 부과 대상에서 제외되므로 금지되는 행위와 과태료 부과 대상 행위가 일치하지 않는다.

　과태료 부과 대상이 아닌 직접 자신을 위하여 하는 부정청탁과 과태료 부과 대상인 제3자를 통한(위한) 부정청탁의 구분이 중요한데, 과태료 부과 대상에서 제외되는 '직접 자신을 위하여 하는 부정청탁'이란 부정청탁행위에 따른 법적 효과(이익·불이익)가 직접 청탁행위자 자신에게 귀속되는 경우를 말한다. 자신에게 귀속되는 이익이나 불이익이 간접적이거나 사실적 반사적인 경우에는 제3자를 위한 청탁에 해당하고, 계약 관련 법령을 위반하여 특정인을 계약 당사자에서 탈락되도록 하는 청탁은 그 효과(불이익)가 청탁자에게 귀속되는 것이 아니므로 제3자를 위한 청탁에 해당한다.

2) 가족을 위한 부정청탁

부모 자녀 등 가족을 위한 부정청탁도 그에 따른 효과(이익 불이익)가 제3자인 직접 부모 자녀 등에게 귀속되므로 제3자를 위한 청탁에 해당한다. 이때 자녀를 위한 부정청탁도 자녀가 미성년자인지 성년자인지를 불문하고 제3자를 위한 청탁에 해당한다.

CASE

B는 자신의 아들이 병역판정검사에서 4급 보충역을 받고 서울 관내에서 사회복무요원으로 복무할 수 있기를 원했음. 이에 평소 친분이 있던 병무청 간부 D를 통하여 병역판정검사장의 군의관 C에게 자신의 아들이 병역판정검사에서 4급 보충역 판정을 받을 수 있도록 아들 A 모르게 청탁한 경우

결론

병역판정검사(신체등위판정) 관련 직무는 청탁금지법상 부정청탁 대상 직무에 해당된다. 청탁금지법 제5조제1항제11호에서는 징병검사, 부대 배속, 보직 부여 등 병역 관련 업무를 부정청탁 대상 직무로 규정하고 있다. 또한 병역법령상 신체등위 판정기준을 위반하여 보충역으로 신체등위를 받을 수 있도록 청탁한 행위는 부정청탁에 해당된다.

따라서 아버지 B는 제3자인 자녀 A를 위하여 부정청탁을 하였으므로 2천만 원 이하의 과태료 부과 대상이 되며, 이는 아버지 B의 청탁행위로 인한 효과(이익)가 자신이 아닌 제3자인 자녀 A에게 직접 귀속되므로 제3자를 위한 부정청탁에 해당된다.

그러나 아버지 B가 자녀 A 모르게 청탁을 하였고 자녀 A가 아버지 B를 통하여 부정청탁을 한 사실이 없으므로 자녀 A는 제재대상이 아니다.

병무청 간부 D는 제3자인 A를 위하여 부정청탁을 하였고 공직자 등

에 해당하므로 제재가 가중된다. 따라서 3천만 원 이하 과태료 부과 대상이 되며, 군의관 C는 병무청 간부 D로부터 처음 부정청탁을 받은 경우 거절 의사를 명확히 표시하면 징계 및 벌칙 대상에서 제외된다.

만약, 군의관 C가 동일한 부정청탁을 다시 받은 경우에는 소속기관장에게 신고할 의무가 발생하고 신고를 하지 않을 경우 징계대상에 해당되며, 군의관 C가 병무청 간부 D의 부정청탁에 따라 4급 보충역 판정을 해 준 경우 형사처벌의 대상(2년 이하의 징역 또는 2천만 원 이하의 벌금)이 된다.

CASE

B의 어머니 A가 장기요양인정 신청을 하였는데, 아들 B는 어머니 A가 노인장기요양법령상의 요건을 갖추지 못했다는 것을 알고 장기요양인정 담당 공무원 C에게 자신의 어머니 A를 장기요양보험 대상자로 선정될 수 있도록 해 달라고 어머니 A 모르게 청탁한 경우

결론

장기요양보험 대상자 선정 관련 직무는 청탁금지법상 부정청탁 대상 직무에 해당된다.

> ※ 인가·허가·면허·특허·승인·검사·검정·시험·인증·확인 등 법령(조례·규칙을 포함한다. 이하 같다)에서 일정한 요건을 정하여 놓고 직무관련자로부터 신청을 받아 처리하는 직무에 대하여 법령을 위반하여 처리하도록 하는 행위
> (청탁금지법 제5조제1항제1호)

요건을 갖추지 못했음에도 불구하고 노인장기요양법령을 위반하여 장기요양보험대상자로 선정하도록 하는 행위는 부정청탁에 해당된다.

아들 B는 제3자인 어머니를 위하여 부정청탁을 하였으므로 2천만 원 이하의 과태료 부과 대상이다. 그리고 아들 B의 청탁행위로 인한 효과(이익)가 자신이 아닌 제3자인 어머니에게 직접 귀속되므로 제3자를 위한 부정청탁에 해당된다.

하지만 이 경우, 청탁 동기, 목적, 청탁의 수단이나 방법 등 구체적인 사정을 종합적으로 고려하여 사회상규에 위배되지 않는 행위 등 예외사유 해당 여부에 대한 검토가 필요하다(법제5조제2항제7호).

3) 법인 소속 임직원의 업무 관련 부정청탁

먼저 제3자를 위한 청탁인지가 문제될 수 있다. 실제 청탁행위를 할 수 없는 법인의 경우 소속 임직원이 업무에 관하여 한 부정청탁이 제3자를 위한 청탁인지 여부가 문제가 되는데, 법인과 임직원은 별개의 독립된 권리의무 주체이므로 법인 소속 임직원(대표권 있는 자를 포함)의 청탁은 법인을 위한 것이며 결국 그 효과도 법인에게 귀속되므로 제3자를 위한 청탁에 해당한다. 대표권 있는 임직원의 대표권에 부정청탁행위까지 포함된다고 할 수 없고 종업원의 부정

청탁행위를 법인의 행위로 의제 할 수는 없다. 또한 범죄행위의 경우 법인의 기관인 임직원의 행위가 법인의 행위로 간주되지 않는 것이 판례의 입장이다. 하지만 법인 소속 임직원의 업무 관련 청탁을 직접 자신을 위하여 하는 부정청탁으로 보는 경우 법인은 언제나 제재대상에서 제외되어 입법취지가 사라지고 만다.

다음으로 업무 관련 부정청탁을 한 임직원에 대한 과태료 문제가 있다. 법 제24조(양벌규정)와 질서위반행위규제법 제11조의 관계 문제에 바탕하고 있는 것으로, 청탁금지법 제24조(양벌규정)에서 행위자인 종업원 외에 사업주인 법인도 형사처벌 및 과태료를 부과하도록 규정하고 있다. 법인 자체는 실제 위반행위를 할 수 없으므로 원칙적으로 법인에 대해 제재를 할 수 없지만, 법인의 업무에 관하여 위반행위를 한 임직원 외에 법인도 처벌한다는 양벌규정이 있는 경우 법인도 제재할 수 있다. 하지만 「질서위반행위규제법」 제11조에서 종업원이 법인에게 부과된 법률상 의무를 위반한 경우 법인에게만 과태료 부과하도록 규정하고 있어 「질서위반행위규제법」 제11조가 적용되면 법인만 과태료 부과 대상에 해당하고 실제 위반행위를 한 종업원은 제외되는 문제가 있다. 결국, 법인 소속 임직원이 업무와 관련하여 과태료 부과 대상에 해당하는 청탁금지법 위반행위를 한 경우 종업원은 부정청탁 및 금품 등 제공 금지의무를 위반하였으므로 개별 벌칙 조항에 따라 과태료 부과 대상이 되고, 법인은 양벌규정(법 제24조)에 따라 종업원의 위반행위를 방지하기 위한 상당한 주의 감독을 다하지 않은 이상 과태료 부과 대상이 된다.

CASE

○○건설회사(주)의 소속 직원 A가 건축법령을 위반하여 건축허가를 내 줄 것을 구청 건축허가 담당 공무원 C에게 청탁한 경우

결론

건축 허가 관련 직무는 청탁금지법상 부정청탁 대상 직무에 해당된다.

> ※인가·허가·면허·특허·승인·검사·검정·시험·인증·확인 등 법령(조례·규칙을 포함한다. 이하 같다)에서 일정한 요건을 정하여 놓고 직무관련자로부터 신청을 받아 처리하는 직무에 대하여 법령을 위반하여 처리하도록 하는 행위
> (청탁금지법 제5조제1항제1호)

건축 관련 법령을 위반하여 건축허가를 내 줄 것을 부탁하는 행위는 부정청탁에 해당한다.

법인 소속 임직원의 업무 관련 부정청탁은 법인을 위한 것으로 그 효과가 법인에게 귀속되므로 제3자를 위한 부정청탁에 해당한다.

직원 A는 제3자인 법인을 위하여 부정청탁을 하였으므로 2천만 원 이하의 과태료 부과 대상이 된다. 또한 ○○건설(주)는 청탁금지법 제24조(양벌규정)에 따라 2천만 원 이하의 과태료 부과 대상에 해당된다. 다만, 종업원의 위반행위를 방지하기 위한 상당한 주의 감독 의무를 게을리 하지 않은 경우 면책될 수 있다.

4 부정청탁이 성립하려면?

1) '법령을 위반하여'

부정청탁의 성립요건인 '법령을 위반하여'에서 법령에는 '법률, 대통령령, 국무 총리령, 부령'을 포함하는 것으로, 일반적으로 '법령'은 법률, 명령(대통령령, 총리령, 부령)을 의미하는 것으로 이해된다(헌재 2009.7.30.. 2007헌바75 결정). 이때 법령에는 부정청탁 대상 직무와 직접 관련된 개별 법령 외에 국가공무원법, 지방공무원법, 형법 등의 일반 법령도 포함되며, 각종 소송법, 행정심판법, 행정절차법, 비송사건절차법 등의 절차법도 포함된다.

이때 상위법령의 위임에 따라 또는 그에 근거하여 구체적인 기준을 고시, 훈령 등에서 정한 경우 고시 훈령 등에서 정하고 있는 기준의 위반은 곧 상위법령 위반 소지가 있을 수 있다. 판례의 입장을 살펴보면, 국세청장 훈령형식의 재산제세사무처리규정(86누484), 지방자치단체장의 액화석유가스 판매사업 허가기준 고시(2000두7933)등에 대해 상위법령의 내용을 보충하는 기능을 가지면서 그와 결합하여 대외적으로 구속력 있는 법규명령으로서 효력이 있는 것으로 판시하고 있다. 다만, 행정조직내부를 규율하기 위한 것으로 사무처리준칙에 불과한 경우는 법령에 포함되지 않지만, 사무처리준칙 위반 자체가 상위법령 위반으로 연결될 수 있는 경우라면 법령 위반에 해당하는 것이라고 본다.

비례원칙, 신의성실의 원칙 등과 같은 일반 법원칙은 개별 법령을 해석할 때에 기준이 될 수 있으나, 법령의 매개 없이 일반 법원칙이 바로 법령을 위반하였는지의 판단기준이 된다고 보기는 어려우며, 법령에 포함됨을 명시하고 있는 규칙은 지방자치단체장이 지방자치법 제23조에 따라 제정한 규칙을 의미한다.

CASE

중앙부처 소속 국장 B의 자녀 A가 ○○지방자치단체에서 실시하는 변호사 자격 소지자 제한경쟁 채용시험에 응시하였음. 국장 B가 자녀 몰래 면접위원인 인사과장 C에게 면접시험 점수를 높게 주어 합격시켜 달라는 청탁을 하였고, 면접 위원으로 참석한 인사과장 C가 면접시험 점수를 높게 주어 자녀 A가 합격한 경우

결론

공무원의 임용 등 인사 관련 직무는 청탁금지법상 부정청탁 대상 직무에 해당된다. 또한 지방공무원법 등을 위반하여 인사에 개입하거나 영향을 미치도록 하는 행위는 부정청탁에 해당된다. 이때 '법령을 위반하여'는 대상 직무와 직접 관련된 개별 법령 외에 국가공무원법, 지방공무원법, 형법 등의 일반 법령 위반도 포함된다.

국장 B는 자녀 A의 부탁이 없었지만 제3자 A를 위하여 부정청탁을

하였고, 공직자 등에 해당하여 제재가 가중되므로 3천만 원 이하의 과태료 부과 대상이 된다. 또한 국장 B의 청탁행위로 인한 효과(이익)가 자신이 아닌 제3자인 자녀 A에게 직접 귀속되므로 제3자를 위한 부정청탁에 해당된다.

과태료 부과 대상에서 제외되는 '직접 자신을 위하여 하는 부정청탁'이란 청탁행위로 인한 효과(이익, 불이익)가 직접 청탁행위자 자신에게 귀속되는 것을 의미하며, 청탁으로 자신에게 귀속되는 이익이 간접적이거나 사실적·반사적 이익 등에 불과한 경우에는 제3자를 위한 청탁에 해당된다.

자녀 A는 직접 또는 제3자를 통하여 부정청탁을 한 사실이 없으므로 제재 대상이 아니며, 인사과장 C는 국장 B의 부정청탁에 따라 면접 점수를 높게 주어 국장 B의 자녀 A를 채용하였으므로 형사처벌 대상(2년 이하 징역 또는 2천만 원 이하 벌금)이 된다.

CASE

○○고등학교 3학년에 재학 중인 A는 2학기 기말고사 수학시험에서 75점을 받았고, 해당 학교 국어교사였던 A의 아버지 B는 자녀 A 몰래 수학점수를 조금만 올리면 내신등급이 올라갈 것을 알고 동료 수학교사 C에게 수학점수를 올려 줄 것을 부탁하여 성적을 올려준 경우

결론

학교 성적 관련 직무는 청탁금지법상 부정청탁 대상 직무에 해당되며, 학교 성적을 올려 달라는 청탁은 형법 제314조제1항(업무방해)을 위반하는 행위로서 부정청탁에 해당된다. 이때 '법령을 위반하여'는 대상직무와 직접 관련된 개별 법령 외에 형법 등의 일반 법령 위반도 포함하는 것이다.

성적을 올려 달라는 청탁은 타인으로 하여금 형법 상 업무방해죄를 범하게 하는 경우에 해당하므로 사회상규에 위배되지 않는 행위로 보기 어렵다. 따라서 아버지 B는 제3자인 자녀를 위하여 부정청탁을 하였고 공직자 등에 해당하여 제재가 가중되므로 3천만 원 이하의 과태료 부과 대상이 된다. 그리고 아버지 B의 청탁행위로 인한 법률상 이익이나 효과가 자신이 아닌 제3자인 자녀에게 직접 귀속되므로 제3자를 위한 부정청탁에 해당된다.

동료교사 C가 아버지 B의 부정청탁에 따라 자녀 A의 성적을 올려 주었으므로 형사처벌 대상(2년 이하의 징역 또는 2천만 원 이하의 벌금)이 되며, 자녀 A는 직접 또는 제3자를 통하여 부정청탁을 한 사실이 없으므로 제재대상이 아니다.

CASE

100㎡ 규모의 일반음식점을 운영하려는 A가 담당 공무원 C에게 5㎥/일 처리용량의 오수처리시설 설치신고를 한 후, 하수도법령에 따른 오수처리용량에 미달함에도 불구하고 자신의 친구 지방세 담당 공무원 B를 통하여 오수처리시설 설치신고를 수리해 줄 것을 담당 공무원 C에게 청탁한 경우

결론

하수도법령에 따른 오수처리시설 설치신고 관련 직무는 청탁금지법상의 부정청탁 대상 직무에 해당된다. 또한 하수도법령에 따른 오수처리시설 설치기준을 위반하여 처리하도록 하는 행위는 법령을 위반하는 부정청탁에 해당된다.

민원인 A는 오수처리시설 신고의 이해당사자로서, 제3자인 B를 통하여 부정청탁을 하였으므로 1천만 원 이하 과태료 부과 대상이 된다. 이를 통해 제3자를 통한 부정청탁을 금지함으로써 공직자 등의 공정한 직무수행을 담보하고 공적 의사결정의 투명성을 확보할 수 있다.

친구 B는 제3자인 민원인 A를 위하여 부정청탁을 하였고 공직자 등에 해당하여 제재가 가중되므로 3천만 원 이하 과태료 부과 대상이 되는데, 연고·온정주의에 따라 제3자를 위하여 부정청탁을 하는 연결고리를 사전에 차단함으로써 부정청탁을 효과적으로 규제할 수 있게 된다.

담당공무원 C가 친구 B의 부정청탁에 따라 오수처리시설 설치신고를 수리해 준 경우 형사처벌 대상(2년 이하 징역 또는 2천만 원 이하 벌금)이 된다.

2) '계약 관련 법령을 위반하여'

계약 당사자 선정 탈락과 관련된 부정청탁행위(제7호)의 경우 '계약 관련 법령을 위반하여'로 규정하여 법령의 분야를 한정하는데, '계약 관련'이라는 수식어가 있는 이상 법령의 분야를 한정하여 해석할 필요가 있다. 또한 국가계약법 등과 같이 계약만을 규율하기 위해 제정된 법령 외에 개별 법령에서 계약과 관련된 사항을 규정하고 있는 경우도 해당한다. 나아가, 공무원의 경우 계약과 관련한 업무를 수행할 때에 준수해야 하는 국가공무원법 등 일반법령 및 절차법도 포함한다.

3) '정상적인 거래관행을 벗어나'

'정상적인 거래관행'의 내용에 대해 살펴보면, 다른 부정청탁행위와 달리 공공기관의 재화 용역 관련 부정청탁행위는 '정상적인 거래관행'을 판단 기준으로 삼는다. 이렇게 한 것은 공공기관의 재화 용역의 거래와 관련하여 법령에서 구체적인 방법이 정해지지 않은 경우가 대부분이므로 이를 요건으로 규정한 것이다.

'정상적인 거래관행'이란 부정청탁이 없었다면 이루어졌을 통상적인 거래 조건을 의미한다. 이때 정상적인 거래관행을 벗어났는지 여부는 행위의 의도·목적, 재화 또는 용역의 특성, 당사자의 지위 및 관계, 다른 사람이 받는 피해, 공공기관의 내부기준이나 사규 등을 종합적으로 고려하여 판단한다. 또한 특별한 사정이 없이 공공기관의 내부 기준, 사규 등을 위반하여 특정인에게 특혜를 부여하는 경우 등은 정상적인 거래관행에서 벗어난 행위에 해당한다.

CASE

A는 ○○국립대학교병원에 입원을 하기 위해 접수를 하려고 하였으나 접수순서가 너무 밀려 있어 자신의 친구이자 해당 병원 원무과장 C의 친구 B를 통해 먼저 입원을 할 수 있도록 부탁하였고, 원무과장 C는 접수순서를 변경하여 대기자 A가 먼저 입원을 할 수 있도록 한 경우

결론

청탁금지법 제5조제1항제9호에서는 공공기관이 생산·공급·관리하는 재화 및 용역의 매각·사용·수익 등 관련 직무를 부정청탁 대상 직무로 규정하고 있어, 국립대학교병원이 생산 관리하는 용역인 입원 관련 직무는 청탁금지법상 부정청탁 대상 직무에 해당한다.

공공기관의 내부 기준, 사규 등을 위반하여 특정인에게 특혜를 부여하는 행위는 정상적인 거래관행을 벗어난 부정청탁에 해당한다. 이때 정상적인 거래관행을 벗어났는지 여부는 행위의 의도·목적, 재화 또는 용역의 특성, 당사자의 지위 및 관계, 다른 사람이 받는 피해, 공공기관의 내부기준이나 사규 등을 종합적으로 고려하여 판단해야 한다.

입원 순서는 특별한 사정이 없으면 접수 순서대로 하는 것이 정상적인 거래관행이라고 할 수 있다. 이때 대기자 A는 제3자인 친구 B를 통하여 부정청탁을 하였으므로 1천만 원 이하의 과태료 부과 대상이 되고, 친구 B는 제3자인 대기자 A를 위하여 부정청탁을 하였으므로 2천만 원 이하의 과태료 부과 대상이 된다. 원무과장 C는 B의 부정청탁에 따라 접수 순서를 변경하여 해당 병원에 대기자 A가 우선하여 건강검진을 받을 수 있도록 하였으므로 형사처벌 대상(2년 이하 징역 또는 2천만 원 이하 벌금)이 된다.

2 부정청탁 대상 직무의 종류에는?

① 인·허가·면허 등 법령에서 일정한 요건을 정하여 놓고 신청을 받아 처리하는 직무
② 각종 행정처분 또는 형벌부과의 감경·면제 직무
③ 채용·승진 등 공직자 등의 인사에 관한 직무
④ 공공기관의 의사결정에 관여하는 직위의 선정·탈락 직무
⑤ 각종 수상·포상 등 선정·탈락 직무
⑥ 입찰·경매 등에 관한 직무상 비밀에 관한 직무
⑦ 계약 당사자 선정·탈락 관련 직무
⑧ 보조금·기금 등의 배정·지원 또는 투자 등에 관한 직무
⑨ 공공기관의 재화 및 용역의 거래 관련 직무
⑩ 각급 학교의 입학·성적 등 관련 직무
⑪ 병역 관련 직무
⑫ 공공기관이 실시하는 각종 평가·판정 관련 직무
⑬ 행정지도·단속·감사·조사 관련 직무
⑭ 수사·재판·심판·결정·조정·중재 등 관련 직무

1 인·허가 등 처리 관련 부정청탁(제1호)

　인가·허가 등 법령에서 일정한 요건을 정하여 놓고 직무관련자로부터 신청을 받아 처리하는 직무에 대해 법령을 위반하여 처리하도록 하는 행위를 말한다. 인가·허가·면허·특허 등 법률상 열거된 행위 외에도 지정·등록·신고 등 열거된 직무에 준하는 직무도 포함한다.

인가	당사자의 법률행위를 보충하여 그 법률적 효력을 완성시켜 주는 행정행위 ※도시개발법상 도시개발조합 설립인가, 고등교육법상 사립대학 설립인가 등
허가	법령에 의한 일반적 금지를 특정한 경우에 해제하여 개인의 자유를 적법하게 행사할 수 있도록 회복하여 주는 행위 ※건축법상 건축허가, 식품위생법상 단란주점영업허가, 골재채취법상 골재채취허가, 도시공원 및 녹지 등에 관한 법률상 도시공원점용허가 등
면허	일반인에게 허용되지 않는 특수한 행위를 특정 사람에게만 허가하는 처분 내지 특정한 일을 할 수 있는 공식적인 자격을 행정기관이 허가하는 것 ※의료법상 의사·치과의사·한의사 등 면허, 공중위생관리법상 이·미용사 면허 등 개인의 자격을 부여하는 각종 면허, 여객자동차운송사업면허, 공유 수면매립면허 등 각종 사업면허 등
특허	특정인에 대하여 새로운 권리 능력 또는 포괄적인 법률관계를 설정하는 행정행위(실정법상 면허 허가 등) ※특허기업의 특허, 공물사용권의 특허, 광업권 어업권, 약사법상 의약품에 관한 특허권, 관세법상 특허보세구역의 설치 운영에 관한 특허 등

승인	인가적 성질을 가지는 행위로 예컨대 사립학교법에 의한 학교법인의 임원에 대한 감독청의 취임승인이 이에 해당 ※ 건설 · 건축 부문에서의 개발관련 사업계획·실시계획 승인, 산업·경영분야에서의 사업 · 공사계획 승인, 안전과 관련한 형식 승인 등
검사	국민의 생명 · 신체의 보호, 시설물의 안전 확보를 위하여 법률에서 최소한의 기준을 정하고 해당 시설물 · 기기 등이 그 기준에 적합한지를 검사하는 제도 ※ 품질 · 기기 · 시설물 · 수질 등 안전성 확보 검사, 개발사업 등에 따른 시설 준공 후 검사
검정	교원자격 검정, 국가기술자격 검정, 체육지도자 자격검정 등과 같이 인적 능력을 확인하는 경우를 위해 주로 규정
시험	자재 등 물품 등의 적격시험, 농약 등 성분시험, 형식승인시험 기타 질병관리본부 · 국립환경과학원 등 각종 시험기관에 대한 시험의뢰 등
인증	어떠한 문서나 행위가 정당한 절차로 이루어졌다는 것을 공적 기관이 증명하는 행위 ※ 인증은 크게 품질 · 기술 등 인증, 기업 · 사업장 인증, 사업자 인증 등으로 나눌 수 있음
확인	특정 사실이나 법률관계의 존재 여부에 관해 의문이 있거나 다툼이 있는 경우 공권적으로 판단하여 확정하는 행위 ※ 당선인 결정, 교과서검인정, 소득금액의 결정, 무효 등 확인심판의 재결, 벤처기업 해당여부 확인 등

2 행정처분 또는 형벌부과 감경·면제 관련 부정청탁(제2호)

인가 또는 허가의 취소·조세·부담금·과태료·과징금·이행강제금·범칙금·징계 등 각종 행정처분 또는 형벌부과에 관하여 법령을 위반하여 감경·면제하도록 하는 행위를 말한다.

인가 또는 허가의 취소	제1호의 인가 또는 허가를 취소하는 행위
조세	국가나 지방자체단체가 재정수요의 충족이나 특수정책의 실현을 위해 국민 주민에 대해 반대급부 없이 강제로 징수하는 재화 ※ 국세 : 소득세, 법인세, 부가가치세, 특별소비세, 방위세, 관세 등 지방세 : 취득세, 등록세, 면허세, 주민세, 재산세, 자동차세, 농지세, 담배판매세, 도시계획세 등
부담금	특정 공익사업과 이해관계 있는 자에게 그 사업비용의 전부나 일부를 충당하기 위해 부과되는 금전 ※ 특정 공익사업으로 이익을 받는 자가 부담하는 수익자부담금(하천법 , 항만법), 특정 공익사업을 하도록 하는 원인을 제공한 자가 부담하는 원인자부담금(도로법, 하천법, 하수도법), 손괴자 부담금(도로법 ,항만법) 등
과태료	행정상의 질서에 장애를 야기할 우려가 있는 의무위반에 대한 제재로 행정질서벌을 의미 ※ 행정질서벌로서의 과태료(고압가스안전관리법상 과태료), 민사상 과태료(민법상 과태료), 징계벌로서의 과태료(변호사법)

과징금	행정법상 의무를 위반한 자에 대하여 해당 위반행위로 얻게 된 경제적 이익을 박탈하기 위해 부과되는 금전적 제재
이행강제금	대체적 비대체적 작위의무, 부작위의무, 수인의무의 불이행 시 일정액수의 금전이 부과될 것임을 미리 계고함으로써 의무이행의 확보를 도모하는 강제수단 ※ 시설물 또는 건축물의 설치나 제거를 위한 강제금, 토지(시설) 이용 행위에 대한 강제금, 금융자산 처분에 대한 강제금 등
범칙금	일정한 위법행위의 범법자에게 납부하도록 하고 납부하면 처벌이 종료되는 특별한 과형절차(통고처분절차) ※ 경범죄 처벌법상 범칙금 제도, 도로교통법, 출입국관리법상 범칙금 등
징계	민간 자격소지자에 대한 징계, 초·중·고·대학 학생 및 보호소년에 대한 징계, 국가 위탁사무 기관의 직원에 대한 징계, 공공기관의 감독을 받는 일반 회사의 직원에 대한 징계 등

3 인사 개입 등 관련 부정청탁(제3호)

채용·승진·전보 등 공직자 등의 인사에 관하여 법령을 위반하여 개입하거나 영향을 미치도록 하는 행위를 말하며, 채용·승진·전보뿐만 아니라 징계·보직·임명·시험·전출·전입·평가 등 공직자 등의 인사와 관련된 모든 사항이 포함된다.

1) 채용

공무원 등의 채용관련 응시자격, 채용절차, 후보자 추천, 채용권자 등을 규정

2) 승진

승진임용 예정인원, 승진 자격, 근무평정, 특별승진 심사 절차 등을 규정

3) 전보

전보제한 사항, 전보절차, 배치기준, 인사교류, 파견, 겸직 제한 등을 규정

4) 징계

징계 사유, 절차, 직권 면직 요건, 징계권자, 소청 제도 등을 규정

5) 시험

임용과 승진 시험의 시험과목, 실시 방법, 시험 면제, 합격 결정 등을 규정

4 공공기관의 의사결정 관여 직위 선정 · 탈락 관련 부정청탁 (제4호)

법령을 위반하여 각종 심의·의결·조정 위원회의 위원, 공공기관이 주관하는 시험·선발 위원 등 공공기관의 의사결정에 관여하는 직위에 선정 또는 탈락되도록 하는 행위를 말한다.

시험·선발 위원은 각종 국가자격시험 위원 또는 제5호의 각종 공공기관의 수상·포상·우수기관·우수자 등의 선발위원 선정 업무 등을 담당한다. (공무원 임용시험 위원, 개방형직위 중앙선발위원회 위원, 국가기술자격시험위원, 공인회계사 변호사 행정사 등 시험위원, 시도장학생선발위원회 위원 등)

심의·의결·조정 위원회는 심의·의결과 같은 의사결정에 관여하는 기능을 수행한다.

1) 중앙행정기관의 경우 정부위원회 및 중요정책 결정 등과 관련한 심의 의결 성격의 위원회를 두고 있는 경우가 다수이다.

2) 지자체의 경우 법률에서 위임된 사무와 관련한 위원회, 공직유관단체의 경우에는 운영위원회(의결 등), 기금관리위원회, 위임·위탁기관의 경우 수탁사무에 대한 심의적 성격의 기구이다.

3) 방송법상 시청자위원회의 경우 방송편성 및 프로그램 내용 등에 관해 의견제시 또는 시정을 요구할 수 있다.

4) 학교 유치원운영위원회의 경우 학교헌장과 학칙의 제 · 개정,

학교의 예산안과 결산, 학교교육과정의 운영방법 등을 심의하며, 학교발전기금의 조성·운용 및 사용에 관한 사항을 심의·의결한다.

  5) 학교 관련 위원회로는 조기진급 · 졸업 · 진학 평가위원회(초·중등교육법), 학교폭력대책자치위원회(학교폭력예방 및 대책에 관한 법률), 교원능력개발평가관리위원회(교원 등의 연수에 관한 규정), 학교교권보호위원회(교원예우에 관한 규정), 등록금심의위원회(고등교육법) 등이 있다.

5 수상 · 포상 등 선정 · 탈락 관련 부정청탁(제5호)

  공공기관이 주관하는 각종 수상, 포상, 우수기관 선정, 또는 우수자 선발에 관한 법령을 위반하여 특정 개인·단체·법인이 선정 또는 탈락되도록 하는 행위를 말한다. 이때 수상, 포상, 우수기관 선정뿐만 아니라 표창, 유공자 선정 등 각종 포상제도 및 선발제도까지 모두 포함한다. 포상은 크게 산업분야, 체육 문화분야, 일반행정분야로 나눌 수 있는데, 각 부처별로 다양한 포상제도를 운영 중인 지자체의 경우 주민 중인 공로가 있는 시민에게 부여하는 상(시민상, 군민상, 구민상, 의회상)이 많고, 농업·어업·축산 등 각 분야의 개인·단체 대상인 포상이 많으며, 교육 분야는 장학·선발이 많다. 선발은 대부분이 장학관련 분야이고 기업분야 우수자 선발·지원, 임업후계자 지원 등이 있다. 수상은 지자체 조례·규칙에서는 찾아볼 수 있으나 법령에서 규정하고 있는 경우는 많지 않다. 다음과 같은 사항은 다음 법률에 나타나 있다.(전국과학전람규칙 (수상작품 시상), 올림픽기장령(올림픽기장 수여), 문화예술진흥법(대한민국 문화예술상 시상), 지역사회자력개발상규정(자력개발의욕이 왕성하고 업적이 현저한 자 시상), 국가유공자예우 및 지원에 관한법률(보훈문화상 시상))

선정은 대부분 우수기업 등을 발굴·지원하는데 초점을 두고 운영하는 관계로 대부분 산업분야에 치중되어 있다.

6 입찰·경매 등 직무상 비밀 누설 관련 부정청탁(제6호)

입찰·경매·개발·시험·특허·군사·과세 등에 관한 직무상 비밀을 법령을 위반하여 누설하는 행위를 말한다. 비밀이란 일반적으로 알려져 있지 않는 것에 상당한 이익이 있는 사항으로서 실질적으로 비밀로서 보호할 가치가 있다고 인정되는 것을 의미한다.

「국가공무원법」,「지방공무원법」에서는 공무원 등의 직무상 비밀 엄수의무를 부과하고 있다. 형법 제127조에서 공무원의 직무상 비밀누설죄를 규정하여 위반 시 2년 이하 징역, 금고 또는 5년 이하의 자격정지에 처한다고 규정하고 있다.

1) 입찰

「국가계약법」과 「지방계약법」에서 입찰 관련 예정가격 누설 금지

의무를 부과하고 있다. (국가계약법 시행령 제7조의2, 지방계약법 제8조)

2) 경매

국가기관이 법률에 의하여 하는 경매(공경매)와 사인들 사이에서 행해지는 경매(사경매)가 있는데, 자산관리공사법 제25조제3항에서는 한국자산관리공사 임직원과 경영관리위원회 위원에게 직무상 비밀누설금지 의무를 부과하고 있다. 하지만 사경매의 경우 민사집행법에 의해 규율된다.

3) 개발

국토개발과 각종 공사에 대한 '개발'의 경우 비밀누설 금지의무를 부과하고 있다. (개발제한구역의 지정 및 관리에 관한 특별조치법상 금융정보 등의 제공 관련 정보 누설 금지, 항만공사법상 비밀누설 금지 등)

4) 군사

군사와 관련된 각종 법령에서 군사상 비밀유지, 군사작전 보호 등의 기밀 유지의무를 부과하고 있다. (국방·군사시설 사업에 관한 법률, 국방개혁에 관한 법률, 군사기지 및 군사시설 보호법, 징발법 등)

5) 특허

특허청의 실용신안, 특허, 디자인보호, 발명진흥 등 '특허'와 관련하여 비밀 유지의무를 부과하고 있다.

6) 시험

각종 자격검정·국가기술자격 시험과 관련하여 비밀 유지 의무를 부과하고 있다. 한국산업인력공단법상 임직원과 국가기술자격법에 따른 수탁기관의 임직원에게 비밀유지 의무를 부과하고 있다.

7) 과세

과세와 관련한 금융정보 보호 등 필요에 따라 비밀누설금지 의무를 부과하고 있다.(관세법, 국세기본법 등에서 비밀유지 의무를 부과하고 있다.)

7 계약 당사자 선정·탈락 관련 부정청탁(제7호)

계약과 관련된 법령을 위반하여 특정 개인·단체·법인이 계약의 당사자로 선정되거나 탈락되도록 하는 행위를 말한다. 다른 부정청탁행위 유형과 달리 '계약 관련 법령'으로 규정하여 법령의 분야를 한정하고 있다. 이때 국가계약법, 지방계약법과 같은 계약에 관한 일반법뿐만 아니라 개별법령에서 계약과 관련한 사항을 규정하고 있는 경우도 포함한다. (방위사업법상 연구개발기관 선정 및 방산업체 지정에 관한 계약 및 계약의 특례에 관한 규정, 학교급식법 시행령상 학교급식 업무 위탁계약방법 규정, 자연재해 대책법상 재해복구 관련 업무 위탁계약방법 규정 등)

8 보조금 · 장려금 등 배정 · 지원 개입 등 관련 부정청탁(제8호)

보조금 · 장려금 · 출연금 · 출자금 · 교부금 · 기금 등의 업무에 관하여 법령을 위반하여 특정 개인 · 단체 · 법인에 배정 · 지원하거나 투자 · 예치 · 대여 · 출연·출자하도록 개입하거나 영향을 미치도록 하는 행위를 말한다.

1) 보조금

국고보조금은 「보조금의 관리에 관한 법률」에, 지방보조금은 「지방재정법」에 근거를 두고 있다. (민간이전(보조금)의 종류는 민간경상보조, 사회단체보조, 민간자본보조, 사회복지보조 등)

2) 장려금

취업 · 고용 장려금, 연구 · 개발 장려금, 정책적 장려를 위한 장려금으로 나눌 수 있다. (고용보험법상 재취업촉진 활동장려금, 과학기술인공제회법상 과학기술발전장려금, 군인사법상 우수인력확보를 위한 장려금) 지자체의 경우에는 화장 장려금, 장례식장 운영 장려금, 취업장려금, 출산 장려금 등이 있다.

3) 출연 · 출자금

「국가재정법」, 「지방재정법」, 「공공기관의 운영에 관한 법률」 및 「지방자치단체 출자·출연기관의 운영에 관한 법률」 등에 근거를 두고 있다. (한국국제교류재단법 , 산업기술단지 지원에 관한 특례법 , 한국농어촌공사 및 농지관리기금법 등)

4) 교부금

지방교부세는 국가가 지방교부세법에 따라 지방자치단체의 행정운영을 위하여 지급하는 교부금을 말한다. 지방교부세에는 보통교부세*와 특별교부세, 부동산교부세, 소방안전 교부세가 있고, 보통교부세는 매년 기준 재정 수입이 기준 재정수요에 미달하는 지방자치단체에 그 미달액을 기초로 교부한다. 지방교육재정교부금은 초·중등 교육의 재정지원을 위해 지방교육재정 교부금법의 규정에 의하여 지급하는 교부금이다. 그 외 특정한 행정목적을 위해 지급하는 것으로「국세기본법」에 따라 납세지도 담당 단체에 지급하는 교부금 등이 있다.

5) 기금

기금은 특정목적 및 시책추진을 위해 특정자금을 운용할 필요가 있는 경우 설치한다.

9 공공기관의 재화·용역 매각·교환 등 관련 부정청탁(제9호)

공공기관이 생산·공급·관리하는 재화 및 용역을 특정 개인·단체·법인에게 법령에서 정하는 가격 또는 정상적인 거래관행에서 벗어나 매각·교환·사용·수익·점유하도록 하는 행위를 말한다. 다른 부정청탁행위와 달리 공공기관의 재화 용역 관련 부정청탁행위는 '정상적인 거래관행'을 판단 기준으로 제시하며, 특별한 사정없이 공공기관의 내부 기준, 사규 등을 위반하여 특정인에게 특혜를 부여하는 경우 등은 정상적인 거래 관행에서 벗어난 행위에 해당한다.

1) 매각

정부재산 매각과 관련된 내용이 가장 많고, 간척지·공적자금 등 정부사업 과정에서 발생된 재산 매각, 기타 장기 보관 물품에 대한 매각 등이 있다. (국유재산법상 국유 일반재산의 매각, 국민연금법상 체납처분에 따른 재산 매각, 공익신탁법상 장기간 보관 공탁물품 매각 등)

2) 교환

행정목적을 수행하기 위한 범위 내에서 일반재산인 토지, 건물, 기타 토지의 정착물 교환에 관한 사항을 규정하고 있다. (국유재산법상 토지 건물 등의 정착물, 동산 교환, 공익신탁법상 신탁재산의 교환, 소하천정비법상 폐천부지 등의 교환 등)

3) 사용

국·공유재산 사용, 행정목적 실현을 위한 토지 등의 수용 및 사용, 기타 주파수 공동사용 등을 말한다.

4) 수익

법률로 설립한 공제회·재단·연구원·단체·시설 등의 수익사업, 선수권대회나 국제대회 등과 관련한 휘장 등 수익사업, 국·공유재산 사용·수익 등을 말한다.

5) 점유

무단점유 금지, 무단점유 시 무단점용료·변상금 부과 등을 말한다.

10 학교의 입학 · 성적 등 처리 관련 부정청탁(제10호)

각급 학교의 입학 · 성적 · 수행평가 등의 업무에 관하여 법령을 위반하여 처리 · 조작하도록 하는 행위를 말한다. 각급 학교는 「초·중등교육법」, 「고등교육법」, 「유아교육법」 및 그 밖의 「사립학교법」 등 다른 법령에 따라 설치된 각급 학교를 의미한다.

1) 입학

법령에 정한 입학자격, 입학정원, 일반전형 및 특별전형 등 학생선발 방법 등에 관한 업무뿐만 아니라 편입학, 전입학, 재입학 및 소외 · 취약계층 입학 우대 등의 업무도 포함한다. 입학자격이 없는 자를 입학시키거나 학생선발에 있어서 법령을 위반하여 입학·편입학·전입학 시키거나 선발, 선정하도록 하는 행위를 의미한다.

2) 성적 · 수행평가

성적이나 수행평가를 조작하거나, 진급 · 수료 · 졸업 등 기준 미달자에 대해 법령을 위반하여 처리하도록 하는 행위를 말한다. (교육공무원법, 사립학교법 등에 채용 제한사항으로 시험문제 유출 및 성적조작 등 학생성적 관련 비위행위 규정 존재) 한편, 학교 성적을 조작해 달라는 청탁은 형법 제314조제1항의 업무방해죄에 해당될 수 있다.

11 징병검사 · 부대배속 등 처리 관련 부정청탁(제11호)

징병검사, 부대 배속, 보직 부여 등 병역 관련 업무에 관하여 법령을 위반하여 처리하도록 하는 행위를 말한다.

1) 징병검사

「병역법」, 동법 시행령 및 시행규칙에 따른 징병검사의 판정기준, 병역면제, 징병검사·입영기일 연기 등의 경우가 있다.

2) 부대배속

「병역법」, 동법 시행령 및 시행규칙에 따른 현역병 입영, 상근 예비역, 승선근무예비역, 국제협력봉사요원, 예술·체육요원, 공중보건의사, 산업기능요원 편입 등이 있다.

3) 보직부여

「군인사법」에 따른 장교의 보직 및 해임, 「병역법」상 병력동원 소집의 후순위 조정 등이 있다.

12 각종 평가 · 판정 결과 조작 등 관련 부정청탁(제12호)

공공기관이 실시하는 각종 평가·판정 업무에 관하여 법령을 위반하여 평가 또는 판정하게 하거나 결과를 조작하도록 하는 행위를 말한다.

1) 평가

민간부문을 대상으로 한 평가, 공공기관 대상 평가, 자산가치 평가 등이 있다. 평가는 크게 두 가지로 나뉘는데, 민간부문 대상 평가는 민간 영역에 대한 국가지원, 배상·보상 관련 평가, 등급 부여 평가 등이 있으며, 평가를 통해 시장질서가 형성된다. 공공부문 대상 평가는 국가가 지원하는 사업 등의 효과성을 검증하고, 지원 수준을 결정 등의 목적으로 행해지는 경우가 다수이다. (고등교육법상 전문대학원 평가, 산재보험보상법상 산재보험 의료기관 평가, 과학기술기본법상 국가연구개발사업에 대한 평가, 개발이익 환수에 관한 법률상 지가 산정평가 등이 있다.)

2) 판정

등급기준의 충족여부에 대한 판정, 각종 시험·검사의 합격여부 판정, 기타 행정적 차원의 업무 수행을 위한 판정으로 나뉜다. (노인장기요양보험법상 장기요양등급 판정, 자동차관리법상 자동차 검사결과 적합여부 판정, 도로법상 매수대상토지의 판정, 감사원법상 변상책임의 판정 등이 있다.)

13 행정지도·단속·감사 결과 조작·묵인 관련 부정청탁(제13호)

법령을 위반하여 행정지도·단속·감사·조사 대상에서 특정 개인·단체·법인이 선정·배제되도록 하거나 행정지도·단속·감사·조사의 결과를 조작하거나 또는 그 위법사항을 묵인하게 하는 행위를 말한다.

1) 행정지도

행정기관이 그 소관사무의 범위 안에서 일정한 행정목적을 실현하기 위하여 특정인에게 일정한 행위를 하거나 하지 아니하도록 지도, 권고, 조언 등을 하는 행정작용(행정절차법 제2조제3호)을 말한다. (건축법상 위법건축물 관리실태 등 지도·점검, 먹는물관리법상 먹는 물 수질관리 지도, 식품위생법상 식품위생 취급기준 이행 및 조리사·영양사 준수사항 이행지도 등)

2) 단속

풍속영업, 식품·위생, 환경, 도로교통 분야에서의 단속 등을 말한다. (도로교통법에 따른 교통단속, 건축법상 건축 중인 건축물의 위법시공 단속, 무허가·미신고 건축물 단속, 게임산업진흥에 관한 법률상 등급 미분류 게임물·등급거부 게임물 등의 수거·폐기·삭제 등)

3) 조사

법령 준수 또는 위반행위의 확인, 정책결정이나 직무수행에 필요한 정보나 자료의 수집, 법령상 의무이행의 확보를 위한 조사 등을 말한다. (행정조사기본법에 따른 행정조사, 국세기본법상 세무조사, 성매매방지 및 피해자 보호 등에 관한 법률상 성매매 실태조사 등)

4) 감사

국회·감사원·행정기관 등의 감사 등을 말한다. (감사원법상 회계검사 및 직무감찰, 국정감사 및 조사에 관한 법률상 감사, 그 외 행정기관 자체 감사 등)

14 수사 · 재판 · 심판 등 처리 관련 부정청탁(제14호)

사건의 수사·재판·심판·결정·조정·중재·화해 또는 이에 준하는 업무를 법령을 위반하여 처리하도록 하는 행위를 말한다.

1) 수사

수사기관의 수사 개시부터 수사 종료에 해당하는 종결처분까지의 모든 과정을 포함한다. 수사과정에서의 각종 강제처분(체포 구속 압수 수색 검증 등)뿐만 아니라 공소제기 또는 불기소처분 등 수

사종결처분의 경우도 포함한다.

2) 재판

각급 법원(대법원, 고등법원, 지방법원, 특허법원, 가정법원, 행정법원)의 재판, 군사법원의 재판 및 국민참여재판을 포함한다. 재판을 담당하는 대법관, 판사, 군판사뿐만 아니라 재판에 관련된 업무를 수행하는 재판연구관, 법원직원, 배심원의 직무를 포함한다.

3) 심판

심판은 행정심판과 특별행정심판으로 구분, 특별행정심판에는 조세 심판·특허심판·소청제도 등이 있다.

4) 결정

수사 재판 심판 등과 관련되거나 이와 유사한 준사법적인 각종 결정을 의미한다. (민사집행법에 의한 경매개시결정, 형의 집행 및 수용자의 처우에 관한 법률에 의한 가석방 적격결정 등)

3 부정청탁 사유의 예외에는?

제5조(부정청탁의 금지) ② 제1항에도 불구하고 다음 각 호의 어느 하나에 해당하는 경우에는 이 법을 적용하지 아니한다.
1. 「청원법」, 「민원사무 처리에 관한 법률」, 「행정절차법」, 「국회법」 및 그 밖의 다른 법령·기준(제2조제1호나목부터 마목까지의 공공기관의 규정·사규·기준을 포함한다. 이하 같다)에서 정하는 절차·방법에 따라 권리침해의 구제·해결을 요구하거나 그와 관련된 법령·기준의 제정·개정·폐지를 제안·건의하는 등 특정한 행위를 요구하는 행위
2. 공개적으로 공직자 등에게 특정한 행위를 요구하는 행위
3. 선출직 공직자, 정당, 시민단체 등이 공익적인 목적으로 제3자의 고충민원을 전달하거나 법령·기준의 제정·개정·폐지 또는 정책·사업·제도 및 그 운영 등의 개선에 관하여 제안·건의하는 행위
4. 공공기관에 직무를 법정기한 안에 처리하여 줄 것을 신청·요구하거나 그 진행상황·조치결과 등에 대하여 확인·문의 등을 하는 행위
5. 직무 또는 법률관계에 관한 확인·증명 등을 신청·요구하는 행위
6. 질의 또는 상담형식을 통하여 직무에 관한 법령·제도·절차 등에 대하여 설명이나 해석을 요구하는 행위
7. 그 밖에 사회상규(社會常規)에 위배되지 아니하는 것으로 인정되는 행위

법 제5조제1항은 14가지 대상 직무와 관련하여 법령을 위반한 부정청탁행위를 구체적으로 열거하고 있지만, 동시에 제2항에서는 청탁금지법이 적용되지 아니하는 7가지 경우를 열거하고 있다. 제2항 각 호의 요건을 구비하는 경우 최종적으로 금지되는 부정청탁행

위에 해당하지 않는다. 법 제5조제1항(금지규정)과 제2항(법 적용 제외 규정)의 관계가 문제되는데, 이는 예외사유의 범위를 어떻게 해석하는지 문제와 관련된다. '제1항에도 불구하고'라는 문언상 제2항은 제1항과의 연관성을 부정할 수 없으므로 예외사유의 범위를 합리적으로 해석할 필요가 있다. 제2항에서 정한 예외사유의 형식적 요건을 구비하면 그 내용이 제1항에서 금지하고 있는 부정청탁이라도 예외사유에 해당 가능하다.

1 법령·기준에서 정한 절차·방법에 따라 요구하는 행위(제1호)

이미 제도화되어 있고 국민과 공공기관이 법령 기준에서 정한 절차에 따라 의사소통을 하는 대표적인 방법을 명문화한 것이다. 공공기관은 내부 기준으로 공직자 등과 민원인의 의사소통 채널 또는 시스템을 구축할 수 있는데, 이는 공직자 등이 민원인과의 상담을 기피하는 등 공공기관과의 의사소통이 위축될 우려에 대비한 것이다(지정된 민원실 등 투명한 물리적 장소의 제공과 면담 일시와 면담내용 등의 기록·관리를 통한 투명한 면담 시스템 구축 필요).

제1호의 예외사유가 형식적 요건(법령 기준에서 정한 절차 방법) 외에 실질적 요건(적법한 내용)도 구비할 것을 요구하는지 문제가 된다. 즉, 형식적 요건(법령 기준에서 정한 절차 방법)을 구비한 경우 제1항 각 호에서 금지하고 있는 부정청탁도 할 수 있는지의 문제이다.

 법령 기준에서 정한 절차 방법(형식적 요건)에 따르는 경우 명문으로 규정한 '권리침해의 구제·해결, 그와 관련된 법령·기준의 제정·개정·폐지' 외에 제1항에서 금지하고 있는 부정청탁도 요구할 수 있는지 문제가 된다.

 형식적 요건을 구비한 경우 요구 내용이 부정청탁을 포함하여 적법하지 않더라도 예외사유에 해당된다. 권리침해의 구제·해결 요구, 법령·기준의 제정·개정·폐지를 제안 건의하는 "등"으로 규정하여 내용을 한정하고 있지 않다. 형식적 요건 외에 실질적 요건까지 요구하면 제1항의 예외사유로서의 기능이 약화되고 공공기관과의 의사소통이 위축될 우려가 있다. 기존 법령이 충분한 권익보호를 하지 못한다고 느끼는 민원인의 입장에서는 법령을 위반하는 내용을 요구할 기회가 필요하다.

 다만, 법령을 위반한 내용을 법령 기준에서 정한 절차 방법에 따라 요구한 것과 별도로 요구 내용대로 직무를 수행하도록 요구하는 행위는 부정청탁에 해당한다고 할 수 있다.

2 공개적으로 특정한 행위를 요구하는 행위(제2호)

 부정청탁은 밀행성(密行性)이 전제되므로 밀행적 요구가 아니라 '공개적으로' 요구하는 행위는 부정청탁의 예외사유로 규정하고 있다. 특정한 행위의 요구 자체를 공개적으로 하는 경우를 의미(행위

상황의 공개성 확보)한다.

　공개적으로 요구하는 경우 그 내용이 공개되므로 요구를 하는 자와 공직자 등 모두에게 자율적인 통제장치로 작용할 수 있다. 불특정 다수인에 의해 통제되고 다양한 의견이 제시될 수 있어 합리적인 결론 도출도 가능하다.

　'공개적으로'는 요구하는 내용을 불특정 다수인이 인식할 수 있는 상태에 두는 것을 의미한다. 공개된 장소에서의 피켓 시위 또는 TV 신문 등의 언론매체를 통한 요구는 공개적인 요구에 해당한다고 할 수 있다.

　형식적 요건('공개적으로' 요구)을 갖춘 이상 요구하는 내용과 관계없이 예외사유에 해당한다. 제2호의 예외사유는 형식적 요건에 대해서만 규정하고 있을 뿐, 실질적 요건(내용)에 대해서는 특별히 규정하지 않고 있다.

3 공익적 목적의 고충민원 전달행위(제3호)

　제3호는 주체(선출직 공직자, 정당, 시민단체 등), 목적(공익적 목적), 행위대상(고충민원 등), 행위(전달)의 제한을 받는 예외사유가 된다.

주체	예외사유의 주체로 '선출직 공직자, 정당, 시민단체 등'으로 규정하고 있어 "등"에 포함될 수 있는 주체의 범위가 문제된다. 다른 예외사유와 달리 주체를 규정한 입법취지 및 예시된 주체의 기능, 성격 등을 고려하여 범위를 설정하는 것이 필요하다. "등"에는 예시한 '선출직 공직자, 정당, 시민단체'에 준하는 공익성을 추구하고 국민의 의견을 수렴할 수 있는 단체로 한정하고 있다. 그 외 단체나 개인 등은 다른 예외 사유(법령 기준에서 정하는 절차 방법에 따라 요구, 공개적으로 요구, 사회상규 등)를 적용할 수 있다. 각종 협회 등의 직능단체나 이익단체, 공인된 학회 등이 주체에 포함될 수 있다. 이때 목적(공익적 목적), 행위(전달행위) 등의 요건상 제한이 있으므로 시민단체의 범위를 지나치게 엄격하게 해석할 필요는 없다. 다만, 해당 단체에 대해 대표성을 갖는 자가 대표해서 전달해야 하고 그 소속 직원 회원 등이 개인적으로 전달하는 경우는 제외한다.
목적	국가, 사회 일반 다수인의 이익에 관한 것뿐만 아니라 특정한 사회집단이나 그 구성원 전체의 이익에 관한 것도 포함된다. 공익적 목적이 주된 목적이면 족하고, 오로지 공익적 목적일 필요는 없다. 특정 제3자의 고충민원이라도 다수의 이익과 관련되거나 될 수 있는 경우 공익적 목적에 해당될 수 있다.
대상	전달의 대상이 되는 고충민원은 국민의 권리를 침해하거나 국민에게 불편 또는 부담을 주는 사항에 관한 민원 등을 의미한다. 부패방지권익위법 제2조(정의)에 따르면, 고충민원이란 "5. 고충민원이란 행정기관 등의 위법·부당하거나 소극적인 처분 및 불합리한 행정제도로 인하여 국민의 권리를 침해하거나 국민에게 불편 또는 부담을 주는 사항에 관한 민원을 말한다."라고 규정되어 있다. 그 외 법령 기준의 제정 개정 폐지 또는 정책 사업 제도 및 그 운영 등의 개선에 관하여 제안 건의하는 것도 포함한다.
행위	받은 것을 그대로 전달하는 것이 원칙이지만, 전체적인 의미나 본질적인 내용의 변경 없이 보충하여 전달하는 것도 포함한다. 전달 보충을 넘어 내용을 본질적으로 변경하는 경우는 전달이 아니라 새로운 청탁에 해당한다.

CASE

택시에 블랙박스(전자식 운행기록장치) 장착과 관련하여 재정을 지원하는 「교통안전법」 개정안이 시행되었으나, 개정법 시행 이전에 블랙박스를 부착한 택시에 대해서는 재정지원이 되지 않음. 이에 개정법이 시행되기 이전에 정부 정책에 따라 블랙박스를 부착한 택시 운전자 A는 국토교통위원회 소속 국회의원 B를 통하여 법 시행 이전에 블랙박스를 부착한 사업자들도 동일하게 재정지원을 받을 수 있도록 국토교통부 담당국장에게 전달하였음

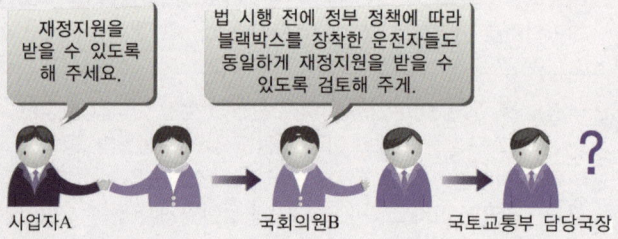

결론

공익적 목적으로 제3자의 고충민원을 전달한 행위로서 부정청탁 예외사유에 해당된다.

CASE

어린이집을 운영하고 있는 A가 ○○지방자치단체 지방의회 의원 B를 통해 해당 지방자치단체 보조금 업무 담당자 C에게 보조금 지급대상이 아님에도 보조금을 받게 해 달라고 청탁하여 보조금을 지급받은 경우

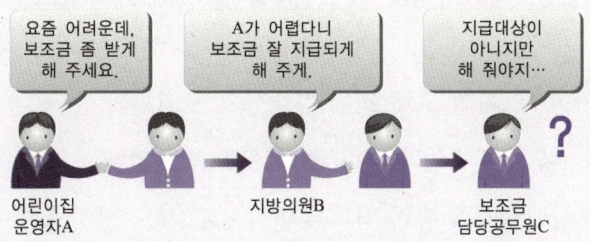

결론

　보조금의 배정·지원 관련 직무는 청탁금지법상 부정청탁 대상 직무에 해당된다. 보조금·장려금 등의 배정·지원 또는 투자·예치 등에 관한 직무를 부정청탁 대상 직무로 규정(청탁금지법 제5조제1항제8호)하고 있다. 보조금법령 등을 위반하여 보조금 지급대상이 아님에도 보조금 지급을 받게 해 달라는 청탁은 부정청탁에 해당된다.

　선출직 공직자인 지방의회의원 B가 제3자 A의 고충민원을 전달하였으므로 주체, 대상, 행위 요건은 구비하고 있다. 다만, 법령을 위반하여 보조금을 지급받을 수 있도록 요구하는 행위는 특정인의 특혜를 목적으로 하는 것이므로 공익적 목적으로 보기는 어렵다.

4 기타 법정기한 내 처리요구 등(제4호, 제5호, 제6호)

법정기한 내 처리 요구 또는 진행상황 조치결과 등에 대해 확인 문의하는 행위도 예외가 된다. 직무 또는 법률관계에 관한 확인·증명, 질의 상담형식을 통한 직무에 관한 법령 제도 절차 등의 설명 해석 요구도 예외로 명시하고 있다.

5 사회상규에 위배되지 않는 행위(제7호)

15가지 부정청탁 행위유형에 해당하더라도 법질서 전체와의 관계에서 정당시되는 행위는 제재대상에서 제외된다. 복잡 다양하게 변화하는 사회에서 사회 상규상 허용되는 모든 상황을 법률에 구체적으로 열거하는 것은 입법기술상 불가능하다. 이 때문에 어느 정도의 망라적인 의미를 가지는 내용으로 입법하는 것이 불가피하여 불확정개념을 사용하고 있다. 법질서 전체의 정신이나 배후에 놓여 있는 사회윤리 내지 사회통념에 비추어 용인될 수 있는 행위를 말한다. '사회상규'라는 표현은 포괄적 위법성 조각사유를 규정한 「형법」 제20조, 언론중재법 제5조 등에서도 이미 사용되고 있다.

청탁 동기·목적, 청탁 내용, 공직자 등의 직무수행의 공정성, 청탁 수단이나 방법 등 내용과 형식을 종합적으로 고려하여 결정한다.

4 직무수행을 금지하는 부정청탁이란?

6조(부정청탁에 따른 직무수행 금지) 부정청탁을 받은 공직자 등은 그에 따라 직무를 수행해서는 아니 된다.

부정청탁을 받은 공직자 등은 그에 따른 직무수행이 금지되고 부정청탁에 따라 직무를 수행한 공직자 등은 형사처벌 대상이 된다.

청탁금지법

제22조(벌칙) ② 다음 각 호의 어느 하나에 해당하는 자는 2년 이하의 징역 또는 2천만 원 이하의 벌금에 처한다.
1. 제6조를 위반하여 부정청탁을 받고 그에 따라 직무를 수행한 공직자 등(제11조에 따라 준용되는 공무수행사인을 포함한다)

'직무를 수행하는 공직자 등'의 범위에 포함되는 공직자 등(해당 업무를 직접 처리하는 공직자 등, 결재선상에 있는 과장·국장 등, 결재선상에 있지 않지만 지휘감독권이 있는 기관장 등 포함) 모두가 대상이 된다. 내부 위임전결규정에 따라 전결권을 위임한 경우에도 전결권을 위임한 공직자 등(예 : 기관장)도 포함된다. 내부 규정에 따라 전결권이 위임된 경우에도 대외적 명의는 기관장이고 외부에서는 이를 알 수도 없으며, 전결권을 위임하였다는 이유로 부정청탁을 받은 경우 거절 및 신고 의무를 면제하는 것은 입법취지에 부합되지 않는다.

결재선상에 있는 상급 공직자 등이나 결재선상에 있지 않지만 지휘감독권이 있는 상급 공직자 등이 부정청탁을 받고 하급자에게 지시 등을 통하여 사무를 처리한 경우 상급 공직자 등은 직무를 수행하는 공직자 등이므로 부정청탁에 따라 직무를 수행한 경우에 해당하여 형사처벌 대상이 된다. 상급자의 지시는 제3자를 위한 부정청탁의 성격도 가지므로 하급자는 거절하는 의사를 명확히 표시해야 하고, 제3자를 위한 부정청탁임을 알면서 지시에 따른 경우 부정청탁에 따른 직무수행으로 형사처벌 대상이 된다.

부정청탁을 받은 하급 공직자 등이 부정청탁에 따라 직무를 수행하는 사실을 결재권자가 전혀 알지 못한 경우 고의가 없어 형사처벌 불가능하다(청탁금지법상 과실범 처벌 규정이 없어 과실범으로 처벌도 불가).

한편, 직접 자신을 위하여 부정청탁을 한 자는 제재대상에서 제외되나, 그에 따라 직무를 수행한 공직자 등은 형사처벌 대상이 된다. 이는 부정청탁을 받은 공직자 등의 공정한 직무수행을 담보하기 위함이다. 직접 자신을 위하여 부정청탁을 한 자가 공직자 등인 경우에는 법 제21조에 따라 의무적 징계대상에 해당된다.

5 부정청탁은 어떻게 처리될까?

제7조(부정청탁의 신고 및 처리) ① 공직자 등은 부정청탁을 받았을 때에는 부정청탁을 한 자에게 부정청탁임을 알리고 이를 거절하는 의사를 명확히 표시하여야 한다.
② 공직자 등은 제1항에 따른 조치를 하였음에도 불구하고 동일한 부정청탁을 다시 받은 경우에는 이를 소속기관장에게 서면(전자문서를 포함한다. 이하 같다)으로 신고하여야 한다.
③ 제2항에 따른 신고를 받은 소속기관장은 신고의 경위·취지·내용·증거자료 등을 조사하여 신고 내용이 부정청탁에 해당하는지를 신속하게 확인하여야 한다.
④ 소속기관장은 부정청탁이 있었던 사실을 알게 된 경우 또는 제2항 및 제3항의 부정청탁에 관한 신고·확인 과정에서 해당 직무의 수행에 지장이 있다고 인정하는 경우에는 부정청탁을 받은 공직자 등에 대하여 다음 각 호의 조치를 할 수 있다.
1. 직무 참여 일시중지
2. 직무 대리자의 지정
3. 전보
4. 그 밖에 국회규칙, 대법원규칙, 헌법재판소규칙, 중앙선거관리위원회규칙 또는 대통령령으로 정하는 조치
⑤ 소속기관장은 공직자 등이 다음 각 호의 어느 하나에 해당하는 경우에는 제4항에도 불구하고 그 공직자 등에게 직무를 수행하게 할 수 있다. 이 경우 제20조에 따른 소속기관의 담당관 또는 다른 공직자등으로 하여금 그 공직자 등의 공정한 직무수행 여부를 주기적으로 확인·점검하도록 하여야 한다.
1. 직무를 수행하는 공직자 등을 대체하기 지극히 어려운 경우
2. 공직자 등의 직무수행에 미치는 영향이 크지 아니한 경우

3. 국가의 안전보장 및 경제발전 등 공익증진을 이유로 직무수행의 필요성이 더 큰 경우
⑥ 공직자 등은 제2항에 따른 신고를 감독기관·감사원·수사기관 또는 국민권익위원회에도 할 수 있다.
⑦ 소속기관장은 다른 법령에 위반되지 아니하는 범위에서 부정청탁의 내용 및 조치사항을 해당 공공기관의 인터넷 홈페이지 등에 공개할 수 있다.
⑧ 제1항부터 제7항까지에서 규정한 사항 외에 부정청탁의 신고·확인·처리 및 기록·관리·공개 등에 필요한 사항은 대통령령으로 정한다.

1 공직자는 부정청탁을 거절할 의무가 있다

대부분의 공직자 등은 부정청탁을 받은 경우 이를 거절해야 한다는 것을 잘 알고 있음에도 청탁의 속성상 쉽게 거절하지 못한다. 부정청탁의 대부분이 공직자 등이 익히 잘 알고 있는 사람으로부터 받는 것이어서 처음부터 거절하는 것이 용이하지 않다. 인간관계의 단절이나 직간접적인 불이익을 받을 가능성이 있다고 공직자 등이 인식하게 되는 경우 거절이 사실상 어렵다. 청탁금지법은 공직자 등이 최초 부정청탁을 받았을 경우 거절하는 의사를 명확히 표시하도록 규정하여 거절의무를 부과하고 있다. 인간관계의 단절이나 직간접적인 불이익을 받을 가능성에 대한 고민 없이 거절할 수 있는 근거를 마련하고 있다.

2 부정청탁을 받았으면 신고해야 한다

1) 신고의무가 발생하는 동일한 부정청탁

동일한 부정청탁의 판단

공직자 등이 '최초' 부정청탁을 받은 경우 부정청탁임을 알리고 이를 거절하는 의사를 명확히 표시해야 할 의무가 있다(법 제7조제1항). 그럼에도 불구하고 '동일한 부정청탁'을 다시 받은 경우에는 소속기관의 장에게 신고해야 할 의무 발생한다(법 제7조제2항). 이는 신고절차를 따를 경우 사후에 발생할 수 있는 책임으로부터 선량한 공직자 등을 보호하기 위한 취지이다.

동일한 부정청탁인지는 '신고의무가 부과되는 공직자 등을 기준'으로 부정청탁 내용의 본질적 동일성 여부로 판단한다. 선량한 공직자 등을 보호하기 위해 신고절차를 마련한 취지에 따라 동일한 부정청탁의 범위를 공직자 등의 입장에서 설정하고 있다. 이해당사자가 동일한 내용으로 부정청탁을 직접 1회 한 후 제3자를 통하여 1회 한 경우, 2회 모두 제3자를 통하여 한 경우 모두 신고의무가 발생하는 동일한 부정청탁에 해당된다.

여러 명의 법인 소속 임직원이 업무와 관련하여 동일한 내용으로 부정청탁을 한 경우 신고의무가 발생하는 동일한 부정청탁에 해당된다.

CASE

○○건설회사(주)의 소속 직원 A가 건축법령을 위반하여 건축허가를 내줄 것을 구청 건축허가 담당 공무원 C에게 청탁하자 거절하였고, 그 다음 날 같은 회사 소속 직원 B가 다시 같은 내용의 청탁을 담당 공무원 C에게 한 경우

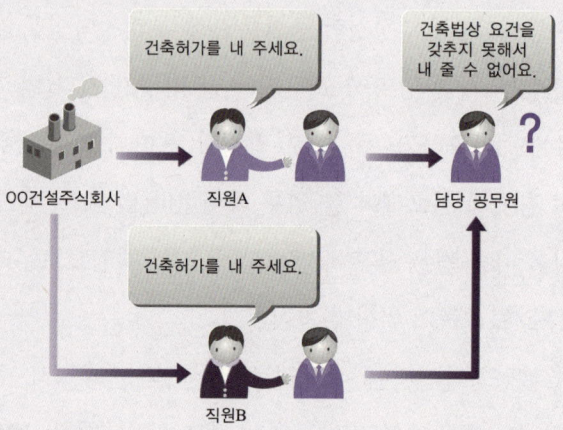

결론

　건축 허가 관련 직무는 청탁금지법상 부정청탁 대상 직무에 해당된다. 건축 관련 법령을 위반하여 건축허가를 내 줄 것을 요구하는 행위는 부정청탁에 해당된다.

　건축 허가 담당 공무원 C는 최초 직원 A의 부정청탁에 대해 거절의사를 표시해야 할 의무 있다. 거절의사를 표시했음에도 불구하고 담당 공무원 C는 직원 B로부터 동일한 부정청탁을 다시 받았으므로 소속기관장에게 신고의무 발생하고 신고를 하지 않은 경우 징계처분 대상에 해당이 된다.

　직원 A와 B는 제3자인 법인을 위하여 부정청탁을 하였으므로 각각 2천

만 원 이하의 과태료 부과 대상이다. 법인 소속 임직원의 업무 관련 부정청탁은 법인을 위한 것으로 그 효과가 법인에게 귀속되므로 제3자를 위한 부정청탁에 해당된다.

ㅇㅇ건설(주)는 청탁금지법 제24조의 양벌규정에 따라 2천만 원 이하의 과태료 부과 대상에 해당된다. 다만, 종업원의 위반행위를 방지하기 위한 상당한 주의 감독 의무를 게을리 하지 않은 경우 면책이 가능하다.

2) 신고 방법

공직자 등이 동일한 부정청탁을 다시 받은 경우 소속기관장에게 서면(전자문서를 포함)으로 신고해야 한다. 신고사항으로는 신고자의 인적사항, 신고의 취지 이유 및 내용 등이 있으며, 신고는 소속기관뿐만 아니라 감독기관·감사원·수사기관 또는 국민권익위원회에도 가능하다.

허위 신고·무책임한 신고의 통제를 위해 신고내용을 입증할 수 있는 증거를 확보한 경우 이를 함께 제출해야 한다. 허위 기타 부정한 방법으로 신고한 경우 보호·보상 대상에서 제외되고, 타인으로 하여금 형사처분이나 징계처분을 받게 할 목적으로 허위사실을 신고하는 경우 형법상 무고죄가 성립한다.

3 부정청탁을 받은 공직자 어떤 조치를 받을까?

1) 조치의 내용에는

부정청탁을 받은 공직자 등에 대해 일정한 조치를 함으로써 사전에 공정한 직무수행에 대한 의심을 차단한다. '직무 참여 일시중지, 직무 대리자의 지정, 전보' 외에 부정청탁을 받은 공직자 등에 대해 할 수 있는 조치를 대통령령에 위임한다. 법률에 규정된 조치 중 '직무 참여 일시중지, 직무 대리자의 지정'은 직무 배제정도가 일시적이나, '전보'는 직무에서 완전히 배제한다.

2) 예외도 있다!

직무를 수행하는 공직자 등을 대체하기 지극히 어려운 경우, 공직자 등의 직무수행에 미치는 영향이 크지 아니한 경우, 국가의 안전보장 및 경제발전 등 공익증진을 이유로 직무수행의 필요성이 더 큰 경우에는 소속기관장은 필요한 경우에는 부정청탁을 받은 공직자 등에게 직무를 수행하게 할 수 있다. 다만, 소속기관의 담당관 또는 다른 공직자 등으로 하여금 그 공직자 등의 공정한 직무수행 여부를 주기적으로 확인·점검하도록 할 필요가 있다.

4 부정청탁의 내용과 조치사항 공개

1) 공개할까, 말까

 소속기관장은 부정청탁 예방효과의 달성을 위해 부정청탁의 공개 여부를 결정할 재량이 있는데, 과태료 부과 또는 유죄판결 등을 받았는지 여부, 부정청탁 예방 효과의 달성을 위해 공개할 필요가 있는지 등의 사항을 종합적으로 고려하여 결정해야 한다.

2) 어디까지, 어떻게 공개할까

 공개범위에 대해서는 법률에서 부정청탁의 내용 및 조치사항만을 공개대상으로 명시하고 있으나, 인적사항은 명시하지 않고 있다. 즉 공개대상의 범위에 대해 대통령령에 공개범위를 위임하지 않아 시행령에서 인적사항을 공개대상으로 규정할 수는 없다. 다만, 변호사법은 공개범위를 시행령에 위임함에 따라 시행령에서 인적사항도 공개대상으로 규정하고 있다.
 공개방법에 대해서는 국민의 접근성과 부정청탁 예방효과의 강화를 위하여 해당 공공기관의 홈페이지 등에 공개한다.

6 위반행위에 대한 제재에는?

위반행위에 대한 제재
제21조(징계) 공공기관의 장 등은 공직자 등이 이 법 또는 이 법에 따른 명령을 위반한 경우에는 징계처분을 하여야 한다.
제22조(벌칙) ② 다음 각 호의 어느 하나에 해당하는 자는 2년 이하의 징역 또는 2천만 원 이하의 벌금에 처한다.
1. 제6조를 위반하여 부정청탁을 받고 그에 따라 직무를 수행한 공직자 등(제11조에 따라 준용되는 공무수행사인을 포함한다)
제23조(과태료 부과) ① 다음 각 호의 어느 하나에 해당하는 자에게는 3천만 원 이하의 과태료를 부과한다.
1. 제5조제1항을 위반하여 제3자를 위하여 다른 공직자 등(제11조에 따라 준용되는 공무수행사인을 포함한다)에게 부정청탁을 한 공직자 등(제11조에 따라 준용되는 공무수행사인을 포함한다). 다만, 「형법」 등 다른 법률에 따라 형사처벌을 받은 경우에는 과태료를 부과하지 아니하며, 과태료를 부과한 후 형사처벌을 받은 경우에는 그 과태료 부과를 취소한다.
② 제5조제1항을 위반하여 제3자를 위하여 공직자 등(제11조에 따라 준용되는 공무수행 사인을 포함한다)에게 부정청탁을 한 자(제1항제1호에 해당하는 자는 제외한다)에게는 2천만 원 이하의 과태료를 부과한다. 다만, 「형법」 등 다른 법률에 따라 형사처벌을 받은 경우에는 과태료를 부과하지 아니하며, 과태료를 부과한 후 형사처벌을 받은 경우에는 그 과태료 부과를 취소한다.
③ 제5조제1항을 위반하여 제3자를 통하여 공직자 등(제11조에 따라 준용되는 공무수행 사인을 포함한다)에게 부정청탁을 한 자(제1항제1호및 제2항에 해당하는 자는 제외한다)에게는 1천만 원 이하의 과태료를 부과한다. 다만, 「형법」 등 다른 법률에 따라 형사처벌을 받은 경

우에는 과태료를 부과하지 아니하며, 과태료를 부과한 후 형사처벌을 받은 경우에는 그 과태료 부과를 취소한다.
⑦ 소속기관장은 제1항부터 제5항까지의 과태료 부과 대상자에 대해서는 그 위반 사실을 「비송사건절차법」에 따른 과태료 재판 관할법원에 통보하여야 한다.

1 징계

공직자 등이 이 법 또는 이 법에 따른 명령을 위반한 경우 공공기관의 장은 필요적으로 징계처분을 해야 한다. 이는 징계절차를 진행하여 징계기준에 따라 징계처분을 하여야 한다는 의미이다. '직접 자신을 위하여 하는 부정청탁'은 과태료 부과 대상에서 제외되나, 공직자 등이 한 경우 이 법(제5조) 위반이므로 징계대상에는 해당된다.

2 과태료 부과 또는 형사처벌

소속기관의 장이 과태료 재판 관할법원에 위반사실을 통보함에 따라 과태료 관할법원이 재판(결정)을 통하여 과태료 부과한다. 이때 제3자를 통하여 부정청탁을 하거나 제3자를 위하여 부정청탁을 한 사람은 과태료 부과 대상이 된다. 즉 제3자를 통하여 부정청탁을 한 경우 1천만 원 이하 과태료 부과 대상이고, 제3자를 위하여 부정청탁을 한 경우 공직자 등이 아닌 자는 2천만 원 이하, 공직자 등은 3

천만 원 이하 과태료 부과 대상이 된다. 자신을 위하여 직접 공직자 등에게 부정청탁을 하는 행위는 과태료 부과 대상에서 제외되고, 부정청탁을 받고 그에 따라 직무를 수행한 공직자 등은 2년 이하 징역 또는 2천만 원 이하 벌금에 처한다. 직접 자신을 위하여 부정청탁을 한 자는 과태료 부과대상에서 제외되지만, 그에 따라 직무를 수행한 공직자 등은 형사처벌 대상에 해당된다.

CASE

개발제한구역 내에 토지를 소유하고 있는 A가 ○○군청 담당공무원 C에게 토지형질변경 허가신청을 하였는데, 해당 토지가 개발제한구역 법령상 형질변경허가 요건을 갖추지 못했다는 것을 알면서도 C를 직접 찾아가 허가를 내 줄 것을 부탁한 경우

결론

개발제한구역법령상의 토지형질변경 허가 관련 직무는 청탁금지법 상 부정청탁 대상 직무에 해당된다. 인가·허가 등 법령에서 일정한 요건을 정하여 놓고 신청을 받아 처리하는 직무를 부정청탁 대상 직무로 규정(법 제5조제1항제1호)하고 있다.

개발제한구역법령상 형질변경허가 요건을 갖추지 못했음에도 법령을 위반하여 처리하도록 하는 행위는 부정청탁에 해당한다.

※ 개발제한구역법
제12조(개발제한구역에서의 행위제한) ① 개발제한구역에서는 건축물의 건축 및 용도변경, 공작물의 설치, 토지의 형질변경, 죽목(竹木)의 벌채, 토지의 분할, 물건을 쌓아놓는 행위 또는 「국토의 계획 및 이용에 관한 법률」 제2조제11호에 따른 도시·군계획사업(이하 "도시·군계획사업"이라 한다)의 시행을 할 수 없다. 다만, 다음 각 호의 어느 하나에 해당하는 행위를 하려는 자는 특별자치시장·특별자치도지사·시장·군수 또는 구청장(이하 "시장·군수·구청장"이라 한다)의 허가를 받아 그 행위를 할 수 있다.

　토지소유자 A는 토지형질변경의 이해당사자로서, 직접 자신을 위하여 부정청탁을 하였으므로 제재대상에서 제외된다.
　청탁금지법상 이해당사자가 직접 자신을 위하여 하는 부정청탁은 과태료 부과대상에서는 제외되나, 금지대상에는 해당한다. 과태료 부과 대상에서 제외되는 '직접 자신을 위하여 하는 부정청탁'이란 청탁행위로 인한 법적 효과(이익 불이익)가 직접 자신에게 귀속되는 것을 의미한다. 청탁으로 자신에게 귀속되는 이익이 간접적이거나 사실적·반사적 이익 등에 불과한 경우에는 제3자를 위한 청탁이다.
　담당공무원 C는 토지소유자 A로부터 처음 부정청탁을 받은 것이므로 거절 의사를 명확히 표시하면 징계 및 벌칙 대상에서 제외된다. 만약, 담당공무원 C가 동일한 부정청탁을 다시 받은 경우에는 소속기관장에게 신고할 의무가 발생하고, 신고를 하지 않을 경우 징계대상에 해당된다. 반면, 담당공무원 C가 토지소유자 A의 부정청탁에 따라 토지형질변경허가를 내 준 경우 형사처벌 대상(2년 이하의 징역 또는 2천만 원 이하의 벌금)이 되며, 직접 자신을 위하여 부정청탁을 한 자는 과태료 부과대상에서 제외되지만 그에 따라 직무를 수행한 공직자 등은 형사처벌 대상에 해당된다.

Chapter 5 / 금품 등의 수수금지에 대하여

1 수수 금지 물품 등

제8조(금품 등의 수수 금지) ① 공직자 등은 직무 관련 여부 및 기부·후원·증여 등 그 명목에 관계없이 동일인으로부터 1회에 100만 원 또는 매 회계연도에 300만 원을 초과하는 금품 등을 받거나 요구 또는 약속해서는 아니 된다.
② 공직자 등은 직무와 관련하여 대가성 여부를 불문하고 제1항에서 정한 금액 이하의 금품 등을 받거나 요구 또는 약속해서는 아니 된다.
③ 제10조의 외부강의 등에 관한 사례금 또는 다음 각 호의 어느 하나에 해당하는 금품 등의 경우에는 제1항 또는 제2항에서 수수를 금지하는 금품 등에 해당하지 아니한다.
1. 공공기관이 소속 공직자 등이나 파견 공직자 등에게 지급하거나 상급 공직자 등이 위로·격려·포상 등의 목적으로 하급 공직자 등에게 제공하는 금품 등
2. 원활한 직무수행 또는 사교·의례 또는 부조의 목적으로 제공되는 음식물·경조사비·선물 등으로서 대통령령으로 정하는 가액 범위 안의 금품 등
3. 사적 거래(증여는 제외한다)로 인한 채무의 이행 등 정당한 권원(權原)에 의하여 제공되는 금품 등
4. 공직자 등의 친족(「민법」 제777조에 따른 친족을 말한다)이 제공하는 금품 등

5. 공직자 등과 관련된 직원상조회·동호인회·동창회·향우회·친목회·종교단체·사회단체 등이 정하는 기준에 따라 구성원에게 제공하는 금품 등 및 그 소속 구성원 등 공직자 등과 특별히 장기적·지속적인 친분관계를 맺고 있는 자가 질병·재난 등으로 어려운 처지에 있는 공직자 등에게 제공하는 금품 등
6. 공직자 등의 직무와 관련된 공식적인 행사에서 주최자가 참석자에게 통상적인 범위에서 일률적으로 제공하는 교통, 숙박, 음식물 등의 금품 등
7. 불특정 다수인에게 배포하기 위한 기념품 또는 홍보용품 등이나 경연·추첨을 통하여 받는 보상 또는 상품 등
8. 그 밖에 다른 법령·기준 또는 사회상규에 따라 허용되는 금품 등
④ 공직자 등의 배우자는 공직자 등의 직무와 관련하여 제1항 또는 제2항에 따라 공직자 등이 받는 것이 금지되는 금품 등(이하 "수수 금지 금품 등"이라 한다)을 받거나 요구하거나 제공받기로 약속해서는 아니 된다.
⑤ 누구든지 공직자 등에게 또는 그 공직자 등의 배우자에게 수수 금지 금품 등을 제공하거나 그 제공의 약속 또는 의사표시를 해서는 아니 된다.

■ 금품 등 수수 금지   적용기준

공직자 등과 배우자의 금품 등 수수 금지 기준

수수 금지 금품 등을 공직자 등(또는 그 배우자)에게 제공한 자도 공직자 등과 동일한 수준으로 제재

1 제재대상이 되는 수수 금지 금품에는

직무 관련 여부 및 그 명목에 관계없이 동일인으로부터 1회 100만 원 초과 또는 매 회계연도 300만 원을 초과하여 수수 시 형사처벌 대상이 된다. 이는 형법 상 뇌물은 직무관련성 및 대가성을 요건으로 하고 있어서 그에 대한 입증이 어려워 규제의 사각지대가 발생하므로 뇌물죄와는 달리 입증부담이 완화된 것이다. 직무수행의 공정성에 의심을 받을 수 있는 접대문화의 근절이라는 입법목적의 달성을 위해 직무 관련 여부를 불문하고 금지한다. 또한, 사회통념상 적지 않은 금액인 100만 원을 초과하여 제공하는 것은 당장은 아니더라도 장래 적당한 시점에 활용하기 위한 잠재적인 직무 관련성을 내포하고 있다고 할 수 있다.

1회 100만 원의 기준은 청렴에 대한 국민의 기대수준, 공개토론회 및 전문가 자문 등에서 제시된 다양한 의견, 공직선거법의 입법례 등을 종합적으로 고려하여 합리적 기준을 설정한 것이다. 「공직선거법」상에서도 기부행위 금지의무를 위반하여 제공받은 금품 등의 가액이 100만 원을 초과하는지를 기준으로 삼아 형사처벌과 과태료 부과 대상을 구분하고 있다. 일정한 금액을 기준으로 제재의 종류를 달리 정하거나 제재를 가중하는 경우 금액기준과 근소한 범위 내에서는 죄질의 경중에 대한 의문이 불가피하게 발생할 수도 있다.

CASE

○○지방자치단체 지적과에서 10년간 근무해 온 공무원 A는 기존 직무와 관련이 없는 중앙부처로 전출을 가게 되었음. 평소 지적 관련 업무로 잘 알고 지내던 감정평가사 B가 해외여행을 다녀오면서 손목시계를 샀다며 시가 150만 원 상당의 손목시계를 선물로 준 경우

결론

법공무원 A는 감정평가사 B로부터 1회 100만 원을 초과하는 손목시계를 선물로 받았으므로 형사처벌 대상(3년 이하 징역 또는 3천만 원 이하 벌금)이 된다. 감정평가사 B는 1회 100만 원을 초과하는 금품등을 제공하였으므로 형사처벌 대상(3년 이하 징역 또는 3천만 원 이하 벌금 대상)이 되며, 공무원 A와 감정평가사 B의 평소 관계 등을 고려할 때 사회상규에 따라 허용되는 금품 등으로 보기 어렵다.

직무와 관련하여 대가성 여부를 불문하고 1회 100만 원 이하 금품 등을 수수시 과태료 부과 대상이 된다. 단, 직무와 관련이 없는 1회 100만 원 이하의 금품등은 수수 금지 금품 등에는 해당하지 않는다. 직무와 관련하여 1회 100만 원 이하의 금품 등을 수수한 경우 대가성이 인정되면 뇌물죄가 성립되어 형사처벌 대상이 된다. 청탁금

지법은 대가성 입증이 곤란한 경우 규제의 사각지대를 보완하고 입증 부담을 완화하기 위한 취지도 포함하고 있다는 점에서 이런 성격을 보인다.

CASE

제약업체에 다니는 A와 초등학교 교사 B, 전기 관련 공기업체 직원 C는 어릴 때부터 같은 고향에서 함께 자란 막역한 친구 사이로, 연말에 초등학교 동창회에 참석했다가 동창회가 끝나고 세 명이 함께 한정식집에서 저녁식사를 한 후 A가 식사값 60만 원을 모두 계산한 경우

결론

교사 B와 공기업체 직원 C는 모두 청탁금지법상 금품등 수수 금지 규정의 적용대상자인 공직자등에 해당된다고 할 수 있다. 또한 청탁금지법상 1회 100만원 이하의 금품등을 직무와 관련하여 수수한 경우 과태료 부과 대상에 해당된다.

교사 B와 공기업체 직원 C가 제약업체 직원 A로부터 20만원 상당의 식사를 접대 받았으나 직무와 관련이 없어 제재대상에서 제외되는데, 이는 제약업체 직원, 초등학교 교사, 전기 관련 공기업체 직원 사이에는 특별한 사정이 없는 한 직무관련성을 인정하기 곤란하기 때문이다.

2 '동일인'과 '1회'

동일인으로부터 1회 100만 원 초과 금품 등을 수수하면 형사처벌, 그 이하 금품 등을 직무와 관련하여 수수하면 과태료 부과 대상이 된다. 이때 '동일인'과 '1회'를 어떻게 해석하는지에 따라 제재의 종류가 달라질 수 있는데, 금품 등의 수수행위에 대해서는 형사처벌 또는 과태료가 부과되므로 기존 형법 이나 질서위반행위규제법과의 조화로운 해석이 필요하다.

1) '동일인'이란?

동일인 여부는 금품 등을 직접 제공한 사람이 누구인지 형식적으로 판단할 것이 아니라 '실제 제공자'가 누구인지를 기준으로 판단한다. 판례는 처벌대상이 되는 동일인 대출한도 초과 여부를 판단함에 있어 대출금이 실질적으로 귀속되는 자를 기준으로 동일인을 판단한다.

또한, '동일인'은 금품 등의 출처(Source)가 어디인지 또는 누구인지의 문제인데, 금품 등의 제공의 경우 출처가 중요하므로 동일인에는 자연인뿐만 아니라 원칙적으로 법인도 포함될 수 있다. 즉 동일인은 실제 금품 등 제공행위를 할 수 있는 능력, 즉 범죄행위능력의 문제가 아니므로 원칙적으로 법인도 포함될 수 있는 것이다. 다만, 금품 등 제공 금지의무가 부과된 법 제8조제5항의 '누구든지'는 제공자에 대한 규정이므로 자연인 외에 법인은 제외된다. 즉 법 제

5조제1항의 부정청탁 금지규정의 주체인 '누구든지'에 자연인만 포함되고 법인은 제외되는 것과의 통일적 해석이 필요한 것이다. 다만, 법인은 그 소속 임직원이 업무에 관하여 위반행위를 한 경우 법 제24조의 양벌규정에 따라 벌금 또는 과태료 부과 대상이 된다.

CASE

○○도 턴키심사위원회 설계심의분과위원회에 ◇◇건설회사(주)의 설계가 심의 대상으로 상정되었음. 이에 심의위원으로 참여하는 건축사 A에게 ◇◇건설회사(주) 임원 B는 70만 원 상당의 양주를, 직원 C는 30만 원 상당의 상품권을 각각 제공하였고, D는 30만 원 상당의 식사를 접대한 경우

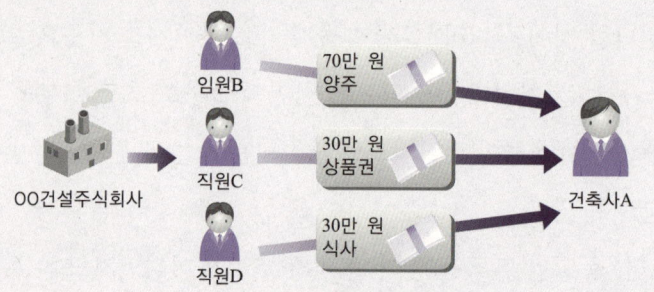

결론

건축사 A는 위원회의 위원 중 공직자등이 아닌 위원으로 공무수행사인에해당하여 법 적용대상자에 해당된다고 할 수 있다.

※ 청탁금지법
제11조(공무수행사인의 공무 수행과 관련된 행위제한 등) ① 다음 각 호의 어느 하나에 해당하는 자(이하 "공무수행사인"이라 한다)의 공무 수행에

> 관하여는 제5조부터 제9조까지를 준용한다.
> 1. 「행정기관 소속 위원회의 설치·운영에 관한 법률」또는 다른 법령에 따라 설치된 각종 위원회의 위원 중 공직자가 아닌 위원

건축사 A는 ◇◇건설회사(주)로부터 130만 원 상당의 금품 등(70만 원 상당 양주, 30만 원 상당 상품권, 30만 원 상당 식사의 합계)을 받았다. 건축사 A는 임직원 B, C, D로부터 금품 등을 받았으나, 금품 등의 출처 및 실제 제공자는 ◇◇건설회사(주)인 것이다.

건축사 A가 임직원 B, C, D로부터 금품 등을 받은 행위는 시간적 계속성과 심의대상 처리라는 목적의 관련성이 있어 1회로 평가 가능하다. 이때 1회는 자연적 의미의 행위의 수만으로 판단할 수 없고 법적으로 평가된 의미의 행위 수를 고려하여 판단한다.

건축사 A는 ◇◇건설회사(주)로부터 1회 100만 원을 초과하는 금품 등을 받았으므로 형사처벌 대상(3년 이하 징역 또는 3천만 원 이하 벌금)이 되며, 임직원 B, C, D는 건축사 A에게 직무와 관련하여 1회 100만 원 이하의 금품 등을 각각 제공하였으므로 모두 각자 제공액의 2배 이상 5배 이하 과태료 부과 대상이 된다. 다만, 임직원 B, C, D가 상호 의사연락 하에 공동으로 제공행위를 하였다면 모두 공동정범(1회 100만 원 초과 제공)으로 처벌될 수 있다. 또한 ◇◇건설회사(주)도 임직원 B, C, D가 업무에 관하여 위반행위를 하였으므로 양벌규정에 따라 과태료 부과 대상이 된다. 즉 임직원 B, C, D가 상호 의사연락 하에 공동으로 제공하여 공동정범으로 형사처벌 대상인 경우 ◇◇건설회사(주)도 양벌규정에 따라 형사처벌 대상이 되는데, 다만, 임직원의 위반행위를 방지하기 위한 상당한 주의 감독 의무를 게을리하지 않은 경우 면책이 가능하다.

2) '1회'란?

1회는 자연적 의미의 행위의 수를 의미하는지, 법적인 의미에서의 행위의 수를 의미하는지 문제가 되는데, 수개의 수수행위가 있는 경우에도 1회로 평가될 수 있으면 모두 합산하여 위반행위가 성립하고 제재의 종류가 달라질 수 있다. 1회는 자연적 의미의 행위의 수만으로 판단할 수 없고 법적으로 평가된 의미의 행위 수를 고려하여 판단한다.

행위가 시간적 장소적으로 근접성이 있거나 시간적 계속성이 있는 경우 1회로 평가 가능한데, 분할하여 금품등을 제공하는 행위(소위 '쪼개기')의 경우 자연적 의미의 행위 수로만 보면 1회로 보기 어렵지만, 법적으로 평가하는 경우 1회로 볼 수 있다. 수개의 금품등 수수행위를 법적으로 1회로 평가할 수 있으면 모두 합산하고 100만 원 초과 시 형사처벌 대상이 된다.

CASE

○○공공기관 과장 A와 해당 공공기관 서울 소재 사무소장 B는 관련 업무를 하고 있는 ◇◇회계법인의 대표 C와 함께 식사를 한 후 대표 C가 식사비용 60만 원을 계산하였고, 같은 날 A, B는 대표 C와 함께 술을 마시고 대표 C가 술값으로 300만 원을 계산하였다.

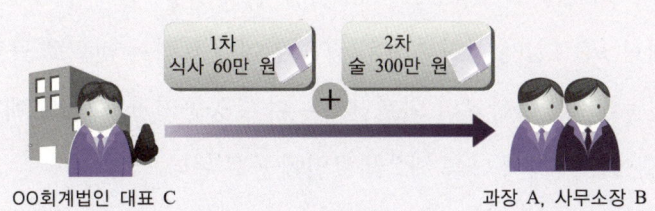

결론

  과장 A와 사무소장 B는 각각 20만 원 상당의 식사와 100만 원 상당의 주류, 합계 120만 원 상당의 접대를 받아 형사처벌 대상이 된다. 당사자가 함께 향응을 하여 실제 각자에게 소비된 비용의 산정이 어려운 경우 균등하게 분할한 금액이 수수한 금품 등에 해당한다. 식사 접대행위와 주류 접대행위는 시간적 장소적으로 근접성이 있으므로 1회로 평가 가능하며, 대표 C는 과장 A와 사무소장 B에게 각각 1회 100만 원을 초과하여 금품 등을 제공하였으므로 형사처벌 대상이 된다. ◇◇회계법인 역시 양벌규정에 따라 위반행위를 방지하기 위하여 상당한 주의와 감독을 게을리하지 아니한 이상 형사처벌(벌금) 대상이 된다.

3 '회계연도'란?

  회계연도는 문언상 세입 세출을 구분하기 위해 설정한 기간을 의미하는 것으로, 회계연도는 수수 금지 금품등을 받은 공직자등이 소속한 공공기관의 회계연도를 의미한다. 제공자의 경우도 수수 금지 금품등을 수수한 공직자등이 소속한 공공기관의 회계연도를 적용한다. 국가기관, 지방자치단체, 공직유관단체 등의 회계연도는 '매년 1월 1일에 시작하여 12월 31일에 종료'되는 것이 일반적이다.

국가재정법, 지방재정법 에서 국가나 지방자치단체의 회계연도를 매년 1월 1일에 시작하여 12월 31일에 종료하는 것으로 규정하고 있는데, 다만, 학교의 회계연도는 다른 공공기관과 달리 '매년 3월 1일에 시작하여 다음 해 2월 말일에 종료'된다.

CASE

○○시청에서 취득세를 담당하는 공무원 A는 평소 친분이 있는 세무사 B로부터 작년 3월부터 12월까지 합계 350만 원 상당의 금품등을 받았는데, 세무사 B는 공무원A가 근무하는 ○○시청에서 관련 업무를 한 적이 없고 향후에도 그러한 계획이 없으며 어떤 청탁도 하지 않은 경우

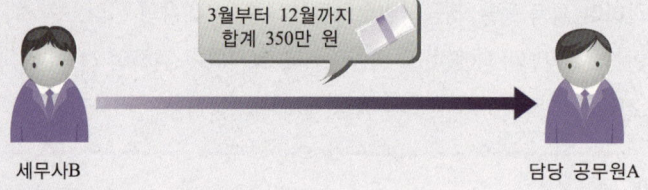

결론

청탁금지법상 1회 100만 원 또는 매 회계연도 300만 원을 초과하는 금품 등을 받은 공직자등과 이를 제공한 자 모두 형사처벌 대상이 된다.

공무원 A는 세무사 B로부터 회계연도 합계 300만 원을 초과하는 금품 등을 받았으므로 직무 관련 여부와 관계없이 형사처벌 대상이 되며, 세무사 B는 공무원 A에게 회계연도 합계 300만 원을 초과하는 금품 등을 제공하였으므로 역시 형사처벌 대상이 된다. 공무원 A와 세무사 B의 관계 등에 비추어 사회상규상 허용되는 금품 등의 예외사유에 해당한다고 보기도 어렵다.

4 '직무와 관련하여' 란?

1) 청탁금지법상 직무 관련 규정의 내용

금품 등 수수 금지 등 규정에서 공직자등의 '직무 관련' 여부를 기준으로 제재 여부가 결정되거나 신고의무가 발생하는데, 100만 원 이하의 금품 등을 공직자 등이 직무와 관련하여 수수한 경우에만 과태료 부과 대상에 해당하고 신고의무도 발생한다. 공직자 등의 배우자는 공직자등의 직무와 관련하여 금품 등의 수수가 금지되고, 이를 알게 된 공직자등이 신고하지 않은 경우 제재대상이 된다. 외부 강의 등 직무와 관련하여 요청받은 경우에만 사전 신고의무가 있고 초과 사례금 신고 및 반환 의무 미이행 시 과태료 부과 대상이 된다.

2) 다른 법령상의 직무관련성

형법에서는 공무원 또는 중재인이 그 '직무에 관하여' 뇌물을 수수 요구 또는 약속을 금지하고 있다. '직무에 관하여'는 당해 공무원이 그 지위에 수반하여 공무로서 취급하는 일체의 직무를 말하는 것으로 상당히 넓은 개념이다.

특정경제범죄가중처벌등에 관한 법률에 따르면 금융회사 등의 임직원이 그 '직무에 관하여' 금품 등 수수, 요구, 약속을 금지하고 있다. 직무와 관련하여는 '금융기관의 임직원이 그 지위에 수반하여 취급하는 일체의 사무와 관련하여'를 의미(97도2836)한다.

공무원 행동강령에서는 공무원은 직무관련자 또는 직무 관련공무원으로부터 금품등을 받는 것을 금지하는데, 이때 직무관련자란 공무원의 소관 업무와 관련되는 자로서 열거된 8가지 중 어느 하나에 해당하며 해당 공무원에 대하여 직무상 열위에 있는 자(소위 갑(甲)-을(乙)관계에 있어서의 을(乙))를 뜻한다.

3) 청탁금지법상 직무관련성의 의미

직무수행의 공정성을 의심받게 하는 금품 등의 수수를 금지하고 있는 입법 취지에 비추어 형법상 뇌물죄의 직무관련성과 같은 의미를 갖는다. 청탁금지법상 직무관련성은 향후 개별적 사안에 대한 판례의 형성 축적을 통해 구체화되어야 할 것이다.

청탁금지법상 직무는 '공직자등이 그 지위에 수반하여 취급하는 일체의 사무'를 의미하는데, 법령상 관장하는 직무 그 자체뿐만 아니라 그 직무와 밀접한 관계가 있는 행위 또는 관례상 사실상 소관하는 직무행위 및 결정권자를 보좌하거나 영향을 줄 수 있는 직무행위도 포함(99도5753)한다.

4) 일반적 권한에 속하는 직무

일반적 직무권한 이론에 따르면 법령상 관장하는 직무는 법령상 일반적 추상적 권한에 속하는 직무이면 충분하고 현실적이고 구체적으로 담당하고 있는 직무일 필요는 없다. 또한 지휘감독자의 소속 또는 지휘감독을 받는 공직자의 일반적 권한에 속하는 직무를 포함한다.

사실상 관례상 처리하는 직무는 법령상 일반적 직무권한에 기초하여 사실상 처리하는 직무를 말한다. 예를 들어, 세금을 부과 징수하는 세무공무원의 직무와 관련한 서류의 보관 관리 직무를 말한다. 법령에 규정이 없더라도 관례상 또는 상사의 명령에 따라 사실상 처리하는 사무 등도 해당하는데, 자기 소관 이외의 사무를 일시 대리한 경우, 동료로부터 잠정적으로 사실상의 권한위임을 받은 경우가 해당된다.

결정권자를 보좌하거나 영향을 줄 수 있는 직무행위는 최종적 독자적 결정권은 없지만 결정권자의 의사결정에 영향을 미칠 수 있는 중 하위직 공직자의 직무를 말하는데, 개인택시 면허 결정에 중간 결재자인 시의 개인택시 면허사무 담당부서 과장이 면허발급과 관련한 금품을 수수한 경우(대법원 1987. 9. 22. 선고 87도1472 판결)가 예가 될 수 있다.

5)직무와 밀접한 관련이 있는 직무행위

당해 공직자의 일반적 직무권한에 속하지 않더라도 그 직무와 밀접한 관련이 있는 직무행위를 말하는 것으로, 지위를 이용하거나 직무에 따른 세력을 기초로 직무의 공정에 영향을 줄 수 있는 행위를 뜻한다.

일반적 권한에 속하는 직무는 아니지만 소관 사무에 관해 사실상 의견이 존중되고 결정권자의 판단에 영향을 줄 수 있는 경우이다. 예를 들어 범죄수사에 관하여 검사를 보조하는 검찰주사가 피의자로부터 기소유예처분을 받도록 해 달라는 명목으로 금품을 수수한 경우가 해당될 수 있다. 다만, 직무권한자의 행위에 전혀 영향력을 행사할 수 없는 경우에는 지위를 이용했다고 할 수 없어 직무와 밀접한 관련이 없다고 할 수 있다.

5 금품의 의미란

제2조(정의) 이 법에서 사용하는 용어의 뜻은 다음과 같다.
3. "금품 등"이란 다음 각 목의 어느 하나에 해당하는 것을 말한다.
가. 금전, 유가증권, 부동산, 물품, 숙박권, 회원권, 입장권, 할인권, 초대권, 관람권, 부동산 등의 사용권 등 일체의 재산적 이익
나. 음식물·주류·골프 등의 접대·향응 또는 교통·숙박 등의 편의 제공
다. 채무 면제, 취업 제공, 이권(利權) 부여 등 그 밖의 유형·무형의 경제적 이익

금전, 물품 기타의 재산적 이익뿐만 아니라 편의 제공 및 사람의 수요 욕망을 충족시키기에 족한 일체의 유형 무형의 이익을 포함한다. 재산적 이익으로는 금전, 유가증권, 부동산, 물품, 숙박권, 회원

권, 입장권, 할인권, 초대권, 관람권, 부동산 등의 사용권 등이 해당되고, 편의를 제공하는 것에는 음식물·주류·골프 등의 접대·향응 또는 교통·숙박 등이 해당된다. 경제적 이익으로는 채무 면제, 취업 제공, 이권(利權) 부여 등이 있다. 또한 성(性)매매, 장학생 선발에 지원할 수 있는 기회 등도 포함된다.

가액 산정 기준으로는 크게 세 가지를 살펴볼 수 있다. 먼저 일반적 기준을 살펴보면, 금품 등의 가액은 제재의 종류(형사처벌과 과태료)를 구분하는 기준이고 과태료 부과액 산정을 위한 기준이 되므로 매우 중요하다고 할 수 있다. 기준이 되는 때는 행위, 즉 금품 등을 받거나 요구 또는 약속한 때, 금품 등을 제공하거나 그 제공의 약속 또는 의사표시를 한 때를 기준으로 산정한다. 기준액은 시가와 현저한 차이가 없는 이상 실제 지불된 비용으로 하고, 이를 알 수 없으면 시가(통상의 거래가격)를 기준으로 산정한다. 이때 시가와 구매가가 다른 경우 영수증 등에 의해 구매가를 알 수 없으면 시가를 기준으로 산정한다. 상이한 가격자료가 있는 경우 신빙성이 담보되는 객관적, 합리적인 자료가 우선하되, 이를 알기 어려운 경우에는 위반행위자에게 유리한 자료를 기준으로 한다는 대법원 판례가 있기도 하다.

다음으로 개별적 기준을 살펴보면, 납품 용역 기회의 경우, 납품 가액에서 원가를 공제한 이익 또는 실제 수수 용역대금에서 정당한 용역가액을 공제한 이익을 말한다. 향응에서는 당사자가 함께 향응을 한 경우 실제 각자에게 소비된 비용, 그 비용의 산정이 어려운 경우 균등하게 분할한 금액, 공직자등이 제3자를 초대하여 함께 접대를 받은 경우 특별한 사정이 없는 한 제3자의 접대에 요한 비용을 공직자등의 접대에 요한 비용에 합산한다. 금전 차용의 경우 무상으로 차용한 경우 수수한 금품 등은 금융이익 상당액(금융기관 대출이율 또는 법정이율)이고, 현저히 저리로 차용한 경우는 대출이율이나 법정이율과 약정이율의 차액 상당액이다.

마지막으로 취업제공을 살펴볼 수 있다. 취업제공이란, 사외이사, 고문, 자문위원 등 직위 직책 여부 또는 계약 형식에 관계없이 업무처리, 조언 자문 등의 지원을 하고 주기적으로 또는 기간을 정하여 그 대가로서 임금 봉급 등을 받는 경우를 말하는데, 공직자 등 또는 공직자 등의 직무와 관련하여 그 배우자에게 취업제공을 금지하는 것을 목표로 한다. 가액을 산정하는 방법은, 법령 기준상 겸직 허용 여부, 취업 경위, 실제 근무 형태, 약정 급여액, 위반행위자의 의사 등을 종합적으로 고려할 때, 정당한 취업제공인 경우 취업제공 및 그에 따라 수령한 급여 등은 모두 예외사유인 정당한 권원에 따라 제공되는 금품 등에 해당하며, 정당한 취업제공으로 볼 수 없는 경우 취업제공 그 자체가 수수 금지 금품 등에 해당된다고 볼 수 있다. 다만, 취업제공이 금품등을 제공하기 위한 수단 방편에 불과한 경우 수령하기로 하였거나 수령한 급여가 수수한 금품 등에 해당된다.

6 금지되는 행위란

1) 공직자 등의 경우

청탁금지법은 공직자 등이 수수 금지 금품 등을 받거나 요구 또는 약속하는 것을 금지한다. 이때 요구는 공직자 등이 상대방에게 금품 등의 교부를 청구하는 의사표시를 말하고, 상대방이 응하였는지는 불문한다. 동일인에 대하여 금품 등을 요구 약속한 후 이를 받은 경우에는 포괄하여 1개의 위반행위(받는 행위)가 성립한다.

2) 제공자의 경우

청탁금지법은 누구든지 공직자 등에게 수수 금지 금품 등을 제공하거나 그 제공의 약속 또는 의사표시를 하는 것을 금지한다. 제공이란 공직자 등이 금품 등을 받을 수 있도록 제공하는 것을 말하고 상대방이 받을 수 있는 상태에 두면 족하다. 동일한 공직자 등에게 금품 등의 제공의 의사표시 약속한 후 이를 제공한 경우에는 포괄하여 1개의 위반행위(제공 행위)가 성립된다. 금품 등 제공 금지 의무가 부과된 법 제8조제5항의 '누구든지'에는 실제 제공 행위를 할 수 있는 자연인만 포함되고 법인은 제외된다. 법인은 그 소속 임직원이 업무에 관하여 위반행위를 한 경우 법 제24조의 양벌규정에 따라 벌금 또는 과태료 부과 대상이 된다. 참고로, 법 제8조제1항의 '동일인'은 금품 등의 출처(Source)가 누구인지의 문제이므로 자연인뿐만 아니라 법인도 원칙적으로 포함될 수 있다.

3) 공직자등과 제공자와의 관계

금품 등을 제공하는 행위와 공직자 등이 이를 받는 행위가 필요할 뿐이므로 공직자 등의 위반행위가 성립하지 않더라도 제공자의 위반행위는 성립 가능하다. 위반행위를 한 공직자 등이 신고 또는 금품 등을 반환하여 처벌대상에서 제외되더라도 제공자의 위반행위는 성립한다.

7 배우자의 금품 등 수수 금지란

공직자 등의 배우자는 1회 100만 원을 초과하는 금품 등의 경우에도 공직자 등의 직무와 관련한 경우만 수수를 금지한다. 공직자 등의 배우자는 공직자 등과 일상을 공유하며 하나의 경제단위를 이루고 있는 실질적 경제적 관련성에 근거한 것이다. 이때 과도한 규제 소지의 방지를 위해 공직자 등의 직무와 관련하여 금품 등을 수수하는 경우만을 금지한다. 법률에서 명시적 규정으로 사실혼 배우자를 포함하고 있지 않는 한 배우자는 법률혼 배우자만을 뜻한다.

판례에 따르면 대체로 형사처벌 조항에 있어서 친족관계를 '법률상 친족관계'로 해석하고 있다. 공직자 등은 배우자가 공직자 등의 직무와 관련하여 금품 등을 받은 사실을 안 경우 신고의무가 발생한다. 공직자 등이 신고의무를 이행하지 않은 경우 받은 금품 등의 가액에 따라 과태료 부과 또는 형사처벌 대상이 되며, 기준은 1회

100만 원 또는 매 회계연도 300만 원을 초과하는 경우이다. 수수 금지 금품 등을 수수한 배우자는 청탁금지법상의 제재대상은 아니지만 다른 법률에 따른 제재대상이 될 수 있다.

참고가 될 만한 입법례를 살펴보면, 공직자윤리법에서 재산등록 의무자는 본인뿐만 아니라 배우자와 직계존비속의 재산까지 등록할 의무를 부과하고 있다. 또한, 공직자의 가족이 외국으로부터 선물을 받거나 공직자의 직무와 관련하여 외국인으로부터 받은 선물을 신고, 인도 의무도 부과하고 있다.

CASE

지방자치단체장(시장) A의 초등학교 동창인 건설업자 B는 현재 ○○지방자치단체가 추진 중인 체육관 건립공사 입찰에 참여한 상태인데, 사회복지시설을 운영하고 있는 시장 A의 배우자 C가 주최하는 「사회복지시설 후원인의 밤 행사」에 참여하여 300만 원의 후원금을 낸 경우

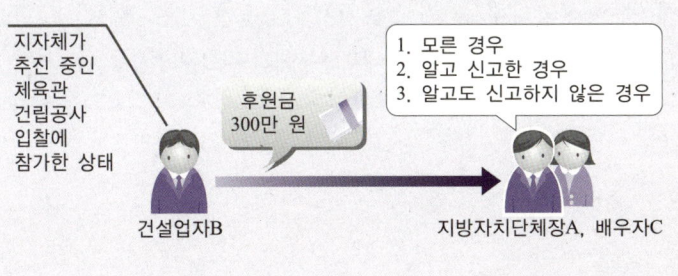

1) 시장 A의 배우자 C가 건설업자 B로부터 후원금 300만 원을 받은 사실을 시장 A가 알지 못한 경우
2) 시장 A의 배우자 C가 건설업자 B로부터 후원금 300만 원을 받은 사실을 시장 A가 알면서 신고를 하지 않은 경우
3) 시장 A의 배우자 C가 건설업자 B로부터 후원금 300만 원을 받은 사실을 시장 A가 알고 신고를 한 경우

결론

1)의 경우 시장 A는 자신의 배우자 C가 시장 A의 직무와 관련하여 건설업자 B로부터 300만 원의 원금을 받은 사실을 알지 못하였다고 할 수 있다. 따라서 시장 A는 신고의무가 발생하지 않으므로 신고의무 위반에 따른 제재규정이 적용될 수 없어 제재대상이 아니다.

  2)의 경우 시장 A는 자신의 배우자 C가 시장 A의 직무와 관련하여 건설업자 B로부터
  후원금을 받은 사실을 알면서 신고를 하지 않았다. 이때 시장 A의 배우자 C가 건설업자 B로부터 받은 후원금이 형사처벌 기준인 1회 100만 원을 초과하여 시장 A는 형사처벌 대상이 된다.

  3)의 경우 시장 A는 자신의 배우자 C가 A의 직무와 관련하여 건설업자 B로부터 300만 원의 후원금을 받은 사실을 알고 신고를 하였다. 시장 A는 자신의 배우자 C가 수수 금지 금품 등을 받은 사실을 신고하였으므로 신고의무 위반에 따른 제재대상에서 제외된다.

2 수수 금지 금품 등의 예외사유에 대하여

제8조(금품 등의 수수 금지) ③ 제10조의 외부강의 등에 관한 사례금 또는 다음 각 호의 어느 하나에 해당하는 금품 등의 경우에는 제1항 또는 제2항에서 수수를 금지하는 금품 등에 해당하지 아니한다.
1. 공공기관이 소속 공직자 등이나 파견 공직자등에게 지급하거나 상급 공직자 등이 위로·격려·포상 등의 목적으로 하급 공직자 등에게 제공하는 금품 등
2. 원활한 직무수행 또는 사교·의례 또는 부조의 목적으로 제공되는 음식물·경조사비·선물 등으로서 대통령령으로 정하는 가액 범위 안의 금품 등
3. 사적 거래(증여는 제외한다)로 인한 채무의 이행 등 정당한 권원(權原)에 의하여 제공되는 금품 등
4. 공직자 등의 친족(「민법」 제777조에 따른 친족을 말한다)이 제공하는 금품 등
5. 공직자 등과 관련된 직원상조회·동호인회·동창회·향우회·친목회·종교단체·사회 단체 등이 정하는 기준에 따라 구성원에게 제공하는 금품 등 및 그 소속 구성원 등 공직자 등과 특별히 장기적·지속적인 친분관계를 맺고 있는 자가 질병·재난 등으로 어려운 처지에 있는 공직자 등에게 제공하는 금품 등
6. 공직자 등의 직무와 관련된 공식적인 행사에서 주최자가 참석자에게 통상적인 범위에서 일률적으로 제공하는 교통, 숙박, 음식물 등의 금품 등
7. 불특정 다수인에게 배포하기 위한 기념품 또는 홍보용품 등이나 경연·추첨을 통하여 받는 보상 또는 상품 등
8. 그 밖에 다른 법령·기준 또는 사회상규에 따라 허용되는 금품 등

1 개요

수수 금지 금품 등의 수수를 금지하면서 일상적인 사회생활을 보장하고 과도한 제한 소지를 방지하기 위해 8가지 예외사유를 구체화하고 있다. 청탁금지법은 공직자등의 공정한 직무집행과 이에 대한 사회의 신뢰를 보호하고 기존 반부패 법령의 부패행위 규제의 사각지대를 보완하기 위한 규범이므로 다른 법령과의 조화로운 해석 필요하다. 다른 법령, 특히 형법의 뇌물죄가 성립하지 않는 범위 내에서 예외사유가 성립 가능하지만, 공직자 등이 수수한 금품 등이 직무관련성 대가성이 있어 형법상 뇌물죄가 성립하는 경우에는 예외사유가 성립할 수 없다.

2 제1호(공공기관이나 상급 공직자 등이 제공하는 금품 등)

제1호의 예외사유는 공공기관이 소속 또는 파견 공직자 등에게 지급하거나 상급 공직자 등이 위로·격려·포상 등의 목적으로 하급 공직자 등에게 제공하는 금품 등을 의미한다. 상급 공직자 등과 하급 공직자 등은 직무상 명령에 복종하는 관계이므로 같은 공공기관 소속 공직자 등 사이에서만 성립 가능하다. 상급 공직자 등이 하급 공직자 등에게 제공하는 금품 등은 위로·격려·포상 등 목적상 제한이 존재할 수 있다.

3 제2호(사교 · 의례 등 목적으로 제공되는 음식물 · 선물 등)

원활한 직무수행, 사교·의례, 부조 목적으로 제공되는 음식물·경조사비·선물 등으로서 대통령령으로 정하는 가액범위 안의 금품 등을 의미한다. 사회일반으로부터 직무집행의 공정성을 의심받지 않을 정도의 가액범위 내의 음식물 선물의 경우 예외사유로 규정하고 있다. 대통령령으로 정하는 '가액범위 안'은 대통령령으로 정하는 가액을 포함한 그 '이하'를 의미하는 것으로, 원활한 직무수행 등의 목적상 제한이 있으므로 가액범위 내라도 직무관련자로부터 수수하는 경우에는 제한받을 수 있다. 목적은 공직자와 제공자의 관계, 사적 친분관계의 존재 여부, 수수 경위와 시기, 직무관련성의 밀접성 정도 등을 종합적으로 고려하여 공정한 직무수행을 저해할 수 있는 지를 개별적으로 판단해야 한다.

직무관련성과 대가성이 있는 경우 가액과 상관없이 가액기준 내라도 형사처벌대상(형법상 뇌물죄)이며 과태료 부과 대상이 된다. 다만, 형사처벌을 받은 경우에는 과태료를 부과하지 아니하며 과태료를 부과한 후 형사처벌을 받은 경우에는 그 과태료 부과를 취소한다. 또한 가액기준 내라도 직무관련자로부터 제공받은 선물 등이 원활한 직무수행, 사교 의례, 부조 목적을 벗어나는 경우는 허용되지 않는다.

목적을 벗어나 선물 수수가 제한되는 사례의 예를 들면, ①조사대상자나 불이익처분 대상자로부터 가액기준 이하의 선물을 받는 것,

②인허가를 신청한 민원인으로부터 가액기준 이하의 선물을 받는 것, ③ 학급 담임교사 등이 성적이나 수행평가 등과 관련하여 학부모로부터 가액 기준 이하의 촌지나 선물을 받는 것 등을 들 수 있다.

4 제3호(채무의 이행 등 정당한 권원에 의하여 제공되는 금품 등)

1) 정당한 권원의 판단과 범위

제3호 예외사유는 사적 거래(증여는 제외)로 인한 채무의 이행 등 정당한 권원에 의하여 제공되는 금품 등을 말한다. 직무수행과 무관하게 이루어지는 사적 거래 영역은 사적 자치의 원칙이 적용되어 법질서가 허용하는 범위 내에서 자율적 형성이 가능하다.

'정당한'은 '이치에 맞아 올바르고 마땅한'이라는, '권원'은 '어떤 행위를 정당화하는 법률적인 원인'이라는 사전적 의미가 있다. 이때 '정당한' '권원'으로 명시하고 있으므로 권원의 존재 여부와 권원의 정당성 여부에 대한 판단이 필요하다. 즉 목적이나 제공사유가 정당한지 등을 고려하여 정상적인 사적 거래인지 여부를 판단할 필요가 있다는 말이다. 이때 권원의 존재 자체만으로 정당성이 인정되는 것이 아니라 권원 그 자체의 정당성 여부는 별도로 판단되어야 하며, 정당한 권원에서 명시적으로 제외하고 있는 증여 외에도 사용대차, 무이자 소비대차 등도 정당성 여부를 판단하여 제외될 수 있다.

2) 무이자 소비대차 : 정당한 권원 부정

이자 상당액은 사실상 증여를 위장한 가장된 법률관계로 평가할 수 있다. 또한 공직자 등의 공정한 직무집행과 이에 대한 사회의 신뢰 보호라는 입법취지를 고려할 때에도 예외사유로 보기 곤란하다. 예시된 '사적 거래로 인한 채무의 이행'과 같은 '정당한 반대급부 또는 대가관계에 있는 권원'에 해당되지 않는다.

3) 사용대차 : 정당한 권원 부정

사용대차는 목적물을 무상으로 사용·수익하는 것으로 사용료 상당액은 사실상 증여를 위장한 가장된 법률관계로 평가할 수 있다. 변호사가 검사에게 벤츠 승용차를 무상으로 사용하도록 한 경우를 예로 들 수 있다.

4) 가장매매 : 정당한 권원 부정

매매라는 권원이 존재하지만 시가 1억 원 상당의 명화를 증여하기 위한 가장 행위이므로 무효가 된다. 가장매매에 은닉되어 있는 행위인 증여는 유효하지만 정당한 권원에서 제외된다. 또한 금품 등을 수수하기 위하여 비용의 명목으로 출연하거나 경제적 이익을 제공하였더라도 지출한 부수적 비용은 공제하지 않고 수수한 금품 등의 가액 그 자체가 수수한 가액에 해당된다는 대법원 판례가 있다. (대법원 1999. 10. 8. 선고 99도1638 판결)

CASE

고위공무원 A가 사업자 B로부터 시가 1억 원 상당의 명화를 시가보다 현저히 낮은 1천만 원의 매매로 가장한 경우

결론

고위공무원 A는 시가 1억 원 상당의 명화를 매매의 형식을 빌어 1천만 원에 구입하였으나, 이는 증여를 매매로 가장한 행위로 외형상의 행위(가장행위)인 매매는 무효이고 숨겨진 행위(은닉행위)인 증여만 유효하다. 매매는 무효이므로 정당한 권원으로 보기 어렵고 유효한 행위인 증여는 청탁금지법상 정당한 권원에서 제외되며, 고위공무원 A는 사업자인 B로부터 1회 100만 원을 초과하는 금품 등을 받았으므로 형사처벌 대상이 된다. 그리고 사업자 B는 고위공무원 A에게 1회 100만 원을 초과하는 금품 등을 제공하였으므로 형사처벌 대상이 된다.

5 제4호(친족이 제공하는 금품 등)

「민법」제777조에 따른 친족은 8촌 이내의 혈족, 4촌 이내의 인척 및 배우자를 의미한다. 혈족은 자연혈족(직계혈족, 방계혈족) 외에 법정혈족(입양)도 포함하며, 배우자는 법률상의 배우자를 말하고

사실혼 배우자를 의미하는 것이 아니다.

6 제5호(단체의 기준이나 장기적 · 지속적 친분관계에 따른 금품 등)

1) 공직자 등과 관련된 직원상조회·동호인회·사회단체 등이 정하는 기준에 따라 구성원에게 제공하는 금품 등이나, 그 소속 구성원 등 공직자등과 특별히 장기적·지속적인 친분관계를 맺고 있는 자가 질병·재난 등으로 어려운 처지에 있는 공직자 등에게 제공하는 금품 등은 예외사유에 해당한다.

2) 단체 등이 정하는 기준을 초과하여 금품 등을 제공한 경우의 위반행위 성립하는데, 이때 범위가 중요한 쟁점이다. 또한 장기적·지속적인 친분관계, 질병·재난 등으로 어려운 처지의 의미와 판단기준도 중요한 쟁점이 된다.

단체가 정하는 기준을 초과하여 제공한 금품 등은 단체가 정하는 기준 범위 내에서는 허용되는 부분이므로 초과한 부분만 수수 금지 금품 등에 해당한다. 이때 단체에 대해 대표성을 갖는 자가 대표해서 기준에 따라 제공해야 하고 소속 회원 개인이 제공하는 경우는 제외한다. 이에 대한 구체적인 사례는 다음과 같다.

CASE

초등학교 동창회의 회칙에는 자녀 결혼 시 100만 원의 경조사비를 줄 수 있도록 되어 있는데, 해당 동창회 회원인 중앙부처 공무원 A의 자녀 결혼 시에는 회장 B가 250만 원의 경조사비를 제공한 경우

결론

공무원 A는 1회 100만 원을 초과하는 금품 등을 수수하였으므로 형사처벌 대상에 해당하며, 동창회 회칙상 자녀 결혼 시 100만 원의 경조사비 제공이 가능하므로 이를 초과하는 부분인 150만 원은 예외사유에 해당하지 않는다. 또한 회장 B는 공무원A에게 1회 100만 원을 초과하는 금품 등을 제공하였으므로 형사처벌 대상에 해당된다.

3) 장기적이고 지속적인 친분관계, 질병 재난 등으로 어려운 처지에 대해서는 일률적으로 판단할 수 없고 친분관계의 원인이나 계기, 교류 접촉 기간 및 횟수 등을 종합적으로 고려하여 '특별히' 친분관계가 존재하는지 여부의 판단이 필요하다.

제공 주체는 그 소속 구성원 "등"으로 규정되어 있으므로 예시된 단체의 구성원에 한정되지 않고 그에 준하는 정도의 장기적·지속적인 친분관계에 있는 자도 해당된다. 고향 친구, 학교나 직장 선후배 등 단순한 지연 학연 혈연 등의 관계가 있다는 사정만으로 특별히 친분관계가 있다고 할 수 없다. 하지만 질병 재난 등의 사유가 아니

라 주식투자, 자녀의 해외유학 등 다른 사유로 어려운 처지에 있는 경우는 제외된다.

7 제6호(직무 관련 공식적 행사에서 통상적·일률적으로 제공하는 금품 등)

공직자 등의 직무와 관련된 공식적인 행사에서 주최자가 참석자에게 통상적인 범위에서 일률적으로 제공하는 교통, 숙박, 음식물 등에 대해서는 '공식적인 행사, 통상적인 범위, 일률적으로'의 의미가 중요한 쟁점이 된다. 여기서 공식적인 행사란 공직자 등의 직무와 관련한 행사에 한정되고, 공공기관, 민간기업 등의 기관에서 주최하여 열리는 행사를 의미한다. 이때 주최자 및 참석자, 행사 목적 및 내용, 비용부담 등 행사 운영에 관한 내부결재의 존부 등의 사정을 종합적으로 고려하여 판단해야 한다.

통상적인 범위는, 유사한 종류의 행사에서도 동일하게 제공되었을 것으로 인정되는 수준의 금품 등을 뜻한다. 이때 유사한 종류의 행사, 행사 장소 및 목적, 참석자 범위 및 지위, 주최자의 내부기준 및 비용부담 능력 등을 종합적으로 고려하여 판단해야 한다. 일률적인 제공이 아니라 특정 개인이나 집단에 한정하여 제공하는 경우에는 이에 해당하지 않으며, 다만, 모든 참가자에게 절대적으로 동일하게 제공되어야 한다는 의미는 아니고 참석자 중 수행하는 역할별로 차등은 가능하다. 이에 관해서는 직무와 관련한 공식적인 행사 및 통상적인 범위의 판단은 해당 공직자 등의 소속기관의 장(청탁방지담당관)과 상담이 필요하다.

8 제7호(기념품·홍보용품 등이나 경연·추첨을 통하여 받는 상품)

제7호의 예외사유는 불특정 다수인에게 배포하기 위한 기념품 또는 홍보용품 등이나 경연·추첨을 통하여 받는 보상 또는 상품 등을 말한다. 특정인이나 특정 군이 아닌 불특정 다수인에게 제공되는 금품 등은 공직자 등의 직무수행의 공정성을 저해하지 않아 예외사유로 규정한 것인데, 여기에서는 불특정 다수인의 의미가 중요한 쟁점이 된다.

불특정 다수인은 단순히 수의 개념이 아니라 제공의 상대방이 특정되지 않아 대상자 선정의 무작위성이 보장되는 것을 의미한다. 이것 역시 기념품·홍보용품 등에 해당하는지는 기관의 로고·명칭 표시 유무, 제작 목적, 가액, 수량 등을 종합적으로 고려하여 판단해야 한다. 이때 특별히 가격 제한은 없으나 사회통념에 비추어 기념품이나 홍보용품으로 볼 수 있을 정도의 적당한 가격이어야 하며, 공정한 방식에 의한 경연·추첨을 통하여 받은 보상 또는 상품 등도 예외사유에 해당된다. 하지만 경연 추첨의 경우 응모, 신청 등에 의해 대상자가 특정되지만 응모, 신청의 대상자가 불특정 다수인으로 열려 있으면 무방하다.

9 제8호(다른 법령·기준 또는 사회상규에 따라 허용되는 금품 등)

정치자금 등의 명목으로 이루어진 금품의 수수라 하더라도 직무행위에 대한 대가로서의 실체를 가지는 경우 그 뇌물성이 인정된다.

금품 등을 받는 공직자 등이 소속한 공공기관의 사규 등의 내부기준에서 수수를 허용하는 금품 등만 예외사유에 해당하며, 이때의 기준은 금품 등을 받는 공직자 등이 소속한 기관의 내부기준을 의미하는 것이지, 제공자 측이 제공을 허용하는 내부기준이 아니다. 하지만 법질서 전체의 정신이나 그 배후에 놓여 있는 사회윤리 내지 사회 통념에 비추어 용인될 수 있는 금품 등은 예외사유에 해당한다. 이는 복잡 다양하게 변화하는 사회에서 사회상규상 허용되는 모든 상황을 구체적으로 열거하는 것은 입법기술상 불가능하기 때문에 불가피하게 불확정 개념을 사용한 것이다. 사회상규는 수수의 동기·목적, 당사자의 관계, 수수한 금품 등의 가액, 청탁과 결부 여부 등을 종합적으로 고려하여 판단하여야 한다.

이에 대한 구체적인 사례를 들면, 자동차 회사의 마케팅 전략에 따라 공무원·교직원 할인 등과 같이 특정 직업군에 한정하여 할인받는 경우, 항공사가 이코노미석의 좌석 수를 초과한 예약(overbooking)을 받았는데, 이코노미석 만석으로 우연히 공직자등의 좌석이 비즈니스석으로 업그레이드가 된 경우, 관혼상제에 찾아온 손님들에게 음식물을 제공하는 경우 등이 해당될 수 있다.

■ 금품 등 수수 금지　예외사유

예외적으로 허용되는 금품 등

1 공공기관이 소속·파견 공직자 등에게 지급하거나 상급 공직자 등이 위로·격려·포상 등의 목적으로 하급 공직자 등에게 제공하는 금품 등	2 원활한 직무수행, 사교·의례, 부조의 목적으로 제공되는 음식물·경조사비·선물 등으로서 대통령령으로 정하는 가액 범위 안의 금품 등	3 사적 거래(증여는 제외)로 인한 채무의 이행 등 정당한 권원(權原)에 의하여 제공되는 금품 등	4 공직자 등의 친족(민법 제 777조)이 제공하는 금품 등 ※친족의 범위·8촌 이내 혈족, 4촌 이내 인척, 배우자
5 공직자 등과 관련된 단체 등이 정하는 기준에 따라 구성원에게 제공하는 금품 등 및 장기적·지속적인 친분관계를 맺고 있는 자가 질병 등으로 어려운 처지에 있는 공직자 등에게 제공하는 금품 등	6 공직자 등의 직무와 관련된 공식적인 행사에서 주최자가 참석자에게 통상적인 범위에서 일률적으로 제공하는 교통, 숙박, 음식물 등의 금품 등	7 불특정 다수인에게 배표하기 위한 기념품 도는 홍보용품 등이나 경연·추첨을 통하여 받는 보상 또는 상품 등	8 그 밖에 다른 법령·기중 또는 사회상규에 따라 허용되는 금품 등

③ 수수 금지 금품은 어떻게 신고하고 처리할까

제9조(수수 금지 금품 등의 신고 및 처리) ① 공직자 등은 다음 각 호의 어느 하나에 해당하는 경우에는 소속기관장에게 지체 없이 서면으로 신고하여야 한다.
1. 공직자 등 자신이 수수 금지 금품 등을 받거나 그 제공의 약속 또는 의사표시를 받은 경우
2. 공직자 등이 자신의 배우자가 수수 금지 금품 등을 받거나 그 제공의 약속 또는 의사 표시를 받은 사실을 안 경우

② 공직자 등은 자신이 수수 금지 금품 등을 받거나 그 제공의 약속이나 의사표시를 받은 경우 또는 자신의 배우자가 수수 금지 금품 등을 받거나 그 제공의 약속이나 의사표시를 받은 사실을 알게 된 경우에는 이를 제공자에게 지체 없이 반환하거나 반환하도록 하거나 그 거부의 의사를 밝히거나 밝히도록 하여야 한다. 다만, 받은 금품 등이 다음 각 호의 어느 하나에 해당하는 경우에는 소속기관장에게 인도하거나 인도하도록 하여야 한다.
1. 멸실·부패·변질 등의 우려가 있는 경우
2. 해당 금품 등의 제공자를 알 수 없는 경우
3. 그 밖에 제공자에게 반환하기 어려운 사정이 있는 경우
③ 소속기관장은 제1항에 따라 신고를 받거나 제2항 단서에 따라 금품 등을 인도받은 경우 수수 금지 금품 등에 해당한다고 인정하는 때에는 반환 또는 인도하게 하거나 거부의 의사를 표시하도록 하여야 하며, 수사의 필요성이 있다고 인정하는 때에는 그 내용을 지체 없이 수사기관에 통보하여야 한다.
④ 소속기관장은 공직자 등 또는 그 배우자가 수수 금지 금품 등을 받거나 그 제공의 약속 또는 의사표시를 받은 사실을 알게 된 경우 수사의 필요성이 있다고 인정하는 때에는 그 내용을 지체 없이 수사기관에 통보하여야 한다.
⑤ 소속기관장은 소속 공직자 등 또는 그 배우자가 수수 금지 금품 등을 받거나 그 제공의 약속 또는 의사표시를 받은 사실을 알게 된 경우 또는 제1항부터 제4항까지의 규정에 따른 금품 등의 신고, 금품 등의 반환·인도 또는 수사기관에 대한 통보의 과정에서 직무의 수행에 지장이 있다고 인정하는 경우에는 해당 공직자 등에게 제7조제4항 각 호및 같은 조 제5항의 조치를 할 수 있다.
⑥ 공직자 등은 제1항 또는 같은 조 제2항 단서에 따른 신고나 인도를 감독기관·감사원·수사기관 또는 국민권익위원회에도 할 수 있다.
⑦ 소속기관장은 공직자 등으로부터 제1항제2호에 따른 신고를 받은

경우 그 공직자 등의 배우자가 반환을 거부하는 금품 등이 수수 금지 금품 등에 해당한다고 인정하는 때에는 그 공직자 등의 배우자로 하여금 그 금품 등을 제공자에게 반환하도록 요구하여야 한다.
⑧ 제1항부터 제7항까지에서 규정한 사항 외에 수수 금지 금품 등의 신고 및 처리 등에 필요한 사항은 대통령령으로 정한다.

1 수수 금지 금품 등의 신고와 반환

1) 수수 금지 금품 등은 신고해야 한다.

공직자 등은 자신이나 배우자가 수수 금지 금품 등을 수수한 경우 소속기관장에게 지체 없이 서면(전자문서를 포함)으로 신고해야 할 의무가 있으며, 신고사항은 신고자의 인적사항, 신고의 취지 이유, 제공자의 인적사항 금품 등의 종류와 가액 반환 여부 등이다.

허위 신고 무책임한 신고의 통제를 위해 신고내용을 입증할 수 있는 증거를 확보한 경우 이를 함께 제출할 필요가 있다. 허위 기타 부정한 방법으로 신고한 경우 보호·보상 대상에서 제외되고, 타인으로 하여금 형사처분이나 징계처분을 받게 할 목적으로 허위사실을 신고하는 경우 형법 상 무고죄가 성립한다. 신고는 소속기관뿐만 아니라 감독기관·감사원·수사기관 또는 국민권익위원회에도 가능하다.

2) 수수 금지 금품 등의 반환·인도해야 한다.

공직자 등은 자신이 금품 등을 수수한 경우 '지체 없이' 반환·인도해야 할 의무가 있으며, 자신의 배우자가 금품 등을 수수한 사실을 알게 된 경우 지체 없이 금품 등을 반환하도록 하거나 그 거부의 의사를 밝히도록 해야 한다. 다만, 부패 변질 등의 우려가 있는 경우 등의 사유가 있으면 소속기관장에게 인도하도록 해야 하는데, 인도하는 경우는 받은 금품 등이 멸실·부패·변질 등의 우려가 있는 경우, 제공자를 알 수 없는 경우, 그 밖에 반환하기 어려운 사정이 있는 경우이다.

3) 신고·반환·인도는 언제까지?

신고 및 반환은 지체 없이 해야 하는데, '지체 없이'는 '불필요한 지연 없이'를 의미한다. 지체 없이 할 수 없었던 정당한 사유가 있는 경우에는 그 사유가 종료된 후 즉시를 의미하며, '지체 없이'의 판단은 일률적으로 판단할 수 없고 사안에 따라 구체적·개별적으로 판단해야 할 필요가 있다.

4) 신고 · 반환 · 인도의 효과는?

공직자 등이 제9조제1항·제2항 또는 제6항에 따라 '지체 없이' 신고하거나 반환·인도하면 제재대상에서 제외된다. 신고하거나 반환 인도함에 따라 제재대상에서 제외되는지 여부는 '지체 없이' 하였는지가 중요하다.

> **청탁금지법**
>
> 제22조(벌칙) ① 다음 각 호의 어느 하나에 해당하는 자는 3년 이하의 징역 또는 3천만 원 이하의 벌금에 처한다.
> 1. 제8조제1항을 위반한 공직자 등(제11조에 따라 준용되는 공무수행사인을 포함한다). 다만, 제9조제1항 · 제2항 또는 제6항에 따라 신고하거나 그 수수 금지 금품 등을 반환 또는 인도하거나 거부의 의사를 표시한 공직자 등은 제외한다.

다만, 공직자등이 자진하여 신고하였으나 '지체하여' 신고한 경우에는 제재를 감면할 수 있는 사유에 해당된다.

> **청탁금지법**
>
> 제15조(신고자등의 보호 · 보상) ③ 이 법에 따른 위반행위를 한 자가 위반사실을 자진하여 신고하거나 신고자 등이 신고 등을 함으로 인하여 자신이 한 이 법 위반행위가 발견된 경우에는 그 위반행위에 대한 형사처벌, 과태료 부과, 징계처분, 그 밖의 행정처분 등을 감경하거나 면제할 수 있다.

2 소속기관장은 어떻게 행동해야 할까?

소속기관장은 공직자 등에게 수수 금지 금품 등을 반환 또는 인도하게 하거나 거부의 의사표시를 하도록 해야 한다. 이때 수사의 필요성이 있다고 인정하는 때에는 그 내용을 지체 없이 수사기관에 통보해야 하며, 배우자가 금품 등을 수수한 사실을 알고 신고한 공직자 등의 배우자가 반환을 거부하는 경우 그 배우자로 하여금 반환하도록 요구하도록 해야 한다.

해당 공직자 등에게 해야하는 조치로는, '직무 참여 일시중지, 직무 대리자의 지정, 전보' 등의 조치를 시행할 수 있다. 필요한 경우에는 계속해서 직무를 수행하게 하면서, 소속기관의 담당관 또는 다른 공직자 등으로 하여금 그 공직자 등의 공정한 직무수행 여부를 주기적으로 확인·점검하도록 하는 것도 가능하다. 단, 예외사유가 있는데, 직무를 수행하는 공직자 등을 대체하기 지극히 어려운 경우, 공직자 등의 직무수행에 미치는 영향이 크지 아니한 경우, 국가의 안전보장 및 경제발전 등 공익증진을 이유로 직무수행의 필요성이 더 큰 경우가 그것이다.

소속기관장은 공직자 등이 직무수행 중에 또는 직무수행 후에 법을 위반한 사실을 발견한 경우 해당 직무의 중지·취소 등 필요한 조치를 취할 수 있다.

■ 금품 등 수수 금지

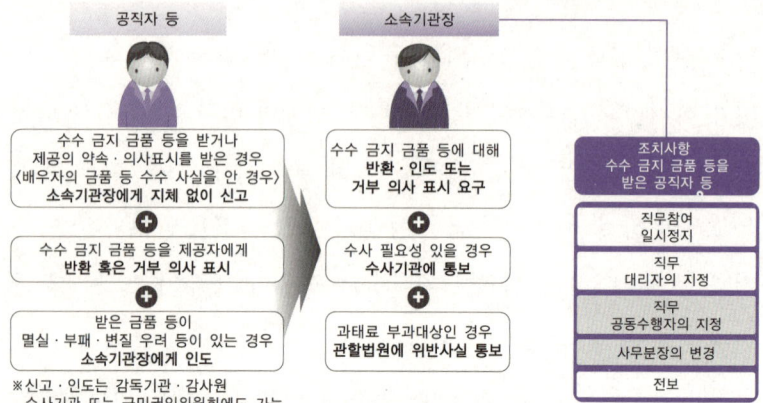

공직자 등이 지체 없이 신고하거나 금품 등을 반환·인도한 경우 형사처벌·과태료 부과 대상에서 제외

> **청탁금지법**
>
> 제16조(위법한 직무처리에 대한 조치) 공공기관의 장은 공직자 등이 직무수행 중에 또는 직무수행 후에 제5조, 제6조 및 제8조를 위반한 사실을 발견한 경우에는 해당 직무를 중지하거나 취소하는 등 필요한 조치를 하여야 한다.

4 외부강의 등의 사례금 수수 제한

제10조(외부강의 등의 사례금 수수 제한) ① 공직자 등은 자신의 직무와 관련되거나 그 지위·직책 등에서 유래되는 사실상의 영향력을 통하여 요청받은 교육·홍보·토론회·세미나·공청회 또는 그 밖의 회의 등에서 한 강의·강연·기고 등(이하 "외부강의 등"이라 한다)의 대가로서 대통령령으로 정하는 금액을 초과하는 사례금을 받아서는 아니 된다.
② 공직자 등은 외부강의 등을 할 때에는 대통령령으로 정하는 바에 따라 외부강의 등의 요청 명세 등을 소속기관장에게 미리 서면으로 신고하여야 한다. 다만, 외부강의 등을 요청한 자가 국가나 지방자치단체인 경우에는 그러하지 아니하다.
③ 공직자 등은 제2항 본문에 따라 외부강의 등을 미리 신고하는 것이 곤란한 경우에는 그 외부강의 등을 마친 날부터 2일 이내에 서면으로 신고하여야 한다.
④ 소속기관장은 제2항에 따라 공직자 등이 신고한 외부강의 등이 공정한 직무수행을 저해할 수 있다고 판단하는 경우에는 그 외부강의 등을 제한할 수 있다.
⑤ 공직자 등은 제1항에 따른 금액을 초과하는 사례금을 받은 경우에는 대통령령으로 정하는 바에 따라 소속기관장에게 신고하고, 제공자에게 그 초과금액을 지체 없이 반환하여야 한다.
제23조(과태료 부과) ④ 제10조제5항에 따른 신고 및 반환 조치를 하지 아니한 공직자 등에게는 500만 원 이하의 과태료를 부과한다.

1 왜 제정하게 되었을까?

일부 공직자 등이 과다한 외부강의 등 사례금 수수로 우회적인 금품 등 수수우려가 지속적으로 제기되어 왔다. 공직자 등이 기업, 이익단체 등으로부터 받는 고액의 사례금은 보험성 뇌물로 악용되어 공정한 직무수행 저해 우려가 있어 규제의 대상이 된다. 다만, 외부강의 등 사례금은 노동력에 대한 반대급부로 제공되고 전문지식의 활용·공유라는 긍정적 효과를 활용할 필요 또한 있다. 이러한 점을 고려해 직무와 관련되거나 그 지위 직책 등에서 유래되는 사실상의 영향력을 통하여 요청받은 외부강의 등만 규율한다. 또한, 우회적인 금품 등 수수로 악용되는 것을 방지하기 위해 사례금의 상한액을 제한하여 초과사례금 수수를 금지하고 있다.

2 외부강의 등의 범위는?

1) 법 제8조(금품 등 수수 금지)와 제10조(외부강의 등 사례금 수수 제한)의 관계

법 제8조에서는 공직자 등이나 자신의 배우자가 직접적으로 금품 등을 수수하는 것을 규제한다.

> **청탁금지법**
>
> 제8조(금품 등의 수수 금지) ① 공직자 등은 직무 관련 여부 및 기부·후원·증여 등 그 명목에 관계없이 동일인으로부터 1회에 100만 원 또는 매 회계연도에 300만 원을 초과하는 금품 등을 받거나 요구 또는 약속해서는 아니 된다.
> ② 공직자 등은 직무와 관련하여 대가성 여부를 불문하고 제1항에서 정한금액 이하의 금품 등을 받거나 요구 또는 약속해서는 아니 된다.

또한 법 제10조에서는 공직자 등이 외부강의 등 사례금 형식으로 우회적 간접적으로 금품 등을 수수하는 것을 규제하고 있다. 이때 외부강의 등의 사례금은 강의 등에 대한 반대급부의 성질도 가지므로 일정한 범위 내에서는 수수 금지 금품 등에서 제외된다.

> **청탁금지법**
>
> 제8조(금품 등의 수수 금지) ③ 제10조의 외부강의 등에 관한 사례금 또는 다음 각 호의 어느 하나에 해당하는 금품 등의 경우에는 제1항 또는 제2항에서 수수를 금지하는 금품 등에 해당하지 아니한다.
> 제10조(외부강의 등의 사례금 수수 제한) ① 공직자 등은 자신의 직무와 관련되거나 그 지위·직책 등에서 유래되는 사실상의 영향력을 통하여 요청받은 교육·홍보·토론회·세미나·공청회 또는 그 밖의 회의 등에서 한 강의·강연·기고 등(이하 "외부강의 등"이라 한다)의 대가로서 대통령령으로 정하는 금액을 초과하는 사례금을 받아서는 아니 된다.

법 제10조는 제8조의 특별규정이므로 외부강의 등 사례금에 해당하지 않는 금품 등은 법 제8조의 일반적인 금품 등 수수로 규율한다.

2) 범위를 판단하는 기준에는?

제10조의 규율대상인 외부강의 등은 '직무관련성'이 있고 '다수인을 대상으로 의견 지식을 전달하거나 회의 형태'인 경우에 해당하지만, 직무와 관련성이 없는 외부강의 등, 다수인을 대상으로 하지 않거나 회의 형태가 아닌 외부 강의 등은 제10조의 규율대상에서 제외된다.

> **청탁금지법**
>
> 제10조(외부강의 등의 사례금 수수 제한) ① 공직자 등은 자신의 직무와 관련 되거나 그 지위 · 직책 등에서 유래되는 사실상의 영향력을 통하여 요청받은 교육 · 홍보 · 토론회 · 세미나 · 공청회 또는 그 밖의 회의 등에서 한 강의 · 강연 · 기고 등(이하 "외부강의 등"이라 한다)의 대가로서 대통령령으로 정하는 금액을 초과하는 사례금을 받아서는 아니 된다.

여기서 중요한 점은 공직자 등의 직무와 관련되거나 그 지위 직책 등에서 유래되는 사실상의 영향력을 통하여 요청받은 경우이어야 한다는 점이다. 직무와 관해서는 '공직자 등이 그 지위에 수반하여 취급하는 일체의 사무와 관련하여'를 의미한다. 직무는 법령·기준상 관장하는 직무 그 자체 및 그 직무와 밀접한 관계가 있는 행위, 관례상·사실상 소관하는 직무행위, 결정권자를 보좌하거나 영향을 줄 수 있는 직무행위를 포함한다. '교육·홍보·토론회·세미나·공청회'와 같이 '다수인을 대상으로 의견 지식을 전달하는 형태'이거나 '회의형태'이어야 하며, 다수인을 대상으로 하거나 회의형태인 경우에는 강의 강연 기고 외에 발표 토론 심사 평가 의결 자문 등이 포함된다. 다만, 다수인을 대상으로 하거나 회의형태가 아닌 용역이나 자문은 법 제10조의 규율대상인 외부강의 등에 해당되지 않는다.

3) 용역·자문 대가도 규율대상이 된다.

외부강의 등에 해당하지 않는 용역 자문의 대가는 법 제8조(금품 등의 수수 금지)의 일반적인 금품 등의 수수로 규율한다. 특히, 예외 사유인 정당한 권원에 의하여 제공되는 금품 등(법 제8조제3항제3호)에 해당하는지 여부의 판단이 필요한데, 용역 자문 계약은 권원에 해당할 수 있으나, 그 권원이 정당한지 여부에 대해서는 별도로 판단이 필요하다.

권원의 정당성 여부는 관련 법령 기준상 허용 여부, 직무의 특성, 전문성, 소속기관의 특성 및 설립목적 등을 종합적으로 고려하여 대가의 적정성 여부를 바탕으로 판단한다.

3 외부강의의 사전 신고와 제한

공직자 등은 외부강의 등을 할 때에는 외부강의 등의 요청 명세 등을 소속기관장에게 미리 서면으로 신고해야 한다. 외부강의 등에 대한 대가를 받는지 여부를 떠나서 반드시 사전에 신고를 해야 하나, 국가나 지방자치단체가 요청을 한 경우에는 제외된다.

즉 기획재정부 등에서 시달한 공통 예산지침을 적용하고 있어 예산집행의 투명성이 확보되므로 사전에 신고하는 것이 불필요하다. 미리 신고하는 것이 곤란한 경우에는 외부강의 등을 마친 날부터 2일 이내에 서면으로 신고해야 하며, 소속기관장은 신고한 외부강의 등이 공정한 직무수행을 저해할 수 있다고 판단하는 경우 외부강의 등을 제한할 수 있다.

4 초과사례금도 신고와 반환 대상

공직자 등이 초과사례금을 받은 경우 이를 소속기관장에게 서면으로 신고해야 하며, 사례금을 반환해야 할 의무가 발생한다. 초과사례금을 받은 공직자 등이 신고 및 반환 조치를 하지 아니한 경우 500만 원 이하의 과태료 부과 대상이 된다. 신고 및 반환 조치를 모두 이행해야 하므로 그 중 어느 하나의 조치라도 하지 않은 경우 과태료 부과 대상에 해당된다.

■ 금품 등 수수 금지   직무 관련 외부강의 등 사례금 수수 제한

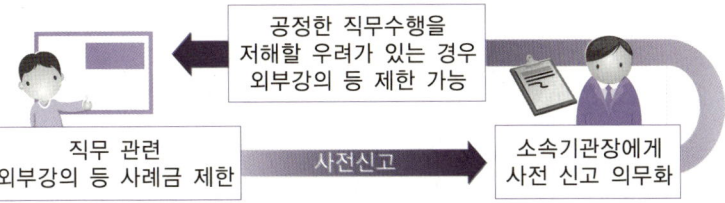

- 직무 관련 외부가의 등을 할 경우 소속기관장에게 사전 신고 의무화
  - →사전 신고 의무 불이행 시 징계처분 대상
- 외부강의 등의 대가로서 대통령령으로 정하는 금액을 초과하는 사례금 수수 금지
  - →기준 금액 초과 사례금 수수 시 소속기관장에게 신고, 제공자에게 초과금액 지체 없이 반환
  - →신고 및 반환 조치 미 이행 시 500만 원 이하의 과태료 부과

5 위반행위에 대한 제재에는

제21조(징계) 공공기관의 장 등은 공직자 등이 이 법 또는 이 법에 따른 명령을 위반한 경우에는 징계처분을 하여야 한다.
제22조(벌칙) ① 다음 각 호의 어느 하나에 해당하는 자는 3년 이하의 징역 또는 3천만 원 이하의 벌금에 처한다.
1. 제8조제1항을 위반한 공직자 등(제11조에 따라 준용되는 공무수행사인을 포함한다). 다만, 제9조제1항·제2항 또는 제6항에 따라 신고하거나 그 수수 금지 금품 등을 반환 또는 인도하거나 거부의 의사를 표시한 공직자 등은 제외한다.
2. 자신의 배우자가 제8조제4항을 위반하여 같은 조 제1항에 따른 수수 금지 금품 등을 받거나 요구하거나 제공받기로 약속한 사실을 알고도 제9조제1항제2호 또는 같은 조 제6항에 따라 신고하지 아니한 공직자 등(제11조에 따라 준용되는 공무수행사인을 포함한다). 다만, 공

직자 등 또는 배우자가 제9조제2항에 따라 수수 금지 금품 등을 반환 또는 인도하거나 거부의 의사를 표시한 경우는 제외한다.
3. 제8조제5항을 위반하여 같은 조 제1항에 따른 수수 금지 금품 등을 공직자 등(제11조에 따라 준용되는 공무수행사인을 포함한다) 또는 그 배우자에게 제공하거나 그 제공의 약속 또는 의사표시를 한 자
④ 제1항제1호부터 제3호까지의 규정에 따른 금품 등은 몰수한다. 다만, 그 금품 등의 전부 또는 일부를 몰수하는 것이 불가능한 경우에는 그 가액을 추징한다.

제23조(과태료 부과) ④ 제10조제5항에 따른 신고 및 반환 조치를 하지 아니한 공직자 등에게는 500만 원 이하의 과태료를 부과한다.
⑤ 다음 각 호의 어느 하나에 해당하는 자에게는 그 위반행위와 관련된 금품 등 가액의 2배 이상 5배 이하에 상당하는 금액의 과태료를 부과한다. 다만, 제22조제1항제1호부터 제3호까지의 규정이나 「형법」 등 다른 법률에 따라 형사처벌(몰수나 추징을 당한 경우를 포함한다)을 받은 경우에는 과태료를 부과하지 아니하며, 과태료를 부과한 후 형사 처벌을 받은 경우에는 그 과태료 부과를 취소한다.
1. 제8조제2항을 위반한 공직자 등(제11조에 따라 준용되는 공무수행사인을 포함한다).다만, 제9조제1항·제2항 또는 제6항에 따라 신고하거나 그 수수 금지 금품 등을 반환 또는 인도하거나 거부의 의사를 표시한 공직자 등은 제외한다.
2. 자신의 배우자가 제8조제4항을 위반하여 같은 조 제2항에 따른 수수 금지 금품 등을 받거나 요구하거나 제공받기로 약속한 사실을 알고 제9조제1항제2호 또는 같은 조 제6항에 따라 신고하지 아니한 공직자 등(제11조에 따라 준용되는 공무수행사인을 포함한다). 다만, 공직자 등 또는 배우자가 제9조제2항에 따라 수수 금지 금품 등을 반환 또는 인도하거나 거부의 의사를 표시한 경우는 제외한다.
3. 제8조제5항을 위반하여 같은 조 제2항에 따른 수수 금지 금품 등을 공직자 등(제11조에 따라 준용되는 공무수행사인을 포함한다) 또는

> 그 배우자에게 제공하거나 그 제공의 약속 또는 의사표시를 한 자
> ⑥ 제1항부터 제5항까지의 규정에도 불구하고 「국가공무원법」, 「지방공무원법」 등 다른 법률에 따라 징계부가금 부과의 의결이 있은 후에는 과태료를 부과하지 아니하며, 과태료가 부과된 후에는 징계부가금 부과의 의결을 하지 아니한다.

1 징계 대상이 되는 경우

공공기관의 장은 위반행위의 유형, 비위정도, 과실의 경중, 그 밖의 정상 등을 고려해 세부적인 기준을 마련하는 것이 필요하다. '징계처분을 하여야 한다'고 규정되어 있는 것은 징계절차를 진행하여 징계기준에 따라 징계처분을 하여야 한다는 의미이다.

금품 등이나 외부강의 등 초과사례금을 수수한 경우에도 금품 등을 신고 및 반환, 인도하면 징계대상에서 제외되는데, 이는 공직자 등이 신고 등의 절차를 따를 경우 사후에 발생할 수 있는 책임으로부터 공직자등을 보호하기 위한 취지에서 나온 것이다.

2 형사처벌 대상이 되는 경우(3년 이하의 징역 또는 3천만 원 이하의 벌금)

동일인으로부터 1회 100만 원 초과 또는 매 회계연도 300만 원을 초과하여 받거나 요구 또는 약속한 공직자 등이 해당된다. 단, 공직

자 등이 '지체 없이' 신고하거나 금품 등을 반환 또는 인도하거나 거부의 의사를 표시한 경우 제재대상에서 제외된다.

다음으로 자신의 배우자가 공직자 등의 직무와 관련하여 1회 100만 원 초과 또는 매 회계연도 300만 원을 초과하여 받거나 요구 또는 제공받기로 약속한 사실을 알고도 신고하지 아니한 공직자 등도 형사처벌의 대상이 될 수 있다. 하지만 공직자 등 또는 배우자가 지체 없이 금품 등을 반환하거나 인도, 거부의 의사를 표시한 경우는 제재대상에서 제외된다.

마지막으로 1회 100만 원 초과 또는 매 회계연도 300만 원을 초과하여 공직자 등 또는 그 배우자에게 제공하거나 그 제공의 약속 또는 의사표시를 한 자가 해당된다.

3 과태료 부과 대상이 되는 경우

과태료 부과 대상으로는 먼저 수수 금지 금품 등을 수수(2배 이상 5배 이하에 상당하는 금액)한 공직자로, 세부적으로 살펴보면 1회 100만 원 이하 또는 매 회계연도 300만 원 이하의 금품 등을 받거나 요구 또는 약속한 공직자, 자신의 배우자가 공직자 등의 직무와 관련하여 1회 100만 원 이하 또는 매 회계연도 300만 원 이하의 금품 등을 받거나 요구 또는 제공받기로 약속한 사실을 알고도 신고하지 아니한 공직자, 1회 100만 원 이하, 매 회계연도 300만 원 이하 금품 등을 공직자 등 또는 그 배우자에게 제공하거나 그 제공의 약속 또는 의사표시를 한 자가 해당된다.

다음으로 외부강의 등 초과사례금(500만 원 이하)을 받고도 소속기관장에게 신고 및 반환을 하지 아니한 공직자 등이 해당된다.

4 과태료 부과 취소의 경우

소속기관장은 과태료 부과 대상자에 대해 그 위반사실을 비송사건절차법에 따라 관할법원에 통보하여야 한다.

> **청탁금지법**
>
> 제23조(과태료 부과) ⑦ 소속기관장은 제1항부터 제5항까지의 과태료 부과 대상자에 대해서는 그 위반 사실을 「비송사건절차법」에 따른 과태료 재판 관할법원에 통보하여야 한다.

그러면 관할법원이 소속기관장의 위반사실 통보에 따라 재판(결정) 형식으로 과태료를 부과하게 된다. 과태료를 부과 받은 사안에 대하여 형법 등 다른 법률이나 청탁금지법에 따라 다시 형사처벌이 가능하기도 하다.

5 몰수·추징과 징계부가금

형사처벌의 대상이 되는 금품 등은 몰수하되, 그 금품 등의 전부 또는 일부를 몰수하는 것이 불가능한 경우 그 가액을 추징한다. 그리고 국가공무원법, 지방공무원법 등 다른 법률에 따라 징계부가금 부과에 대한 의결이 있은 후에는 과태료를 부과하지 않는다. 과태료가 부과된 후에는 징계부가금 부과의 의결을 하지 않는다.

Chapter 6 / 부정청탁 등 방지에 관한 업무 총괄기관에 대하여

1 부정청탁 등 방지에 관한 업무 총괄기관에 대하여

제12조(공직자 등의 부정청탁 등 방지에 관한 업무의 총괄) 국민권익위원회는 이 법에 따른 다음 각 호의 사항에 관한 업무를 관장한다.
1. 부정청탁의 금지 및 금품 등의 수수 금지·제한 등에 관한 제도개선 및 교육·홍보 계획의 수립 및 시행
2. 부정청탁 등에 관한 유형, 판단기준 및 그 예방 조치 등에 관한 기준의 작성 및 보급
3. 부정청탁 등에 대한 신고 등의 안내·상담·접수·처리 등
4. 신고자 등에 대한 보호 및 보상
5. 제1호부터 제4호까지의 업무 수행에 필요한 실태조사 및 자료의 수집·관리·분석 등

청탁금지법은 부정청탁 및 금품 등 수수의 방지에 관한 업무 총괄기관으로 국가차원의 종합적 중립적 부패 방지대책 중심기구인 국민권익위원회를 규정하고 있다. 국민권익위원회는 부패에 대한 사후 통제 기능과 사전 예방 기능을 종합적 체계적으로 수행한다.

국민권익위원회는 부정청탁 등에 대한 신고 등의 안내 상담 접수 처리, 신고자 등에 대한 보호 및 보상 등 사후 통제 기능과 부정청탁

등의 금지 제한에 관한 제도개선 및 교육홍보 계획의 수립 시행, 부정청탁 등의 예방조치 등에 관한 기준의 작성 및 보급 등 사전 예방 기능을 담당한다. 국민권익위원회는 부정청탁 등 방지에 관한 업무 수행에 필요한 실태조사 및 자료의 수집·관리·분석 등도 가능하다.

2 위반행위의 신고와 처리에 대하여

제13조(위반행위의 신고 등) ① 누구든지 이 법의 위반행위가 발생하였거나 발생하고 있다는 사실을 알게 된 경우에는 다음 각 호의 어느 하나에 해당하는 기관에 신고할 수 있다.
1. 이 법의 위반행위가 발생한 공공기관 또는 그 감독기관
2. 감사원 또는 수사기관
3. 국민권익위원회
③ 제1항에 따라 신고를 하려는 자는 자신의 인적사항과 신고의 취지·이유·내용을 적고 서명한 문서와 함께 신고 대상 및 증거 등을 제출하여야 한다.
제14조(신고의 처리) ① 제13조제1항제1호 또는 제2호의 기관(이하 "조사기관"이라 한다)은 같은 조 제1항에 따라 신고를 받거나 제2항에 따라 국민권익위원회로부터 신고를 이첩받은 경우에는 그 내용에 관하여 필요한 조사·감사 또는 수사를 하여야 한다.
② 국민권익위원회가 제13조제1항에 따른 신고를 받은 경우에는 그 내용에 관하여 신고자를 상대로 사실관계를 확인한 후 대통령령으로 정하는 바에 따라 조사기관에 이첩하고, 그 사실을 신고자에게 통보하여야 한다.
③ 조사기관은 제1항에 따라 조사·감사 또는 수사를 마친 날부터 10일

이내에 그 결과를 신고자와 국민권익위원회에 통보(국민권익위원회로부터 이첩받은 경우만 해당한다)하고, 조사·감사 또는 수사 결과에 따라 공소 제기, 과태료 부과 대상 위반행위의 통보, 징계 처분 등 필요한 조치를 하여야 한다.
④ 국민권익위원회는 제3항에 따라 조사기관으로부터 조사·감사 또는 수사 결과를 통보받은 경우에는 지체 없이 신고자에게 조사·감사 또는 수사 결과를 알려야 한다.
⑤ 제3항 또는 제4항에 따라 조사·감사 또는 수사 결과를 통보받은 신고자는 조사기관에 이의신청을 할 수 있으며, 제4항에 따라 조사·감사 또는 수사 결과를 통지받은 신고자는 국민권익위원회에도 이의신청을 할 수 있다.
⑥ 국민권익위원회는 조사기관의 조사·감사 또는 수사 결과가 충분하지 아니하다고 인정되는 경우에는 조사·감사 또는 수사 결과를 통보받은 날부터 30일 이내에 새로운 증거자료의 제출 등 합리적인 이유를 들어 조사기관에 재조사를 요구할 수 있다.
⑦ 제6항에 따른 재조사를 요구받은 조사기관은 재조사를 종료한 날부터 7일 이내에 그 결과를 국민권익위원회에 통보하여야 한다. 이 경우 국민권익위원회는 통보를 받은 즉시 신고자에게 재조사 결과의 요지를 알려야 한다.

1 위반행위의 신고

1) 청탁금지법상 신고 체계는?

청탁금지법상 신고에는 법 제7조제2항, 제9조제1항(신고주체 : 공직자 등)의 신고와 법 제13조제1항(신고주체 : 누구든지)의 신고가 있다.

> **청탁금지법**
>
> 제7조(부정청탁의 신고 및 처리) ② 공직자 등은 제1항에 따른 조치를 하였음에도 불구하고 동일한 부정청탁을 다시 받은 경우에는 이를 소속기관장에게 서면(전자문서를 포함한다)으로 신고하여야 한다.
> 제9조(수수 금지 금품 등의 신고 및 처리) ① 공직자 등은 다음 각 호의 어느 하나에 해당하는 경우에는 소속기관장에게 지체 없이 서면으로 신고하여야 한다.
> 제13조(위반행위의 신고 등) ① 누구든지 이 법의 위반행위가 발생하였거나 발생하고 있다는 사실을 알게 된 경우에는 다음 각 호의 어느 하나에 해당하는 기관에 신고할 수 있다.

법 제7조제2항, 제9조제1항에 따른 신고는 '공직자등'이 제재를 받지 않기 위한 법적 의무 이행으로서의 신고이고, 법 제13조제1항에 따른 신고는 법 위반행위가 발생하였거나 발생하고 있다는 사실을 알게 된 경우는 '누구든지' 하는 신고이다.

2) 신고의 방법에는?

신고는 신고자의 인적사항과 신고의 취지·이유·내용을 적은 서면(전자문서포함)으로 해야 한다.

> **청탁금지법**
>
> 제13조(위반행위의 신고 등) ③ 제1항에 따라 신고를 하려는 자는 자신의 인적사항과 신고의 취지 · 이유 · 내용을 적고 서명한 문서와 함께 신고 대상 및 증거 등을 제출하여야 한다.

무책임한 신고, 허위신고 등의 방지를 위하여 신고서에 신고자의 인적사항을 기재하고 증거를 함께 제출할 필요가 있다. 타인으로 하여금 형사처분이나 징계처분을 받게 할 목적으로 객관적 진실에 반하는 허위사실을 신고하는 경우 무고죄로 처벌 받는다.

신고는 소속기관뿐만 아니라 그 감독기관, 감사원, 수사기관 및 국민권익위원회에도 가능하다.

2 신고 처리 방법에는?

1) 국민권익위원회의 신고 처리

국민권익위원회는 신고내용에 관하여 사실관계를 확인한 후 조사기관에 이첩하고 그 사실을 신고자에게 통지하여야 한다.

2) 조사기관의 신고 처리

신고를 받거나 국민권익위원회로부터 신고를 이첩 받은 조사기관은 그 내용에 관하여 필요한 조사·감사·수사를 실시하여야 하며, 조사, 감사, 수사 결과에 따라 공소 제기, 과태료 부과 대상 위반행위의 통보, 징계 처분 등 필요한 조치를 실시하여야 한다. 또한 조사기관은 조사 등을 마친 날부터 10일 이내에 그 결과를 신고자와 국민권익위원회(이첩받은 경우만 해당)에 통보하여야 하며, 국민권익위원회는 조사기관으로부터 조사 등 결과를 통보받은 경우 지체 없이 신고자에게 그 결과를 통보하여야 한다.

3) 조사기관의 조사 범위

조사기관은 신고를 받거나 이첩 받은 경우 그 내용에 관하여 필요한 조사·감사·수사를 실시하도록 규정되어 있다.

> **청탁금지법**
>
> 제14조(신고의 처리) ① 제13조제1항제1호 또는 제2호의 기관(이하 "조사기관"이라 한다)은 같은 조 제1항에 따라 신고를 받거나 제2항에 따라 국민권익위원회로부터 신고를 이첩받은 경우에는 그 내용에 관하여 필요한 조사 · 감사 또는 수사를 하여야 한다.

조사기관은 소속 공직자 등 외에 이해관계인, 참고인 등 제3자 및 다른 공공기관에 대한 조사도 가능하다. 즉 위반행위자가 모두 공직자등에 해당하는 경우 소속 공직자등 뿐만 아니라 다른 공공기관 소속 공직자등에 대해서도 조사가 가능하다. 다만, 조사 대상자의 임의적인 협조가 있어야만 가능하고 협조가 없는 한 강제할 방법은 없다(이때 수사기관은 제외된다).

3 이의신청 및 재조사 요구에 대하여

1) 이의신청

조사 등의 결과를 통지받은 신고자는 조사기관에 이의신청을 할 수 있고, 국민권익위원회로부터 조사 등의 결과를 통지받은 경우에는 국민권익위원회에도 이의신청이 가능하다.

2) 재조사 요구

국민권익위원회는 조사 등의 결과가 충분하지 아니하다고 인정되는 경우 조사기관에 재조사를 요구할 수 있다. 재조사를 요구하는 경우 그 결과를 통보받은 날부터 30일 이내에 새로운 증거자료의 제출하는 등 합리적인 이유를 제시하는 것이 필요하며, 재조사 요구를 받은 조사기관은 재조사를 종료한 날부터 7일 이내에 그 결과를 국민권익위원회에 통보하여야 한다. 재조사 결과를 통보받은 국민권익위원회는 통보를 받은 즉시 신고자에게 재조사 결과의 요지를 통보하여야 한다.

■ 위반행위 신고ㆍ처리

청탁금지법 위반사례 발견 시 신고ㆍ처리 과정

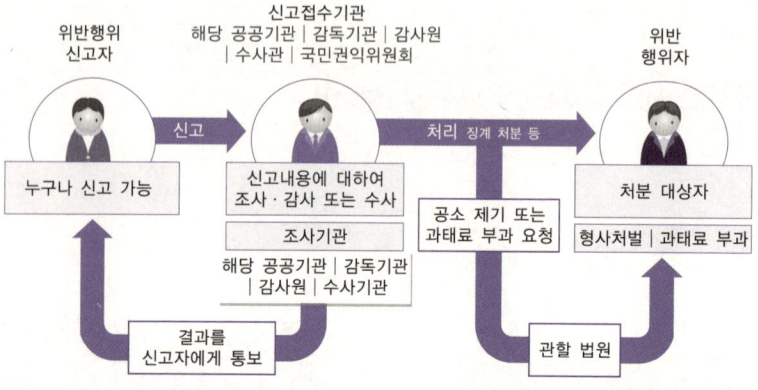

3 신고자 보호와 보상에 대하여

제13조(위반행위의 신고 등) ② 제1항에 따른 신고를 한 자가 다음 각 호의 어느 하나에 해당하는 경우에는 이 법에 따른 보호 및 보상을 받지 못한다.
1. 신고의 내용이 거짓이라는 사실을 알았거나 알 수 있었음에도 신고한 경우
2. 신고와 관련하여 금품 등이나 근무관계상의 특혜를 요구한 경우
3. 그 밖에 부정한 목적으로 신고한 경우

제15조(신고자 등의 보호ㆍ보상) ① 누구든지 다음 각 호의 어느 하나에 해당하는 신고 등(이하 "신고 등"이라 한다)을 하지 못하도록 방해하거나 신고 등을 한 자(이하 "신고자 등"이라 한다)에게 이를 취소하도록 강요해서는 아니 된다.
1. 제7조제2항 및 제6항에 따른 신고

2. 제9조제1항, 같은 조 제2항 단서 및 같은 조 제6항에 따른 신고 및 인도
3. 제13조제1항에 따른 신고
4. 제1호부터 제3호까지에 따른 신고를 한 자 외에 협조를 한 자가 신고에 관한 조사·감사·수사·소송 또는 보호조치에 관한 조사·소송 등에서 진술·증언 및 자료제공 등의 방법으로 조력하는 행위

② 누구든지 신고자 등에게 신고 등을 이유로 불이익조치(「공익신고자 보호법」 제2조 제6호에 따른 불이익조치를 말한다. 이하 같다)를 해서는 아니 된다.

③ 이 법에 따른 위반행위를 한 자가 위반사실을 자진하여 신고하거나 신고자 등이 신고 등을 함으로 인하여 자신이 한 이 법 위반행위가 발견된 경우에는 그 위반행위에 대한 형사처벌, 과태료 부과, 징계처분, 그 밖의 행정처분 등을 감경하거나 면제할 수 있다.

④ 제1항부터 제3항까지에서 규정한 사항 외에 신고자 등의 보호 등에 관하여는 「공익 신고자 보호법」 제11조부터 제13조까지, 제14조제3항부터 제5항까지 및 제16조부터 제25조까지의 규정을 준용한다. 이 경우 "공익신고자 등"은 "신고자 등"으로, "공익신고 등"은 "신고 등"으로 본다.

⑤ 국민권익위원회는 제13조제1항에 따른 신고로 인하여 공공기관에 재산상 이익을 가져오거나 손실을 방지한 경우 또는 공익의 증진을 가져온 경우에는 그 신고자에게 포상금을 지급할 수 있다.

⑥ 국민권익위원회는 제13조제1항에 따른 신고로 인하여 공공기관에 직접적인 수입의 회복·증대 또는 비용의 절감을 가져온 경우에는 그 신고자의 신청에 의하여 보상금을 지급하여야 한다.

⑦ 제5항과 제6항에 따른 포상금·보상금 신청 및 지급 등에 관하여는 「부패방지 및 국민권익위원회의 설치와 운영에 관한 법률」 제68조부터 제71조까지의 규정을 준용한다. 이 경우 "부패행위의 신고자"는 "제13조제1항에 따라 신고를 한 자"로, "이 법에 따른 신고"는 "제13조제1항에 따른 신고"로 본다.

제22조(벌칙) ① 다음 각 호의 어느 하나에 해당하는 자는 3년 이하의 징역 또는 3천만 원 이하의 벌금에 처한다.
4. 제15조제4항에 따라 준용되는 「공익신고자 보호법」 제12조제1항을 위반하여 신고자 등의 인적사항이나 신고자 등임을 미루어 알 수 있는 사실을 다른 사람에게 알려주거나 공개 또는 보도한 자
② 다음 각 호의 어느 하나에 해당하는 자는 2년 이하의 징역 또는 2천만 원 이하의 벌금에 처한다.
2. 제15조제2항을 위반하여 신고자 등에게 「공익신고자 보호법」 제2조제6호가목에 해당하는 불이익조치를 한 자
3. 제15조제4항에 따라 준용되는 「공익신고자 보호법」 제21조제2항에 따라 확정되거나 행정소송을 제기하여 확정된 보호조치결정을 이행하지 아니한 자
③ 다음 각 호의 어느 하나에 해당하는 자는 1년 이하의 징역 또는 1천만 원 이하의 벌금에 처한다.
1. 제15조제1항을 위반하여 신고 등을 방해하거나 신고 등을 취소하도록 강요한 자
2. 제15조제2항을 위반하여 신고자 등에게 「공익신고자 보호법」 제2조제6호나목부터 사목까지의 어느 하나에 해당하는 불이익조치를 한 자
제23조(과태료 부과) ① 다음 각 호의 어느 하나에 해당하는 자에게는 3천만 원 이하의 과태료를 부과한다.
2. 제15조제4항에 따라 준용되는 「공익신고자 보호법」 제19조제2항 및 제3항(같은 법 제22조제3항에 따라 준용되는 경우를 포함한다)을 위반하여 자료 제출, 출석, 진술서의 제출을 거부한 자

1 보호 · 보상 대상 신고자

1) 개요

은밀하게 이루어지는 부정청탁 및 금품 등 수수의 특성상 공직자 등과 일반 국민의 자발적 참여가 반드시 필요하다. 이를 위해선 신고를 적극적으로 유도하고 활성화하기 위해서는 신고자에 대한 보호와 보상이 필요하다. 신고자 보호에 대해서는 「공익신고자 보호법」, 신고자의 보상에 대해서는 부패방지권익위법을 각각 준용한다.

2) 신고 종류에 대해

청탁금지법상 신고는 법 제13조제1항에 따른 신고주체가 '누구든지' 하는 신고와 법 제7조제2항, 제9조제1항에 따른 '공직자등'의 자진신고로 구분된다.

> **청탁금지법**
>
> 제7조(부정청탁의 신고 및 처리) ② 공직자 등은 제1항에 따른 조치를 하였음에도 불구하고 동일한 부정청탁을 다시 받은 경우에는 이를 소속기관장에게 서면(전자문서를 포함한다. 이하 같다)으로 신고하여야 한다.
> 제9조(수수 금지 금품 등의 신고 및 처리) ① 공직자 등은 다음 각 호의 어느 하나에 해당하는 경우에는 소속기관장에게 지체 없이 서면으로 신고하여야한다.

> 제13조(위반행위의 신고 등) ① 누구든지 이 법의 위반행위가 발생하였거나 발생하고 있다는 사실을 알게 된 경우에는 다음 각 호의 어느 하나에 해당하는 기관에 신고할 수 있다.

신고주체가 '누구든지'이건 '공직자등'이건 상관없이 이 법에 따른 신고는 모두 보호의 대상에 해당된다.

청탁금지법

> 제15조(신고자 등의 보호·보상) ① 누구든지 다음 각 호의 어느 하나에 해당하는 신고 등(이하 "신고 등"이라 한다)을 하지 못하도록 방해하거나 신고 등을 한 자(이하 "신고자 등"이라 한다)에게 이를 취소하도록 강요해서는 아니된다.
> 1. 제7조제2항 및 제6항에 따른 신고
> 2. 제9조제1항, 같은 조 제2항 단서 및 같은 조 제6항에 따른 신고 및 인도
> 3. 제13조제1항에 따른 신고

단, 포상금·보상금 지급대상은 문언상 법 제13조제1항에 따른 신고이므로 제7조 제2항·제9조제1항에 따른 공직자 등의 자진신고는 제외되며, 법 제7조제2항, 제9조제1항에 따른 공직자 등의 자진신고는 공직자 등이 제재를 받지 않기 위한 법적 의무 이행으로서의 신고라는 점에서 구별된다.

2 신고자 보호를 위한 조치들

1) 비밀보장과 신변보호란

누구든지 신고자의 동의 없이 그의 인적사항이나 신고자임을 미루어 알 수 있는 사실을 다른 사람에게 알려주거나 공개 또는 보도하는 행위 금지하고 있어 인적사항의 공개·보도 등 금지된다. 만약 신고자의 인적사항 등을 다른 사람에게 알려주거나 공개 보도한 경우 3년 이하 징역 또는 3천만 원 이하 벌금형에 처한다.

신고자, 그 친족·동거인은 신고를 이유로 생명·신체에 중대한 위해를 입었거나 입을 우려가 명백한 경우 위원회에 신변보호조치 요구가 가능하다.

2) 보호 조치란

누구든지 신고자에게 신고를 이유로 한 불이익조치를 금지하고 있어 신고자를 보호하고 있다. 만약 신고자에게 파면, 해임, 해고, 그 밖에 신분상실에 해당하는 신분상의 불이익 조치를 한 자는 2년 이하 징역 또는 2천만 원 이하 벌금형에 처할 수 있으며, 그 외의 불이익조치를 한 자는 1년 이하 징역 또는 1천만 원 이하 벌금형에 처할 수 있다.

이때 '그 외의 불이익조치'로 볼 수 있는 것들에는 징계, 정직, 감봉, 강등, 승진 제한, 그 밖에 부당한 인사조치, 전보, 전근, 직무 미

부여, 직무 재배치, 그 밖에 본인의 의사에 반하는 인사조치, 성과평가 동료평가 등에서의 차별과 그에 따른 임금 상여금 등의 차별 지급, 인허가 등의 취소, 그 밖에 행정적 불이익을 주는 행위, 물품계약 또는 용역계약의 해지(解止), 그 밖에 경제적 불이익을 주는 조치 등이 있다.

또한 누구든지 신고를 하지 못하도록 방해하거나 신고자에게 이를 취소하도록 강요하는 행위도 금지되는데, 신고를 방해하거나 신고를 취소하도록 강요한 자는 1년 이하 징역 또는 1천만 원 이하 벌금형에 처할 수 있다. 만약 신고자가 신고를 이유로 불이익조치를 받은 때에는 위원회에 원상회복 등 보호조치 신청이 가능하며, 보호조치결정을 불이행한 자는 2년 이하 징역 또는 2천만 원 이하 벌금형에 처할 수 있다.

위반행위의 신고와 관련하여 신고자의 범죄행위가 발견된 경우에는 그 형의 감면이 가능하다. 신고와 관련하여 발견된 위반행위를 이유로 신고자를 징계하는 경우 위원회는 징계권자에게 징계의 감면을 요구할 수 있다.

그리고 신고자의 사용자·인사권자는 신고자가 전직 또는 전출·전입, 파견근무 등 인사에 관한 조치를 요구하고 그 내용이 타당하다고 인정할 때에는 이를 우선적으로 고려할 필요가 있다.

● 신고자에 대한 보호장치 마련 및 금전적 보상

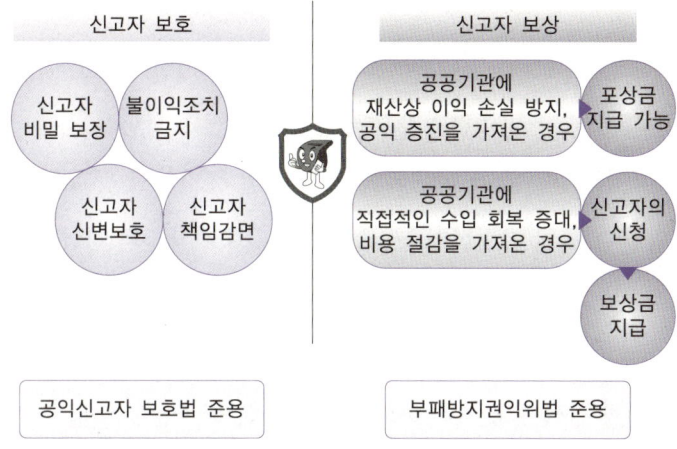

3 보상금·포상금이란

1) 포상금 지급사유와 지급기준은?

신고로 인하여 공공기관에 재산상 이익을 가져오거나 손실을 방지한 경우 또는 공익의 증진을 가져온 경우에는 포상금을 지급할 수 있다. 이때 지급기준에는 금품 등을 받았을 때 자진해서 그 금품 등을 신고한 경우(제4호) 포상금은 신고금액의 30% 범위로 하되, 5억 원 이하로 한다. 그리고 나머지 각호의 사유에 해당하는 경우 포상금은 2억 원 이하로 한다.

2) 보상금 지급사유와 지급기준은?

직접적인 공공기관 수입의 회복이나 증대 또는 비용의 절감을 가져오거나 그에 관한 법률관계가 확정된 경우라면 보상금을 지급할 수 있다. 이때 부과 및 환수 등은 신고사항 및 증거자료 등과 직접적으로 관련된 것에 한정한다. 지급기준으로는 보상금의 지급한도액은 30억 원으로 하고, 산정된 보상금의 천 원 단위 미만은 이를 지급하지 않는 것을 기본으로 한다.

지급 신청과 결정에 관해 살펴보면, 신고자는 공공기관 수입의 회복이나 증대 또는 비용의 절감에 관한 법률관계가 확정되었음을 안 날부터 2년 이내에 위원회에 보상금 지급을 신청하는 것이 필요하다. 위원회는 특별한 사유가 없는 한 보상금의 지급 신청일부터 90일 이내에 그 지급여부 및 지급금액을 결정해야 한다.

보상금을 지급받을 자는 다른 법령에 따라 보상금을 청구하는 것이 금지되지는 않지만, 보상금을 지급받을 자가 동일한 원인으로 이 법에 의한 포상금을 받았거나 또는 다른 법령에 따라 보상을 받은 경우 그 포상금 또는 보상금의 액수가 이 법에 따라 받을 보상금의 액수와 같거나 이를 초과하는 때에는 보상금을 지급하지 않는다. 그러나 다른 법령에 따라 보상을 받을 자가 동일한 원인에 기하여 이 법에 따른 보상금을 지급받았을 때에는 그 보상금의 액수를 공제하고 다른 법령에 따른 보상금의 액수를 정해야 한다.

3) 보상금·포상금에 공통되는 사항이란

동일한 위반행위에 대하여 2명 이상이 각각 신고한 경우 보상 대상가액 산정에 있어 하나의 신고로 간주된다. 각각의 신고자에 대한 지급금액을 결정함에 있어 사건해결에 기여한 정도 등을 종합적으로 고려하여 각각의 신고자에게 배분하게 된다. 감액을 하는 경우에는 각각의 신고자별로 감액사유를 고려하여 결정한다.

그리고 보상금·포상금을 산정함에 있어서 사건의 해결에 기여한 정도 등 일정한 사유를 고려하여 감액할 수 있다. 이때 고려사유로는 증거자료의 신빙성 등 신고의 정확성, 신문·방송 등 언론매체에 의하여 이미 공개된 것인지의 여부, 신고자가 신고와 관련한 불법행위를 행하였는지의 여부, 그 밖에 부패행위사건의 해결에 기여한 정도 등이 있다.

신고자가 허위 그 밖의 부정한 방법으로 보상금·포상금을 지급 받은 경우 등에는 전부 또는 일부를 환수할 수 있다. 이때 환수사유로는 신고자가 허위, 그 밖의 부정한 방법으로 보상금을 지급받은 경우, 법 제71조제2항 및 제3항의 규정을 위반하여 보상금이 지급된 경우, 그 밖에 착오 등의 사유로 보상금이 잘못 지급된 경우가 있다.

4) 민간부문인 기관 관련 신고자의 포상금·보상금 지급 문제

신고로 인하여 민간부문인 기관의 수입의 회복·증대 등을 가져온 경우가 포상금·보상금 지급 사유인지 문제가 된다.

이때 신고로 인하여 공익의 증진을 가져온 경우도 지급사유에 해당하므로 민간 부문인 기관에 대한 신고자도 포상금 지급 가능하다. 공공기관의 범위를 민간부문까지 확대하면서 공익증진을 위한 신고의 유도 및 활성화를 위해 포상금 지급 필요하기 때문이다.

보상금의 경우, 국고의 회복이나 증대 없이 민간부문인 기관의 수입에 대해 회복 증대만을 가져온 경우에는 보상금 지급이 불가능하며, 국고의 회복·증대 또는 비용절감을 가져온 경우 국고에서 지급한다.

부패방지권익위법을 준용하는 의미는 국고의 회복 증대를 의미하고 사적 재산의 회복 증대를 의미하는 것으로 볼 수 없다.

4 위법한 직무처리에 대한 조치에 대해

제16조(위법한 직무처리에 대한 조치) 공공기관의 장은 공직자 등이 직무수행 중에 또는 직무수행 후에 제5조, 제6조 및 제8조를 위반한 사실을 발견한 경우에는 해당 직무를 중지하거나 취소하는 등 필요한 조치를 하여야 한다.

제17조(부당이득의 환수) 공공기관의 장은 제5조, 제6조, 제8조를 위반하여 수행한 공직자 등의 직무가 위법한 것으로 확정된 경우에는 그 직무의 상대방에게 이미 지출·교부된 금액 또는 물건이나 그 밖에 재산상 이익을 환수하여야 한다.

제18조(비밀누설 금지) 다음 각 호의 어느 하나에 해당하는 업무를 수행하거나 수행하였던 공직자 등은 그 업무처리 과정에서 알게 된 비밀

을 누설해서는 아니 된다. 다만, 제7조제7항에 따라 공개하는 경우에는 그러하지 아니하다.
1. 제7조에 따른 부정청탁의 신고 및 조치에 관한 업무
2. 제9조에 따른 수수 금지 금품 등의 신고 및 처리에 관한 업무
제19조(교육과 홍보 등) ① 공공기관의 장은 공직자 등에게 부정청탁 금지 및 금품 등의 수수 금지에 관한내용을 정기적으로 교육하여야 하며, 이를 준수할 것을 약속하는 서약서를 받아야 한다.
② 공공기관의 장은 이 법에서 금지하고 있는 사항을 적극적으로 알리는 등 국민들이 이 법을 준수하도록 유도하여야 한다.
③ 공공기관의 장은 제1항 및 제2항에 따른 교육 및 홍보 등의 실시를 위하여 필요하면 국민권익위원회에 지원을 요청할 수 있다. 이 경우 국민권익위원회는 적극 협력하여야 한다.
제20조(부정청탁 금지 등을 담당하는 담당관의 지정) 공공기관의 장은 소속 공직자 등 중에서 다음 각 호의 부정청탁 금지 등을 담당하는 담당관을 지정하여야 한다.
1. 부정청탁 금지 및 금품 등의 수수 금지에 관한 내용의 교육·상담
2. 이 법에 따른 신고·신청의 접수, 처리 및 내용의 조사
3. 이 법에 따른 소속기관장의 위반행위를 발견한 경우 법원 또는 수사기관에 그 사실의 통보
제22조(벌칙) ① 다음 각 호의 어느 하나에 해당하는 자는 3년 이하의 징역 또는 3천만 원 이하의 벌금에 처한다.
4. 제15조제4항에 따라 준용되는 「공익신고자 보호법」 제12조제1항을 위반하여 신고자 등의 인적사항이나 신고자 등임을 미루어 알 수 있는 사실을 다른 사람에게 알려주거나 공개 또는 보도한 자
5. 제18조를 위반하여 그 업무처리 과정에서 알게 된 비밀을 누설한 공직자 등

1 위법한 직무처리에 대한 조치와 부당이득의 환수

1) 위법한 직무처리에 대한 조치란

공직자 등의 직무수행 중에 또는 직무수행 후에 법 위반사실을 발견한 경우에는 해당 직무의 중지나 취소 등 필요한 조치를 실시한다(법 제16조). 소속기관장은 공직자 등이 법 제5조, 제6조, 제8조를 위반한 사실을 발견한 경우 예방적 조치로 해당 직무의 중지 취소 등의 조치가 가능하다. 직무수행 중에 위반사실을 발견한 경우 법 제7조제4항, 제9조제5항에 따라 해당 공직자 등에 대한 조치(직무 참여 일시중지, 직무대리자의 지정, 전보 등)도 가능하다.

2) 부당이득의 환수란

개별 법률과의 관계를 살펴보면, 다른 개별 법률에서 부당이득 환수에 대해 규정하고 있는 경우에는 개별 법률에 따라 환수하며, 법 제5조, 제6조, 제8조를 위반한 사실과 수행한 직무 자체의 위법이 모두 확정된 경우 부당이득을 환수할 수 있다. 법 제5조, 제6조를 위반하여 한 직무수행의 경우 직무 그 자체도 위법하나, 제8조를 위반하여 한 직무수행의 경우 직무 그 자체의 위법 여부는 별도의 판단이 필요하다. 이때 직무가 위법한 것으로 확정된 경우란 재판 등의 불복절차에 따라 더 이상 불복할 수 없는 상태를 의미한다.

환수의 대상이 되는 것은 그 직무의 상대방에게 이미 지출·교부된 금액 또는 물건이나 그 밖에 재산상 이익이 있다.

2 비밀누설 금지

　부정청탁 등의 신고 및 처리 업무를 수행하거나 수행하였던 공직자 등은 관련된 사항에 대해 비밀을 누설하는 것이 금지된다. 이때 금지의 대상이 되는 것은 부정청탁의 신고 및 조치, 수수 금지 금품 등의 신고 및 처리에 관해 '업무처리 과정에서 알게 된 비밀'을 말하는데, 법령에 의하여 비밀로 분류된 사항뿐만 아니라 객관적 일반적으로 외부에 알려지지 않은 것에 상당한 이익이 있는 사항도 포함된다.

　누설이란 제3자에게 알리는 것을 말하고 알리는 누설의 방법에는 제한이 없으며, 업무처리 과정에서 알게 된 비밀을 누설한 공직자 등에 대해서는 3년 이하의 징역 또는 3천만원 이하의 벌금에 처하는 등 형사처벌의 대상이 된다. 공직자 등 중 공무원이 비밀을 누설한 경우에는 공무상 비밀누설죄(「형법」제127조)도 성립할 수 있다.

　또한, 공직자 등이 신고자 등의 인적사항이나 신고자 등임을 미루어 알 수 있는 사실을 공개한 경우에도 법 제15조제4항에 따라 준용되는 공익 신고자 보호법 제12조제1항 위반도 성립할 수 있다. 이때 하나의 행위가 수개의 죄에 해당하는 경우(상상적 경합범) 가장 중한 죄에 정한 형으로 처벌하는 것을 원칙으로 한다.

3 교육과 홍보

　공공기관의 장은 공직자 등에게 부정청탁 금지 및 금품 등의 수수 금지에 관한 내용을 정기적으로 교육하고 이를 준수할 것을 약속하는 서약서를 받을 의무가 있다. 또한, 소속 공직자 등뿐만 아니라 법에서 금지하고 있는 사항을 적극적으로 알리는 등 국민들이 이 법을 준수하도록 유도해야 한다. 공공기관의 장은 교육 및 홍보 등의 실시를 위하여 필요하면 국민권익위원회에 지원을 요청할 수 있다.

4 청탁방지담당관의 지정

　공공기관의 장은 소속 공직자 중에서 부정청탁·금품 등 수수 금지에 관한 내용의 교육·상담 등을 하는 청탁방지담당관을 지정하는 것이 필요하다. 그 외 신고·신청의 접수, 처리 및 내용의 조사, 소속 기관장의 위반행위를 발견한 경우 법원 또는 수사기관에 통보하여 업무를 수행한다.
　이때 법 제20조의 청탁방지담당관은 금품 등 수수 금지에 관한 내용의 상담 등의 업무를 수행하도록 규정하고 있다.
　공직자 등이 직무관련자로부터 청탁을 받거나 선물을 수수하는 경우 공정한 직무수행에 영향을 미치므로 부정청탁 해당 여부 및 선물 수수 가능 여부에 대해 청탁방지담당관과 상담이 필요하다.
　이때 청탁방지담당관의 상담은 단순한 자문요청에서 금품 등의 자진신고로 진행될 수 있으므로 상담자의 신분이나 인적사항 등에 대한 비밀은 신고자에 준해 철저하게 보호하여야 한다.

Chapter 7 징계와 벌칙에 대하여

1 징계의 의미

> 제21조(징계) 공공기관의 장 등은 공직자 등이 이 법 또는 이 법에 따른 명령을 위반한 경우에는 징계처분을 하여야 한다.

공공기관의 장 등은 이 법 또는 이 법에 따른 명령을 위반한 공직자 등에게 징계처분을 해야 한다. 이는 공직자 등에게 징계사유가 발생하면 반드시 징계의결을 요구해야 하고 징계의결 결과에 따라 징계처분을 해야 한다는 의미이다.

공공기관의 장 등은 이 법을 위반하여 제재(형벌 또는 과태료)를 받은 공직자 등에게 의무적으로 징계처분을 해야 하는데, 공무원에게 징계사유가 인정되는 이상 관련된 형사사건이 아직 유죄로 확정되지 아니하였다고 하더라도 징계처분 가능(대법원 2001. 11. 9. 선고 2001두4184 판결)하다는 대법원 판례가 있기도 하다.

'직접 자신을 위하여 하는 부정청탁'도 과태료 부과 대상은 아니지만 이 법(제5조)을 위반한 경우이므로 공직자 등이 직접 부정청탁을 한 경우 징계 대상에 해당된다.

그리고 금품 등을 수수한 후 지체 없이 신고하거나 반환·인도한 경우, 외부강의 등 초과사례금을 수수한 후 신고 및 지체 없이 반환한 경우 이 법을 위반한 것이 아니라 이 법에 따라 처리한 것이므로 제재대상 뿐만 아니라 징계대상에서도 제외된다.

2 벌칙의 의미

제22조(벌칙) ① 다음 각 호의 어느 하나에 해당하는 자는 3년 이하의 징역 또는 3천만 원 이하의 벌금에 처한다.
1. 제8조제1항을 위반한 공직자 등(제11조에 따라 준용되는 공무수행사인을 포함한다). 다만, 제9조제1항·제2항 또는 제6항에 따라 신고하거나 그 수수 금지 금품 등을 반환 또는 인도하거나 거부의 의사를 표시한 공직자 등은 제외한다.
2. 자신의 배우자가 제8조제4항을 위반하여 같은 조 제1항에 따른 수수 금지 금품 등을 받거나 요구하거나 제공받기로 약속한 사실을 알고도 제9조제1항제2호 또는 같은 조 제6항에 따라 신고하지 아니한 공직자 등(제11조에 따라 준용되는 공무수행사인을 포함한다). 다만, 공직자 등 또는 배우자가 제9조제2항에 따라 수수 금지 금품 등을 반환또는 인도하거나 거부의 의사를 표시한 경우는 제외한다.
3. 제8조제5항을 위반하여 같은 조 제1항에 따른 수수 금지 금품 등을 공직자 등(제11조에 따라 준용되는 공무수행사인을 포함한다) 또는 그 배우자에게 제공하거나 그 제공의 약속 또는 의사표시를 한 자
4. 제15조제4항에 따라 준용되는 「공익신고자 보호법」 제12조제1항을 위반하여 신고자 등의 인적사항이나 신고자 등임을 미루어 알 수 있는 사실을 다른 사람에게 알려주거나 공개 또는 보도한 자
5. 제18조를 위반하여 그 업무처리 과정에서 알게 된 비밀을 누설한 공직자 등

② 다음 각 호의 어느 하나에 해당하는 자는 2년 이하의 징역 또는 2천만 원 이하의 벌금에 처한다.
1. 제6조를 위반하여 부정청탁을 받고 그에 따라 직무를 수행한 공직자 등(제11조에 따라 준용되는 공무수행사인을 포함한다)
2. 제15조제2항을 위반하여 신고자 등에게「공익신고자 보호법」제2조제6호가목에 해당하는 불이익조치를 한 자
3. 제15조제4항에 따라 준용되는「공익신고자 보호법」제21조제2항에 따라 확정되거나 행정소송을 제기하여 확정된 보호조치결정을 이행하지 아니한 자
③ 다음 각 호의 어느 하나에 해당하는 자는 1년 이하의 징역 또는 1천만 원 이하의 벌금에 처한다.
1. 제15조제1항을 위반하여 신고 등을 방해하거나 신고 등을 취소하도록 강요한 자
2. 제15조제2항을 위반하여 신고자등에게「공익신고자 보호법」제2조제6호나목부터 사목까지의 어느 하나에 해당하는 불이익조치를 한 자
④ 제1항제1호부터 제3호까지의 규정에 따른 금품 등은 몰수한다. 다만, 그 금품 등의 전부 또는 일부를 몰수하는 것이 불가능한 경우에는 그 가액을 추징한다.
제23조(과태료 부과) ① 다음 각 호의 어느 하나에 해당하는 자에게는 3천만 원 이하의 과태료를 부과한다.
1. 제5조제1항을 위반하여 제3자를 위하여 다른 공직자 등(제11조에 따라 준용되는 공무수행사인을 포함한다)에게 부정청탁을 한 공직자 등(제11조에 따라 준용되는 공무수행사인을 포함한다). 다만,「형법」등 다른 법률에 따라 형사처벌을 받은 경우에는 과태료를 부과하지 아니하며, 과태료를 부과한 후 형사처벌을 받은 경우에는 그 과태료부과를 취소한다.
2. 제15조제4항에 따라 준용되는「공익신고자 보호법」제19조제2항

및 제3항(같은 법 제22조제3항에 따라 준용되는 경우를 포함한다)을 위반하여 자료 제출, 출석, 진술서의 제출을 거부한 자
② 제5조제1항을 위반하여 제3자를 위하여 공직자 등(제11조에 따라 준용되는 공무수행사인을 포함한다)에게 부정청탁을 한 자(제1항제1호에 해당하는 자는 제외한다)에게는 2천만 원 이하의 과태료를 부과한다. 다만, 「형법」 등 다른 법률에 따라 형사처벌을 받은 경우에는 과태료를 부과하지 아니하며, 과태료를 부과한 후 형사처벌을 받은 경우에는 그 과태료 부과를 취소한다.
③ 제5조제1항을 위반하여 제3자를 통하여 공직자 등(제11조에 따라 준용되는 공무수행사인을 포함한다)에게 부정청탁을 한 자(제1항제1호 및 제2항에 해당하는 자는 제외한다)에게는 1천만 원 이하의 과태료를 부과한다. 다만, 「형법」 등 다른 법률에 따라 형사처벌을 받은 경우에는 과태료를 부과하지 아니하며, 과태료를 부과한 후 형사처벌을 받은 경우에는 그 과태료 부과를 취소한다.
④ 제10조제5항에 따른 신고 및 반환 조치를 하지 아니한 공직자 등에게는 500만 원 이하의 과태료를 부과한다.
⑤ 다음 각 호의 어느 하나에 해당하는 자에게는 그 위반행위와 관련된 금품 등 가액의 2배 이상 5배 이하에 상당하는 금액의 과태료를 부과한다. 다만, 제22조제1항제1호부터 제3호까지의 규정이나 「형법」 등 다른 법률에 따라 형사처벌(몰수나 추징을 당한 경우를 포함한다)을 받은 경우에는 과태료를 부과하지 아니하며, 과태료를 부과한 후 형사처벌을 받은 경우에는 그 과태료 부과를 취소한다.
1. 제8조제2항을 위반한 공직자 등(제11조에 따라 준용되는 공무수행사인을 포함한다). 다만, 제9조제1항 · 제2항 또는 제6항에 따라 신고하거나 그 수수 금지 금품 등을 반환 또는 인도하거나 거부의 의사를 표시한 공직자 등은 제외한다.
2. 자신의 배우자가 제8조제4항을 위반하여 같은 조 제2항에 따른 수수 금지 금품 등을 받거나 요구하거나 제공받기로 약속한 사실을 알

고도 제9조제1항제2호 또는 같은 조 제6항에 따라 신고하지 아니한 공직자 등(제11조에 따라 준용되는 공무수행사인을 포함한다). 다만, 공직자 등 또는 배우자가 제9조제2항에 따라 수수 금지 금품 등을 반환 또는 인도하거나 거부의 의사를 표시한 경우는 제외한다.
3. 제8조제5항을 위반하여 같은 조 제2항에 따른 수수 금지 금품 등을 공직자 등(제11조에 따라 준용되는 공무수행사인을 포함한다) 또는 그 배우자에게 제공하거나 그 제공의 약속 또는 의사표시를 한 자
⑥ 제1항부터 제5항까지의 규정에도 불구하고 「국가공무원법」, 「지방공무원법」 등 다른 법률에 따라 징계부가금 부과의 의결이 있은 후에는 과태료를 부과하지 아니하며, 과태료가 부과된 후에는 징계부가금 부과의 의결을 하지 아니한다.

3 과태료 부과 통보

제23조(과태료 부과) ⑦ 소속기관장은 제1항부터 제5항까지의 과태료 부과 대상자에 대해서는 그 위반 사실을 「비송사건절차법」에 따른 과태료 재판 관할법원에 통보하여야 한다.

조사기관은 신고를 받거나 이첩 받은 경우 그 내용에 관하여 필요한 조사 등을 하여 과태료 부과 대상인 경우 소속기관에 통보하여야 한다. 국민권익위원회는 신고내용을 확인하여 과태료 부과대상에 해당한다고 인정되는 경우 소속기관에 이첩하고, 소속기관장은 과태료 부과 대상자에 대해서는 그 위반 사실을 과태료 재판 관할법원

에 통보하여야 한다. 위반사실을 통보받은 관할법원은 비송사건절차법에 따라 재판(결정)의 형식으로 과태료를 부과한다.

　소속기관장은 위반행위를 한 소속 공직자 등뿐만 아니라 부정청탁을 하거나 금품 등을 제공한 민간인에게도 통보할 수 있다. 부정청탁을 하거나 금품 등을 제공한 자가 공직자 등에 해당하는 경우 다른 공공기관 소속 공직자 등에 대해서도 통보할 수 있다.

4 과태료 부과 취소

제23조(과태료 부과) ① 다음 각 호의 어느 하나에 해당하는 자에게는 3천만 원 이하의 과태료를 부과한다.
1. 제5조제1항을 위반하여 제3자를 위하여 다른 공직자 등(제11조에 따라 준용되는 공무수행사인을 포함한다)에게 부정청탁을 한 공직자 등(제11조에 따라 준용되는 공무수행사인을 포함한다). 다만, 「형법」 등 다른 법률에 따라 형사처벌을 받은 경우에는 과태료를 부과하지 아니하며, 과태료를 부과한 후 형사처벌을 받은 경우에는 그 과태료부과를 취소한다.
② 제5조제1항을 위반하여 제3자를 위하여 공직자 등(제11조에 따라 준용되는 공무수행사인을 포함한다)에게 부정청탁을 한 자(제1항제1호에 해당하는 자는 제외한다)에게는 2천만 원 이하의 과태료를 부과한다. 다만, 「형법」 등 다른 법률에 따라 형사처벌을 받은 경우에는 과태료를 부과하지 아니하며, 과태료를 부과한 후 형사처벌을 받은 경우에는 그 과태료 부과를 취소한다.
③ 제5조제1항을 위반하여 제3자를 통하여 공직자 등(제11조에 따라 준용되는 공무수행사인을 포함한다)에게 부정청탁을 한 자(제1항제1

호 및 제2항에 해당하는 자는 제외한다)에게는 1천만 원 이하의 과태료를 부과한다. 다만, 「형법」 등 다른 법률에 따라 형사처벌을 받은 경우에는 과태료를 부과하지 아니하며, 과태료를 부과한 후 형사처벌을 받은 경우에는 그 과태료 부과를 취소한다.
⑤ 다음 각 호의 어느 하나에 해당하는 자에게는 그 위반행위와 관련된 금품 등 가액의 2배 이상 5배 이하에 상당하는 금액의 과태료를 부과한다. 다만, 제22조제1항제1호부터 제3호까지의 규정이나 「형법」 등 다른 법률에 따라 형사처벌(몰수나 추징을 당한 경우를 포함한다)을 받은 경우에는 과태료를 부과하지 아니하며, 과태료를 부과한 후 형사처벌을 받은 경우에는 그 과태료 부과를 취소한다.

  과태료를 부과 받은 사안에 대하여 「형법」 등 다른 법률이나 청탁금지법에 따라 다시 형사처벌할 수 있다. 형사처벌과 과태료는 목적 내용 등이 상이하여 하나의 행위에 대하여 병과하더라도 일사부재리의 원칙에 반하지 않는다. 예를 들어 100만 원 이하 금품 수수를 이유로 과태료가 부과된 후 대가성이 밝혀져 「형법」에 따라 형사처벌을 받거나 회계연도 300만 원 초과 금품을 받은 사실이 드러나 형사처벌을 받은 경우 등이 있을 수 있다.
  과태료 부과 전 「형법」 등 다른 법률에 따라 형사처벌을 받은 경우 과태료를 부과하지 않는다. 과태료를 부과한 후 「형법」 등 다른 법률에 따라 형사처벌을 받은 경우 과태료 부과를 취소한다. 이때 과태료를 부과한 후란 '과태료 재판이 확정된 경우'를 의미하며, 과태료 재판이 확정된 후에도 형법 등 다른 법률에 따라 형사처벌을 받은 경우 청탁금지법상 과태료 부과 취소규정을 근거로 과태료 부과가 취소될 수 있다.

5 양벌규정

제24조(양벌규정) 법인 또는 단체의 대표자나 법인·단체 또는 개인의 대리인, 사용인, 그 밖의 종업원이 그 법인·단체 또는 개인의 업무에 관하여 제22조제1항제3호[금품 등의 제공자가 공직자 등(제11조에 따라 제8조가 준용되는 공무수행사인을 포함한다)인 경우는 제외한다], 제23조제2항, 제23조제3항 또는 제23조제5항제3호[금품 등의 제공자가 공직자 등(제11조에 따라 제8조가 준용되는 공무수행사인을 포함한다)인 경우는 제외한다]의 위반행위를 하면 그 행위자를 벌하는 외에 그 법인·단체 또는 개인에게도 해당 조문의 벌금 또는 과태료를 과한다. 다만, 법인·단체 또는 개인이 그 위반행위를 방지하기 위하여 해당 업무에 관하여 상당한 주의와 감독을 게을리하지 아니한 경우에는 그러하지 아니하다.

1 양벌규정과 적용 제외

종업원이 업무에 관하여 위반행위를 하면 양벌규정(법 제24조)에 따라 그 행위자를 벌하는 것 외에 사업주(개인, 단체 및 법인 포함)도 제재한다. 다만, 금품 등의 제공자가 공직자 등인 경우 양벌규정을 적용하는 것에서 제외된다.

금품 등을 수수한 자가 공직자 등인 경우에는 양벌규정을 적용하는 것이 가능하나, 소속 공공기관의 지위에 따라 개별적 판단 필요한 문제이다. 국가기관의 경우 과태료 부과 징수 주체이므로 국가기관을 상대로 과태료를 부과할 수 없고 행위자 개인에게만 부과할 수 있다. 다만, 지방자치단체의 경우 기관위임사무를 처리하는 경우 국가기관의 일부이므로 과태료를 부과할 수 없으나 자치사무를 처리하는 경우에는 지방자치단체를 상대로 과태료를 부과할 수 있다는 대법원 판례가 있다(대법원 2009. 6. 11. 2008도6530 판결).

2 양벌규정의 법인 면책사유(상당한 주의와 감독)

1) 면책사유

종업원이 업무에 관하여 위반행위를 하면 양벌규정(법 제24조)에 따라 그 행위자를 벌하는 외에 사업주(개인 및 법인 포함)도 제재한다. 다만, 사업주가 그 위반행위를 방지하기 위하여 해당 업무에 관하여 상당한 주의와 감독을 게을리하지 아니한 경우에는 면책될 수 있다.

최근 기업의 거대화에 따른 분산된 운영과 의사결정, 복잡한 재무구조 및 회계 관행에 비추어 법인에 대해 책임을 묻는 것은 위반행위 억제효과가 있다고 볼 수 있다. 다만, 형벌의 책임주의에 따라 종업원의 위반행위의 방지를 위한 사업주의 관리감독상 과실이 있는 경우에만 양벌규정이 적용 가능하다. 여기서 사업주가 종업원의 위반행위를 방지하기 위하여 어느 정도의 주의와 감독을 다해야 면책될 수 있는지가 문제될 수 있다.

2) 상당한 주의와 감독의 판단기준

청탁금지법상 사업주의 위반행위 방지를 위한 상당한 주의와 감독 의무의 판단기준은 향후 판례를 통해 형성할 필요가 있다. 다른 법령상의 양벌규정과 관련하여 기존 판례는 상당한 주의와 감독 의무를 다했는지는 위반행위와 관련된 모든 사정을 종합하여 판단해야 한다고 판시하고 있다. 이때 위반행위와 관련된 모든 사정에는 당해 법률의 입법 취지, 처벌조항 위반으로 예상되는 법익 침해의 정도, 그 위반행위에 관하여 양벌조항을 마련한 취지, 위반행위의 구체적인 모습과 실제 야기된 피해 또는 결과의 정도, 법인의 영업 규모, 행위자에 대한 감독가능성 또는 구체적인 지휘감독 관계, 법인이 위반행위 방지를 위하여 실제 행한 조치 등이 있다.

효과적인 부패방지컴플라이언스를 운용하는 경우 상당한 주의 감독 의무 이행 여부 판단에 있어 하나의 고려사항이 될 수 있다.

3 법 제24조(양벌규정)와 질서위반행위규제법 제11조의 관계

청탁금지법 제24조(양벌규정)에서 행위자인 종업원 외에 사업주인 법인도 형사처벌 및 과태료를 부과하도록 규정하고 있다. 법인 자체는 실제 위반행위를 할 수 없으므로 원칙적으로 법인에 대해 과태료 부과 또는 형사처벌은 불가능하지만, 법인의 업무에 관하여 위반행위를 한 임직원 외에 법인도 처벌한다는 양벌규정이 있는 경우 법인도 제재가 가능하다.

「질서위반행위규제법」제11조에서는 종업원이 법인에게 부과된 법률상 의무를 위반한 경우 법인에게만 과태료 부과하도록 규정하고 있다. 하지만 「질서위반행위규제법」제11조가 적용되면 법인만 과태료 부과 대상에 해당하고 실제 위반행위를 한 종업원은 제외되는 문제가 있다. 이때 청탁금지법상 종업원의 위반행위에 대해서는 「질서위반행위규제법」제11조가 적용되지 않으므로 종업원은 개별 벌칙조항에 따라 과태료 부과하게 된다. 질서위반행위규제법 제11조는 법인에게 부과된 법률상의 의무를 종업원이 위반한 경우에 적용되는데, 부정청탁 및 금품 등 제공 금지의무는 자연인인 종업원에게 부과된 의무이다.

> **청탁금지법**
>
> 제5조제1항(부정청탁의 금지)과 제8조제5항(금품 등 수수의 금지)의 주체인 '누구든지'에 자연인(종업원)만 포함되고 법인(사업주)는 포함되지 않음

청탁금지법 제24조의 양벌규정은 입법목적의 달성을 위해 행위자와 법인 모두를 처벌하는 특별규정이라고 할 수 있다.

결국, 법인 소속 임직원이 업무와 관련하여 과태료 부과 대상에

해당하는 청탁금지법 위반행위를 한 경우 종업원은 부정청탁 및 금품 등 제공 금지의무를 위반하였으므로 개별 벌칙 조항에 따라 과태료 부과 대상이 되고, 법인은 양벌규정(법 제24조)에 따라 종업원의 위반행위를 방지하기 위한 상당한 주의 감독을 다하지 않은 이상 과태료 부과 대상이 된다.

1) 제재대상자

금지규정(구성요건)을 위반한 자는 형사처벌 또는 과태료 부과 대상이 된다. 제3자를 위하여 또는 제3자를 통하여 부정청탁을 한 자는 과태료 부과 대상이며, 공직자 등에게 수수 금지 금품 등을 제공한 자는 형사처벌 또는 과태료 부과 대상이다.

청탁금지법

제22조(벌칙) ① 다음 각 호의 어느 하나에 해당하는 자는 3년 이하의 징역 또는 3천만 원 이하의 벌금에 처한다.
3. 제8조제5항을 위반하여 같은 조 제1항에 따른 수수 금지 금품 등을 공직자 등(제11조에 따라 준용되는 공무수행사인을 포함한다) 또는 그 배우자에게 제공하거나 그 제공의 약속 또는 의사표시를 한 자
제23조(과태료 부과) ② 제5조제1항을 위반하여 제3자를 위하여 공직자 등(제11조에 따라 준용되는 공무수행사인을 포함한다)에게 부정청탁을 한 자(제1항제1호에 해당하는 자는 제외한다)에게는 2천만 원 이하의 과태료를 부과한다. 〈단서 생략〉

법인 소속 임직원이 업무와 관련하여 과태료 부과 대상에 해당하는 청탁금지법 위반행위를 한 경우 종업원은 부정청탁 및 금품 등 제공 금지의무를 위반하였으므로 개별 벌칙 조항에 따라 과태료 부과 대상이 된다. 법인은 양벌규정(법 제24조)에 따라 종업원의 위반행위를 방지하기 위한 상당한 주의 감독을 다하지 않은 이상 과태료 부과 대상이 된다.

2) 관련 쟁점

법인 소속 임직원의 청탁이 제3자를 위한 청탁인지 여부가 문제된다. 과태료 부과 대상에서 제외되는 '직접 자신을 위하여 하는 부정청탁'이란 청탁행위에 따른 법적 효과(이익·불이익)가 직접 청탁행위자 자신에게 귀속되는 경우를 의미한다. 법인과 임직원은 별개의 독립된 권리의무의 주체이고 임직원의 업무 관련 청탁은 법인을 위한 것으로 결국 그 효과도 법인에게 귀속되므로 제3자를 위한 청탁에 해당된다.

또한 법인 관련 청탁의 동일한 부정청탁 판단기준에 대해서도 논란이 있을 수 있는데, 동일한 부정청탁인지는 '신고의무가 부과되는 공직자 등을 기준'으로 부정청탁내용의 본질적 동일성 여부로 판단한다. 선량한 공직자 등을 보호하기 위해 신고절차를 마련한 취지에 따라 동일한 부정청탁의 범위를 공직자 등의 입장에서 설정한 것이다. 여러 명의 법인 소속 임직원이 업무와 관련하여 동일한 내용으로 부정청탁을 한 경우 신고의무가 발생하는 동일한 부정청탁에 해당한다.

　마지막으로 법인이 금품 등의 제공자에 해당하는지 여부가 문제가 될 수 있다. 동일인에 자연인 외에 실제 금품 등 제공행위를 할 수 있는 능력, 즉 범죄행위 능력이 없는 법인이 포함되는지 문제가 되는데, 동일인 여부는 금품 등을 직접 제공한 사람이 누구인지 형식적으로 판단할 것이 아니라 '실제 제공자'가 누구인지를 기준으로 판단한다. 또한, '동일인'은 금품 등의 출처(Source)가 어디인지 또는 누구인지의 문제가 되는데, 금품 등의 제공의 경우 출처가 중요하므로 '동일인'에는 자연인뿐만 아니라 원칙적으로 법인도 포함될 수 있다. 다만, 금품 등 제공 금지의무가 부과된 법 제8조제5항의 '누구든지'는 제공자에 대한 규정이므로 임직원(자연인) 외에 법인은 제외된다. 법인은 그 소속 임직원이 업무에 관하여 위반행위를 한 경우 법 제24조의 양벌규정에 따라 벌금 또는 과태료 부과 대상이 되지만, 종업원의 위반행위를 방지하기 위한 상당한 주의 감독을 게을리 하지 않았으면 면책을 받는다.

민원제목

2016년도『부정청탁 및 금품등 수수의 금지에 관한 법률』해설집 · 매뉴얼 · 각종 사례 책자 수록 승인 요청

정보 처리기관 국민권익위원회 사무처 부패방지국 청렴총괄과
담당자(044-200-7707)
민원인 지영환 신청번호 1AA-1608-033513
접수일 2016-08-05 11:01:55
처리기관 접수번호 2AA-1608-089489
답변일 2016-08-31 20:47:11
처리결과(답변내용)

1. 부패방지 및 청렴한 공직사회 조성을 위해 관심을 가져 주시고 의견을 주신데 대해 깊이 감사드립니다.
2. 귀하께서는 국민권익위에서 발행한『부정청탁 및 금품등 수수의 금지에 관한 법률』(이하 청탁금지법) 해설집을『감찰론』에 수록하여 발행하는 것에 대해 승인을 요청하신 것으로 판단됩니다.
3. 우리 위원회에서 제작하여 위원회 홈페이지에 게시한 청탁금지법 해설집은 공익목적으로 배포하기 위하여 국가가 업무상 작성·공표한 저작물에 해당되며 인쇄계약 체결 시 저작권이 전부 우리 위원회에 귀속되어 허락 없이 이용 가능한 국가 보유 저작물에 해당합니다.『저작권법』제24조의2(공공저작물의 자유이용) 제1항에 따라 허락없이 이용이 가능하며,『공공데이터의 제공 및 이용 활성화에 관한 법률』제26조 제1항에 따라 공공데이터를 이용하고자 하는 자는 소관 공공기관이나 공공데이터 포털에서 제공받을 수 있습니다. 따라서 귀하께서 청탁금지법 해설집을 책자발행에 수록하여 활용하고자 함에 대해 우리 위원회가 거부할 법적 근거는 없습니다. 다만, 청탁금지법의 입법취지 및 공직사회의 청렴문화 선도에 미치는 영향력 등을 고려하여 공익적 목적을 위해 사용하여 주시기를 바랍니다.
4. 청렴한 국가를 만들기 위해 관심을 가져 주시고 의견을 주신 귀하께 감사의 말씀을 드리며, 더 궁금하신 사항이 있으면 우리 위원회 청탁금지법 시행령 제정 T/F팀(☎044-200-7707)에 전화주시기 바랍니다. 감사합니다. 끝.

3부

공무원범죄를 줄이기 위해

법령 및 제도의 개선방안

1 법령은 어떻게 바뀌어야 하는가

1 직권남용죄

직권남용죄는 근대국가의 성립 이후에 국가시민의 민주적 권리라는 관점에서 형법적 규율의 대상으로 등장·제정된 것이지만, 상당기간 동안 직권남용죄의 형기가 대단히 가벼웠고, 실무상으로도 이를 관대하게 취급하는 경향이 지배적이었던 것은 전통적인 관존민비사상을 반영한 것으로서 권위주의국가 시대에 국민 위에 군림하던 공직자 상과도 일치하는 것이었다. 공무원의 직권남용은 공무원의 성실의무, 친절·공정의무에 반할 뿐 아니라 부패와도 직결될 소지가 많기 때문에 이를 방지할 필요가 있다는 관점에서 현행 형법이 이를 특별히 강화한 것이라는 점이 충분히 본죄의 해석, 적용 현실에 반영되지 않고 있다는 의심을 지울 수 없다.

즉 '직무범위'를 해석함에 있어서도 외관상으로 공무원의 직무와 전혀 상관이 없는 사항은 제외되겠지만, 공식적인 직무권한 외에 일반적인 행정감독 및 지시권한을 갖고 있는 한 법률상의 직무권한이나 일반적인 업무지시에 의한 관할권 범위 밖의 사항 또는 본래의 직권사항 이외의 부수적인 사항이라도 사실상 직무의 영향력이 미칠 수 있는 사항인 한 그 대상이 될 수 있는 것으로 보아야 하며, 적법한 행위를 추진하면서 부당한 목적, 부당한 방법으로 타인의 권리행사를 방해한 때에도 직권남용에 해당한다고 보아야 한다. 그리고 '권리행사의 방해'의 판단에 있어서도 구체화된 권리에 대한 현실적인 방해의 결과가 있어야 할 것을 요하는 것은 지나치게 제한적인 해석이며, 구체적이거나, 상당한 장애가 발생되었다면 본죄의 성립을 인정하여야 한다. 예를 들어, 당사자가 특정한 사업을 신청할 충분한 법적 요건을 갖추고 신청하였음에도 이러저러한 불합리한 이유를 들어 허가를 늦추다가 2~3년을 끈 뒤에 결국 원래의 신청 그대로 허가해 주었다 면, '권리행사방해'가 성립하는 것으로 공무원범죄에 대하여 엄격하게 해석하여야 한다는 의미이다.

이러한 점은 현행 형법 제7장의 공무원의 직무에 관한 죄 가운데 미수를 처벌하는 죄는 제124조 불법체포, 불법감금죄밖에 없다는 점에서도 그러하다. 뇌물죄는 그 구성요건 표지에 사실상 미수, 예비에 해당하는 표지를 가지고 있으므로 별도로 미수범의 처벌 여부를 논의할 실익이 없지만, 다른 범죄들은 구체적 위험범으로 해석하지 않으면, 미수에 해당하는 경우의 처벌의 공백이 발생하기 때문이다.

2 직무유기

앞서 검토한 바와 같이 직무유기죄의 대상이 되는 행위는 상당 부분 공무원이 국가공무원법에 의하여 특별히 지는 성실의무(제56조), 복종의무(제57조), 직장이탈금지의무(제58조 제1항) 등에 위배하여 직무를 태만히 하였을 때는 국가공무원법에 다른 징계조치를 받게 된다(제78조)는 점에서 본죄에 대하여 '특별권력관계에 기초한 행정법상의 징계책임만으로도 충분한 제재효과가 예상되는 행위임에도 형법상의 불법행위로까지 규정한 것은 보충성의 원칙에서 볼 때 법치국가적 한계를 넘는 것'이라는 비판도 있으나, 이러한 주장은 우리나라의 현실에 비추어 타당하지 못하다고 판단된다. 또한 이러한 비판은 '징계처분'이 '충분한 제재'가 된다고 하나, 공무원의 의무위반의 양태는 다양하기 때문에 징계처분만으로는 '불충분'한 경우가 존재한다. 또한 현실적으로도 행정법상의 징계처분은 부패의 고리가 상하공무원 사이에 먹이사슬처럼 얽혀있는 우리나라 공직사회의 현실에서 실효성 있는 제재수단이라고 보기 어렵다. 현행법상의 공무원 징계제도는 동일 부처 내에서 장기간 근무하면서 상하 간에 서로 갖가지 관계를 맺고 있는 조직체 자체에 그 구성원의 징계를 전적으로 내맡겨둔 상황이기 때문이다.

이러한 점에서 직무유기죄를 국가공무원법상 공무원이 지켜야 할 공무원의 행위규범을 적극적 일반예방의 차원에서 형법적 금지규범의 차원으로까지 끌어올린 것으로 오랫동안 국민에게 지배자로 군림해 왔던 공직자들을 국민에 대한 봉사자의 자리에까지 낮추었다는 의의를 중심으로 적극적으로 적용해야 할 필요가 있다. 특히 헌법적으로는 '민주'주의 국가였으나, 과거 상당기간 동안 '국가권력자' 중심의 권위주의 정부를 경험한 우리로서는 여전히 존재의 필요성을 느끼고 있는 것이다. 이러한 점에서 공무원의 성실의무를 법령을 어기지 않는 것, 즉 법령의 단순한 준수뿐만 아니라, 최선을 다할 것을 요구하는 것으로 파악하여야 한다. 또한 공무원은 직무수행에 있어 무엇이 국리민복인가에 대해 늘 적극적으로 사고하면서 직무를 수행해야 할 뿐만 아니라 일정한 재량행위를 할 때에는 특히 자기행위에 대한 합법성과 합목적성까지도 고려해야 하는 것으로 해석할 필요가 있다.

본죄가 기본적으로는 이러한 성실의무 위반을 대상으로 하는 것이지만, 단순한 공무원의 직무상의 의무위반으로서 행정상의 징계처분으로 충분한 성실의무 위반까지도 형벌로서 처벌하려는 것이라면 법치국가형법의 보충성의 원칙에 반할 것이다. 본죄의 존재이유는 징계대상 정도에 머무는 모든 직무상의 불성실·태만을 통제하려는 것이 아니라 불법과 책임비난의 정도가 높은 강화된 법익침해에 대해서 형벌로 대응하려는 것이다. 형법적 통제의 대상은 단순한 징계법적 규율의 대상보다 비난의 정도가 높은 범죄의 성격을 필요로 하기 때문이다. 예를 들어, 환자의 생명이 위급한 응급상황에서 신고를 받은 구급대원이 제 시간에 현장에 출동할 수 있었음에도 사적인 용무 때문에 그렇게 하지 않아서 환자가 사망한 경우에, 차라리 신고를 접수하지 않았더라면 다른 구조수단을 통해 환자의 생명을 살릴 수 있었던 경우라고 한다면, 형법이론적으로는 '부작위에 의한 살인죄'의 성립여부까지도 검토해 볼 수 있는 사안인데, 이를 단순한 '직무태만'이라는 행정법상 징계처분으로 징계하는 것이 '충분'한 처벌이 된다고 보기는 힘들기 때문이다.

그런데 반대로 공무원법상 징계처분이 본죄를 비롯한 공무원범죄의 성립을 방해하는 요소로 고려되어서는 안 된다. 즉 본죄에 해당하는 행위는 원칙적으로 공무원법상의 징계요건에 해당하므로 본죄에 의한 처벌 외에 공무원법상 징계처분을 받게 되는 것이 당연한 것이고, 징계처분을 이유로 직무범죄의 성립을 어렵게 하거나, 이를 불기소처분, 양형사유로 해석하여서는 안 된다.

3 뇌물죄

많은 부분에서 느끼게 되는 것은 동양에서는 뇌물에 대한 개념을 범죄로 인식하기보다는 오히려 관료가 자기에게 유리한 어떤 편의를 보아주는 대가로 사례하는 것은 당연한 관례라고 생각하는 사고가 뿌리깊고, 이러한 사고는 규범 가운데 법과 윤리·도덕의 구별을 동일시하려는 것으로 이해된다. 이미 국가, 공무원, 공무 개념 자체가 변화하였기 때문이다. 일반적으로 형법 학계는 형법과 형사특별법으로 분류되는 법령 안에서 그것들을 해석하고 비평하는 데에 익숙하다. 그러나 실제의 형사법령들은 무수한 개별 행정법규 안에도 은폐되어 있으므로 이러한 현실적 상황도 형법이론에 반영하여야 할 필요가 있다고 본다. 나아가 요사이 제기되는 '민간부패'의 문제도 고려한 형법적 검토가 필요할 것으로 판단된다. 예를 들면, 상법 제7장의 특별배임죄, 특별독직죄 등도 적극적으로 검토되어야 한다.

반면에 우리나라의 법제는 미국과 달리 대가를 전제로 활동하는 '로비스트'활동을 불법적인 것으로 파악하고 있어 정당한 로비활동 마저도 불법적, 음성적으로 인식되는 점도 부정할 수는 없을 것이다. 이와 관련하여 특가법 제3조의 알선수재죄도 입법 당시부터 공무원 개념에 포섭될 수 없는 '정치인', 혹은 '실력자'들의 수뢰 행위를 처벌하기 위해 도입된 규정이라고 할 수 있지만, 이러한 입법목적에 지나치게 충실한 나머지 형법규범이 가져야 할 명확성 원칙에 정면으로 위배되고 있다.

오늘날과 같이 확대된 현대국가 상황에서 '공무원의 직무'에 해당하지 않는 일은 거의 없다고 해도 과언이 아니다. 지극히 개인적인 분쟁 이외에 거의 모든 사무가 직접·간접적 공무원의 직무에 관련되어 있는데, 변호사법 제111조와의 경합관계문제를 별론으로 하더라도, 행위 주체에 대한 제한이나 수재액의 제한도 없이 규정되어 있는 동 규정은 지나치게 넓은 적용영역을 가지고 있어서, 오히려 그 적용 가능성이 제한되어 있다고 할 수 있다. 따라서 이러한 규정들은 과감하게 폐지를 검토할 필요도 있다고 판단된다. 다음으로 뇌물죄의 몰수와 추징에 대해서도 '공무원범죄에관한몰수특례법'

에서처럼 몰수나 추징을 피하기 위한 재산도피행위를 사전에 차단하기 위하여 기소 전·현직 검사가 법원에 보전절차를 신청할 수 있는 제도를 두어야 한다.

4 법 왜곡죄의 신설 필요성

현행 형법상 공무원범죄에 대한 대응체계에서도 살펴보았듯이 현행 형법은 특수공무원범죄의 일반적인 직권남용을 규제하고 있지 않아, 특수공무원이 그 직무를 수행함에 있어 필요로 하는 법적 절차를 이행하지 않거나, 또는 공무원이 직무수행을 함에 있어서 태만, 착오 등으로 이를 성실하게 수행하지 아니한 경우 등은 직무유기죄에도 직권남용죄의 어느 행위태양에도 포함된다고 볼 수 없다. 이처럼 행위태양에 대하여는 효과적인 법적 대응이 불충분한 상태이다.

형법상 규정된 불법체포·감금, 폭행·가혹행위 이외에 특수공무원의 직권남용의 전형적인 행위태양은 법왜곡에 의한 직권남용으로써, 위법수사나 부당한 기소 혹은 부당한 판결이나 결정 및 그 판결에 기한 법집행 등 법률남용행위로 귀결된다. 특수공무원의 직권남용의 본질인 법률남용 내지 법률 왜곡이란 특수공무원이 공무상 부과된 법률상의 의무를 침해하는 것으로서 소송절차 과정에서 이루어진다는 특성이 있다. 비교법적 고찰에 의하더라도 이미 다수의 외국 형법전에서는 특수공무원의 법적용남용 시에 법률왜곡죄를 규정하고 있으며, 그 외에 특수공무원의 부당한 위법수사나 소추 등도 독립된 범죄로 규정하여 처벌하거나, 상당수의 나라에서는 특별구성요건을 부여하는 대신 공무원의 직권남용죄를 포괄적으로 규정한다.

또한 법관, 검사 등 특수공무원의 모든 위법한 행위에 대처하고 있으며, 또 민주화가 진행되어 오는 동안 수사기관과 사법부에 대한 불신을 우려하는 굵직굵직한 사례들을 살펴볼 때 우리 형법에도 시급한 도입이 필요하다고 본다. 즉 법관의 오판, 무고한 사람에 대한 수사기관이 부당한 구속수사나 공소제기 등이 적지 않고, 특수공무원의 이러한 위법한 행태에 대한 강한 대처가 없다면 근절될 수 없고 법 선진국으로 나아 갈 수 없다는 점에서 특수공무원의 법 왜곡에 의한 직권남용을 독립된 범죄로 규정해야 할 것이다.

한편, 특수공무원의 직권남용에 대하여 각 국가는 독립된 구성요건으로 또는 포괄적으로 규정하여 서로 상이한 방법으로 규제를 하고 있으나, 수사나 소송의 적정을 기해 인권을 보장하고 또한 형법의 명확성과 안전성의 요청상 법관이나 수사기관의 법률왜곡행위를 독립된 범죄로 규정하는 것이 바람직하다고 본다. '부패범죄'의 범주에서 다루어지는 특수직공무원들의 범죄통계들이 어떤 의미에서 개인적 혹은 소규모 집단 내에서의 상시적이고, 일상적인 '비리' 차원의 문제를 검토하는 것이었다면, 우리 역사 특히 형사사법과 관련된 역사에서 매우 중대한 '법왜곡'의 사례들이 존재하고 있음도 상기하여 보아야 할 것이다.

이러한 사례군들 가운데 많은 수가 적법한 공무집행을 하다가 '조금 과하게', 혹은 '의욕이 넘쳐서' 벌어진 일이라고 미화되거나 정당화되기까지도 한다는 점에서 특별한 검토가 필요한 사안이다. 이러한 형사관련특수공무원들의 '법왜곡'행위와 관련해서는 현행법상으로 이를 제대로 책임추궁하기 힘든 경우가 많고, 형법상의 공무원범죄의 개념으로서는 적절한 취급이 어렵기 때문에 현행법의 공무원범죄 개념을 넘어서 직권남용죄의 규정을 세분화하고, '법왜곡죄'의 신설을 통하여 이를 의율할 수밖에 없다. 특히 법관에 의한 사실확정의 왜곡, 양형산정의 남용, 법자체의 왜곡(해석의 남용)이나, 수사기관의 법왜곡 유형으로서 유죄의 증거가 현저히 불충분한 경우의 수사개시 혹은 기소, 수사·공판 중 유죄증거의 결여에도 불구하고 공소를 유지하여 유죄구형을 하거나, 지나치게 높은 형량으로 구형하는 등의 수사·공소권의 남용이나, 피의자나 참고인 등에 대한 수사방법상 허용되지 않는 진술 강요행위들이 이러한 법왜곡행위로서 규율되어야 할 대상이다.

또한 이 점을 특별히 논의하고 있는 분은 찾아볼 수 없으나, 법관의 법왜곡이 '법왜곡'의 기본적 구성요건으로서 '증거와 양심에 반한 판결의 선고'를 그 구성요건적 결과로 한다면, 수사기관의 법왜곡행위는 일종의 전단계 구성요건으로서 '공소제기'에 의하여 구체적 위험이 발생한다면 처벌할 수 있다고 보아야 한다. 또한, 진술강요행위와 같은 것은 일종의 거동범으로서 실제로 왜곡된 진술을 취득하지 않았다고 하더라도 피의자, 참고인 등의 자유를 억압하는 것 자체로서 처벌의 대상이 되어야 한다고 보아야 한다.

2 제도적으로 나아가야 할 방향에 대하여

1 내부고발자 보호 제도의 개선 방향은?

현행 내부고발자 보호제도는 신고자의 보호를 위해 별도의 법률에 의거하여 권력중립적인 독립기관을 설치하고 있으며, 신고자에 대한 보호뿐만 아니라 보상까지 규정하고 있는 점은 외국의 입법과 비교해 볼 때 비교적 획기적인 제도로 평가할 수 있다. 그러나 부패행위 신고자에 대한 불이익 조치사항을 광범위한 분야에 걸쳐 구체적으로 열거하여 이를 방지하고자 하는 외국의 입법례와 비교해 볼 때 불이익 형태에 대한 구체적 열거 없이 하나의 추상적이고도 포괄적 규정에 의존하고 있다. 따라서 우리나라의 부패방지법은 정신적 괴롭힘 등의 경우는 보호대상에 포함시키지 못하는 내재적 한계를 지닌다.

내부고발이란 일정한 조직에 소속된 노동자 또는 소속원이 일정한 불법행위사실을 인지하고 그러한 불법행위가 공공의 이익에 대하여 가할 수 있는 위해를 방지하기 위하여 그 사실을 외부의 공공기관 등에 알리는 행위를 말한다. 이러한 내부고발의 표지는 우선 내부고발 행위가 공공성을 갖추고 있어야 한다. 따라서 내부고발은 도덕적 행위이다. 또한 내부고발은 내부인에 의한 의외의 폭로적인 성격을 가진다. 이러한 성격을 감안한다면 현행 제도를 개선하기 위해 신고자 보호범위를 확대하여 불이익조치 금지사항에 조직 내 무형적인 협박, 고의적 불편이나 집단 따돌림 등의 정신적 괴롭힘을 포함하도록 하고, 모든 형태의 보복행위를 금지하는 포괄적 조항을 신설하는 것이 바람직하다. 또한 내부고발자에 대한 상담제도를 도입하여 내부고발에 대한 안내와 사후 조언의 역할을 함으로써 내부고발자제도가 정착할 수 있는 환경을 마련해야 한다.

또한 외국의 입법은 대부분 불이익조치에 대한 입증책임을 보복할 우려가 있는 소속기관에 있도록 규정하고 있으나 현행법은 이에 대하여 명시적인 규정을 두지 않아 부패행위 신고자가 부당한 인사조치가 있었음을 입증해야 한다. 따라서 내부고발제도는 여러 가지 점에서 개선되어야 할 필요성이 있다.

2 현행 몰수제도의 개선 방향은?

현행법상 몰수(Einziehung)는 '범죄반복의 방지나 범죄에 의한 이득의 금지를 목적으로 범죄행위와 관련된 재산을 박탈하는 것을 내용으로 하는 재산형'이라고 정의되며, 범죄수익몰수라는 제도는 조직범죄나 약물범죄의 증가를 막고 그 경제적인 동기를 근본적으로 없애기 위하여 마련된 제도이다. 즉, 양 제도는 기본적으로 동일한 취지의 제도인 것이다. 이는 형법상 몰수제도가 특히 물건에 대한

몰수를 중심으로 함으로써 경제적 이익을 목적으로 하는 범죄에 대하여 제대로 대응하지 못한다는 반성적 고려에 의하여 범죄수익몰수라는 제도를 신설하였기 때문이다. 즉, 약물·조직범죄 등 경제적 기대이익이 높은 범죄에 당해 범죄로부터 취득된 경제적 이익을 고갈시켜 이들 범죄행위 자체를 무의미화함으로써 범죄동기를 더 이상 형성하지 않도록 하는 것이 이 제도의 기본적 취지인 것이다.

우리 형법의 다른 많은 분야도 그러하지만, 몰수에 대해서도 형법은 제정 당시의 형태에 머물러 있고, 그때그때의 필요에 따라 특별형법과 특례법 등의 제정, 개정을 통하여 몰수제도를 확대하여 왔던 것이 오늘날 우리 형사사법이 가지는 문제점을 그대로 안고 있는 것이다. 즉 형법상 몰수가 '물건'에 제한되고 유체물에 화체되어 있지 않은 무형적 이익은 몰수의 대상에서 처음부터 빠지게 됨으로써 오늘날의 다양한 경제적 환경에 조응하지 못하게 되었다. 더불어 몰수 대상의 범죄행위와의 관련성을 지나치게 엄격하게 요구하고 있음으로 인하여 조직적이고 계속적인 범죄행위에 적절히 대처하고 있지 못하다는 비판도 있다. 이러한 측면을 본격적으로 형법개정에 반영하여야 할 필요가 있다.

우리나라의 몰수제도와 관련하여 보완하여야 할 점을 지적하면 다음과 같다. 첫째, 형법상 몰수의 대상을 물건에 국한하는 것보다는 재산에까지 확대할 필요가 있다. 왜냐하면 재산에까지 몰수할 수 있게 하는 것을 학설에 의하여 무리하게 하는 것보다는 법률의 개정을 통하여 명확하게 하는 것이 죄형법정주의의 원칙에 부합할 것이기 때문이다. 둘째, 몰수 대상물의 보전절차를 규정하는 법률적 근거가 마련되어야 한다. 구체적인 문제점으로는 자금세탁방지 관련 법률의 제정은 범죄수익의 돈세탁 과정을 통해 확보되므로 보다 근본적으로는 돈세탁행위를 금지함으로써 범죄수익으로의 전환을 예방할 필요성이 크다는 데서 출발한다. 하지만 오히려 이들 법률제정으로써 향후 수사기관의 적발이 활발해지게 되면서 동시에 범죄수익의 은닉이나 가장행위도 고도화·복잡화될 것으로 예상된다는 점에서 우리 형법과 형사소송법 등이 규정하고 있는 기본적 제도들도 이러한 흐름에 맞게 개정되어야 할 필요가 있다. 비록 개별법에서 '범죄수익몰수제도'를 도입하였다고는 하지만, 통일성이 없고 그 개념 또한 논란의 여지가 많으므로, 1988년의 비엔나협약의 개념정의처럼 '물건' 대신에 '재산'으로 규정하여 '동산, 부동산, 권리, 재산상 이익을 포괄하는 유형, 무형의 사회통념상 경제적 가치가 인정되는 일체의 이익'으로 현실화할 필요가 있다. 다만 이렇게 몰수대상을 확대할 때에 발생하는 가장 큰 문제점은 당해 몰수대상과 범죄행위와의 관련성의 입증문제라고 할 수 있다. 현행 특례법들은 이를 '입증책임의 전환'규정을 통하여 해결하고 있다.

그러나 입증책임의 전환은 불법수익이라는 형법적 제도를 위한 유용한 문제해결은 아니다. 형사소송에서의 입증책임의 일반원칙을 단지 실무상의 어려움을 회피하기 위해서 변형시키려는 것은 법치국가의 원칙에 비추어 올바르지 않다고 판단된다. 범인이 은닉시킨 재산에 대하여 이것이 범법행위로 인한 것임을 밝혀내고, 몰수하는 것은 형사사법기관의 당연한 기본적 의무로 보아야 하기 때문이다. 다시 말하면 입증문제의 어려움을 해소하기 위해서 법치국가원칙을 왜곡시키는 형사소송상의 '법률상 추정'규정을 두기보다는 오히려 관련 법률의 내실화와 계좌추적 등 과학적 수사기법의 개발을 통하여 몰수대상물의 범죄출처를 보다 효과적으로 입증할 수 있는 수단을 마련하는 것이 더 중요하다.

즉 법치국가원칙에도 반하고, 위헌의 의심마저 있는 '법률상 추정'규정을 두기보다는 실질적으로 범죄수익임을 입증할 수 있는 수단으로서 자금의 출처, 흐름을 파악할 수 있도록 계좌추적 수단을 강화하고, 이를 돕는 수단 등을 보완함으로써 이 문제를 해결하려는 적극적인 노력이 필요하다고 할 수 있다. 예를 들면, 현재 우리나라에서 시행되고 있는 많은 제도를 전산화하고 있고, 주식거래내역, 부동산 명의이전내역, 소득세·재산세등신고내역 등은 대부분 금융감독원, 건설교통부 또는 대법원, 국세청의 전산망에 포착되도록 되어 있으므로, 우리나라의 주민등록번호체계 등을 이용하여 이를 효과적으로 추적할 수 있는 방법을 개발하여야 한다.

몰수의 실효성을 확보하기 위해서는 유죄판결 확정 이전에 몰수대상물의 은닉, 거래가 이루어질 수 없도록 이를 보전하는 절차가 필요한데, 형사소송법상의 '압수'(제106조 이하)는 주로 증거물 등과 관련해서, 대상물에 대한 '점유의 취득'을 염두에 두고 만들어진 제도이지, 몰수대상물의 '처분을 방지'하기 위한 제도로 볼 수는 없는 것이다. 이러한 미비점을 반영하여 몰수대상물의 보전절차와 관련해서 입법된 것이 공무원범죄에관한몰수특례법의 시행세칙으로서의 공무원범죄에관한몰수특례법에의한몰수보전및추징보전등에관한규칙(일부개정 2002.6.28, 대법원규칙 제1769호)이 대법원규칙으로 마련되어 있으나, 그 이외의 경우에는 압수에 관한 형사소송규칙에 의하여야 한다는 점에서 여전히 미흡한 부분이 존재한다. 반대로 국민의 사유재산권행사를 실질적으로 제한하는 내용임에도 불구하고, 법률이 아니라 대법원규칙으로 제정되어 있다는 점에서 위 추징보전규칙도 상당한 문제가 있으므로, 이를 근거법률에 의하여 보다 명확하게 규정할 필요가 있다.

3 공무원범죄의 공소시효 개선 방향은?

공소시효란 검사가 일정한 기간 동안 공소를 제기하지 않고 방치하는 경우 국가의 소추권을 소멸시키는 제도를 말한다. 범죄에 대해 긴 세월이 지난 후에도 범죄자 처벌이 영원히 가능하다면 이는 범죄인에게 가혹할 뿐만 아니라 범죄인은 장기간의 도피생활로 인해 이미 처벌받은 것과 같은 형사정책적 효과를 가져오므로 일정기간이 경과하면 소추권을 소멸하게 하는 것이 법적 안정성에도 부합하다는 취지에서 인정되는 제도이다.

공무원범죄의 경우 범죄자인 공무원 자신이 당해 범죄의 발각을 어렵게 하기 위해 관련 증거를 보유하고 있는 경우가 대부분이다. 특히 고위 공무원범죄의 경우 적발되지 않는 한 범죄를 범하고도

권력의 비호를 받아 계속 공무에 임하는 경우가 대부분이고, 심지어 적발되고도 정치적 고려에 의하여 기소되지 않고 직위를 유지하는 경우도 있다. 이러한 측면을 고려할 때, 공무원범죄, 특히 권력형 공무원범죄의 경우 정치적 외압으로 인한 사법당국의 소극적 태도 등 공소제기가 사실상 불가능하거나 현저히 곤란한 경우임에도 불구하고 공소권을 소멸하게 한다면 공소시효 본래의 인정취지에 반한다고 하지 않을 수 없다. 또한 이러한 권력적 비위 이외에도 공무원의 직무범죄는 후임자가 부임하거나, 감사가 진행되는 등 외부적 변화가 없으면 범죄사실 자체의 인지가 어려우므로 이를 법정형에 따라 일률적으로 정하는 것이 아니라 기산점을 변경하거나, 시효기간을 연장하는 등 공소시효의 완성을 어렵게 할 필요도 있다.

따라서 정치적 고려 등에 의하여 검사의 공소제기가 '수사기관 등이 개입한 증거의 조직적 은폐'나, '검찰지휘계통에 의한 수사·기소 억제 등의 원인에 의하여 사실상 불가능하거나 현저히 곤란한 사유가 있는 때는 그 사유가 소멸한 날로부터 공소시효의 기간을 기산한다는 예외규정을 단서조항으로 신설하는 것이 타당하다. 또한 검사의 불기소처분 자체는 기판력도 없고, 공소시효의 기산에 영향을 미치지 못한다고 보아, '범죄종료시점'이 아니라 정권의 교체 등 소추장애 상태가 종료한 때로부터 공소시효가 기산한다고 보아야 한다.

Chapter 2 / 사면권의 제한 및 남용방지

1 사면권이 가지는 문제점은 무엇인가

　사면조치가 행해질 때면 부패관련자들에 대한 폭넓은 사면권 행사에 대한 심각한 문제와 비판이 제기되곤 했다. 이러한 비판을 정리하여 보면 다음과 같다. 우선, 사면권 행사에 대한 법적 제한이 미비하다는 것이다. 둘째로, 사면의 불균형과 법에 대한 불신이다. 셋째로, 사면이 국민의 동의나 법 감정과는 괴리된 상태에서 단행되었다는 것이다. 넷째, 자의적인 사면의 남발로 법치국가적 절차의 의미가 손상되었다는 것이다. 다섯째, 사면권 행사가 최소한의 정치적 전제도 충족시키지 못하고 있다는 점이다.

　이러한 문제점들은 대부분 사면이 법률로 이루어지지 않고 대통령령으로 이루어지고 있다는 점에서 발생한다. 일반사면은 법치국가의 본질에 비추어 법률의 형식을 취하여야 한다. 그러나 우리나라의 헌법은 일반사면의 경우에 대통령령으로서 하되 국회의 동의를 얻도록 규정하고 있다. 그러므로 적어도 일반사면의 경우에는 외국의 입법례와 같이 법률의 형식을 취하는 것이 바람직하다고 생각한다. 이 경우에는 대통령의 사면권의 행사가 남용되지 않도록 명문화하는 것이 바람직하다. 우리나라에서 특히 문제가 되고 있는 권력형 부패사범에 대해서는 평등원칙과의 관계상 신중한 논의를 거친 뒤 사면금지의 대상으로 삼을 것인지 여부를 결정할 필요가 있다.

2 사면권을 통제하기 위한 방법들

1 절차적 통제

대통령의 사면권은 법원이 행한 일정한 사법작용의 효력을 제한하는 것으로 그 행사에 엄격한 기준과 요건 그리고 절차상의 제약이 따른다. 그러나 사면권의 행사에 있어서 법적 제한의 미비로 인하여 그 남용이 문제되고 있으며, 사면의 대상이 불균형하게 적용됨으로써 법에 대한 일반국민의 불신을 가중시키는 한 요인으로 작용하고 있다. 특히 권력형 비리사범이나 부패사범에 대한 광범위한 사면권의 행사는 국민적 법 감정과의 괴리를 유발시키고 있으며, 자의적인 사면권의 남발로 법치국가적 절차의 의미마저 손상시키고 있다.

따라서 사면권의 행사를 대통령의 권한과 판단으로 행사할 것이 아니라 대통령이 반드시 사전에 '대법원장의 의견'을 청취하도록 하거나 '사면심의위원회의 심의'를 거치도록 하는 등의 사전 통제 제도가 필요하다. 즉 사면에 대한 실체적 통제의 기준을 마련하기 어렵다는 점에서 절차적 통제방법을 보다 효율적이고 실효성있게 담보하는 것이 필요하다.

이러한 사면절차에 따라 사면의 필요성 및 공정성·형평성에 대한 국민적 공감대를 형성하고, 법적 정의 및 교정적 정의에 적합하도록 하여야만 대통령의 권력남용의 유혹을 사전에 방지할 수 있을 것이다.

2 입법적 통제

국회의 동의를 필요로 하지 않는 특별사면의 경우에는 외국의 입법례에서 볼 수 있듯이 사면법을 통하여 일정한 자 예를 들면, 탄핵결정으로 파면된 자, 탄핵소추대상자 및 권력형 비리를 저지른 고위공직자 등에 대하여는 사면을 배제하는 입법적 노력을 기울여야 한다. 즉 "권력형 비리와 부정부패 사범은 사면하지 못한다."는 내용 등 사면배제조항을 사면법에 명시하여 사면이 불가능하도록 법제화하는 방안이 검토될 수 있다. 비록 대통령의 사면권을 법률로서 제한하는 것이 권력분립의 원칙에 어긋날 수 있다는 입장도 있을 수 있으나, 사면권에 대한 국회의 통제가능성은 사면권을 규정한 헌법 제79조 제1항에 명시적으로 법률유보조항을 두고 있으므로 입법을 통한 통제방안은 위헌은 아니라고 생각된다.

3 사법적 통제

대통령의 사면권 행사가 헌법적 한계를 넘어선 경우 사법심사가 가능한가와 관련하여 사면도 엄격한 법적 행위이므로 사면권 행사의 남용은 사법권의 독립성을 훼손하는 중대한 위협으로 작용할 수 있다는 점에서 적절한 사법적 통제의 방법을 강구하여야 한다.

4 정치적 통제

사면권의 행사가 대통령의 고유권한이라고 할지라도 사면권은 잘못된 법집행이나 경직된 법치주의의 한계를 완화하는 수단으로 이용되어야지 법치주의의 근간을 흔드는 정치적 수단으로 악용되거나 행사에 정치적 고려가 개입되어서는 안 된다. 따라서 사면권 행사의 결정이 잘못된 경우에는 대통령에 대한 탄핵심판이나 여론 등에 의한 통제 등 정치적인 책임을 져야 하며, 비판도 아울러 제기되어야 한다.

Chapter 3 / 공무원범죄 통제를 위한 올바른 철학윤리론

1 올바른 철학윤리상

　윤리와 법은 시대에 따라, 장소에 따라 달리하고 있다. 따라서 윤리문제는 정답을 찾으려는 자세보다는 그때그때의 시대정신에 비추어 문제의식을 갖는 것이 보다 바람직하다는 지적이 나오기도 한다.

　요즘 행정의 이념으로 내세워지는 합법성·능률성·민주성 등은 근대의 산물이지만, 행정의 고대국가에서부터 강조되었다. 플라톤은 대화편에서 올바름에 관해 이야기를 나눈다.

　"신께 제물(祭物)을 빚지거나 남한테 재물(財物)을 빚진 채로 저승으로 가 버리게 되지나 않을까 하고 두려워하는 일이 없도록 한다든가 하는, 이와 같은 점에 있어서는 재산의 소유가 큰 기여를 하니까 말씀입니다. 그야 그밖에도 여러 가지로 쓸모가 있긴 하지만, 소크라테스 선생, 이모저모 비교해 볼진대, 분별 있는 이에게 부가 제일 쓸모 있게 되는 것이 적잖이 이런 경우에 있어서일 것이라고 나로서는 보겠습니다." 그분께서 말씀하셨네. "아주 훌륭한 말씀이십니다. 케팔로스님! 하지만 바로 이것, 즉 올바름(올바른 상태, 正義)을 정직함과 남한테서 받은(맡은) 것을 갚는 것이라는 식으로 단순히(무조건적으로) 말한 것인지요, 아니면 이런 걸 행하는 것도 때로는 옳지만, 때로는 옳지 못하다고 말한 것인지요?"

고대 희랍의 플라톤은 정치적 결사로서의 국가를 철저히 국가조직의 각 지체의 계급의 성분에 따라 그들의 조직과 역할을 이상적으로 규정하였다. 고대 국가이론과는 달리 근대의 대부분 국가구성이론의 방법은 기하학과 물리학을 결합한 과학적 방법에 의한 것이다. 공직이론의 토대는 곧 이러한 자연과학의 방법에서 출발한다.

정부의 책임은 공직자의 책임확보로 이어진다. 즉 그것의 행위는 권리를 창설하고 의무를 부과하고 행위를 규제하기 때문에 어느 분야보다 윤리성이 강조된다. 공직자가 국민과 관계에 있어서 공평성을 갖지 못하면 공직의 윤리는 허구성을 면치 못한다.

한국의 전통적 윤리의 특성은 '연(緣)'이 중심이다. 혈연, 지연, 학연은 배타성을 지니고 있다. 한국에서 공직자의 철학윤리가 확보되기 어려운 이유는 무엇일까. 여러 가지 관점에서 접근할 수 있겠으나 여기서는 개인적 차원, 구조적 차원, 정책적 차원에서 검토해 보고자 한다.

개인적 차원은 인간이 생래적으로 윤리가 존재하느냐 하는 것이다. 성선설의 입장을 취하는 사람은 개인적 차원의 윤리를 더 중요하게 생각하지 않고 설혹 문제가 된다 할지라도 개인의 심성에 호소하면 된다고 생각한다. 성악설의 입장을 취하는 사람은 이것을 제도적인 측면에서 치료하려고 한다.

구조적 차원은 절차, 결정방식, 조직구조, 지하문화, 관례화된 제도, 규칙, 기준 등을 포함한다. 정책적 차원은 윤리는 집단의 가치에 적절히 배분하는 공익의 문제와 직결된다.

2 별과 철학윤리

탈레스가 밤하늘의 별을 관측하다 웅덩이에 빠지자 늙은 여편네가 이를 보고 웃었다. 별과 자연의 관찰자와 그의 사회적 함의의 해석자들은 그가 속한 집단의 인식론적 관심과 불가분의 밀접한 관계가 있다. 또한 피히테는 일찍이 국민이 부패하더라도 정부가 부패하지 않으면 그 국민은 그럼에도 존재하고 빛나는 사업까지 할 수 있지만, 만약 국민과 정부 모두 부패타락하다면 외부의 공격에 그 국가는 당장 붕괴한다고 경고한 바 있다.

과거 전통에서 보면 철학과 물리학 및 자연과학은 분리되지 않은 하나의 전체의 담론에서 이러한 사회과학의 문제 해명에 함께 가담하여 왔다. 고대 동양에서는 사회적 인식주체는 "일차적으로 정치 권력자와 정치적 지배기구"를 의미하는 '공(公)' 개념으로 구성된다. 이 단어는 그러나 차츰 시대적 맥락에 따라 '공평(公平)'이라는 윤리적 의미의 용례로 정착되어 왔다. 반면에 '사(私)'는 개인 소유 혹은 '개인적'이라는 중립적인 의미 전용 외에는 부정적으로 사용되었다. 중국의 명말 양명학의 영향을 받아 태동한 '사적 욕망'은 담론에 들어오지 못했다. "오늘날 한국사회에서 공 개념에 대한 규명과 이에 종사하는 공직자에 대한 윤리적 배경은 과거 신분제도를 떠받들던 성리학적 사회구성담론과는 다르다. 근본적으로 공공의 행위를 수행함에 있어서 한 사회가 떠맡아야 할 일은 의무론적인 당위성이다. 그럼에도 불구하고 신분적으로 어느 특정 지역의 출신 인 자나 집단의 이익을 대변하기 위하여 혹은 자신의 사리사욕에만 눈이 어두워 있다면 이는 전근대적인 사유방식이라 비판받아야 마 땅하다."

1 아이작 뉴턴 법칙에 나타난 철학윤리

아이작 뉴턴의 운동법칙 가운데 등장하는 관성력의 개념이다. 관 성력은 물질은 정지하든 등속운동을 하든 직선운동을 하든 그는 그 자체로 내재하는 힘이 있다는 것이다. 배선복 한국학중앙연구원 교 수는 "혹은 그의 관성의 개념은 곧장 사물 자신이 가지고 있는 나태 함, 게으름 등과 연관을 갖는다."고 주장한다. 아울러 물리학의 이 관성력을 오늘날 사회과학적 인식영역으로 환원하면 곧 부패의 개 념과 연관을 시켜 논할 수 있다. 사과나무 아래에서 책을 읽던 뉴턴 이 떨어지는 사과를 보고 발견했다는 만유인력에서 자연과 사회란 관성상태와 같이 떼려야 뗄 수 없는 관계임을 본다. 따라서 사회와 자연은 서로 시치미 떼고는 살 수 없는 사이가 되었다.

2 스피노자의 윤리학

스피노자는 윤리학을 집필하면서 "국가는 오직 권력과 욕망의 이념만이 지배하는 곳이다. 국가에는 오직 하나의 인간정열의 문리학이 있다. 거기에 적용되는 사랑은 본질적으로 인간존재의 존재법칙이다."라고 말했다. 그는 또 "신은 개인을 창조하셨지만 민족은 창조하시지 않았다."고 말하기도 했다. 스피노자는 안경을 닦으며 살았다. 스피노자의 안경 닦기와 삶은 동일한 등식이 될 수 있다. 오늘날 도시 거리의 구두닦이와 스피노자의 유리 닦기는 직업윤리의 실천적 수행이라는 측면에서 별 차이가 없다.

3 암행어사 퇴계 이황의 철학윤리

퇴계 이황은 도산서원을 중심으로 '이(理)는 귀(貴)하고 기(氣)는 천(賤)'하다는 이론을 가르쳤다. "네가 지금 부지런히 공부하지 않으면 세월은 쏜살같이 흘러가서 한 번 가면 뒤쫓기가 어렵다. 끝내 농부나 병졸이 되어 일생을 보내려 한단 말이냐?" 퇴계 이황이 1542년 아들 준에게 보낸 편지의 일부이다. 공부에 자신이 없던 아들이 과거를 보지 않겠다는 편지를 보내자 분발하라고 다그치는 내용이다. 이같은 퇴계의 면모는 정치적 쟁점이나 학문 분야에 있어 조선 최고의 거유다운 기품을 잃지 않았던 평소 모습과는 대조된다. 조선 윤리학을 집대성한 퇴계조차도 자녀 교육만큼은 조급한 마음을 참기 어려웠던 것이다.

　추노지향(鄒魯之鄕), 자신의 혼미한 딸을 맡기는 권질의 말에 퇴계는 오랫동안 침묵한 후 이렇게 대답하였다고 문집은 기록하고 있다. "예, 고맙습니다. 제가 맡도록 하겠습니다. 어머니께 아뢰어 승낙을 받고 곧 예를 갖추어 혼인을 치르겠습니다. 하오니 마음을 놓으시고 기력을 잘 보존하옵소서." 이렇게 즉석에서 혼약을 맺은 퇴계는 이 사실을 어머니 박씨에게 알리고 나서 권씨 부인을 맡아 양곡(暘谷)에 지산와사(芝山蝸舍)를 짓고 신접살림을 차렸다. 말 그대로 달팽이껍질을 엎어놓은 듯 겨우 몸을 감출 만한 작은 집이었다. 34세 때의 봄부터는 벼슬하여 한양의 서소문집에서 13년간을 동거하였다. 지금도 남아 있는 권씨 부인의 많은 일화는 퇴계의 마음고생을 여실히 드러내고 있다. 정신이 흐리고 집중력이 떨어진 실성한 권씨 부인은 생전에 퇴계에게 많은 고통을 주었던 것이다. 퇴계의 관복 깃 끝과 그 맞은편에 매달아야 할 옷고름을 느닷없이 뒤쪽에 달음으로써 등청하는 퇴계를 망신시켰던 일은 작은 에피소드에 지나지 않는다. 할아버지의 제삿날이라 모든 식구들이 큰형의 집에 모였을 때 있었던 일화는 퇴계와 권씨 부인과의 관계를 극명하게 보여주고 있다.

　제사상을 차리느라 온 식구가 다 정신이 없는 가운데 상 위에서 배가 하나 떨어졌다. 그러자 권씨 부인은 얼른 배를 치마 속에 숨겼다. 이를 본 큰형수가 말하였다. "이보게, 동서. 제사상을 차리는데 과일이 떨어진 것은 우리들의 정성이 부족했기 때문이라네. 그런데 그것을 치마 속에 감추면 어떻게 하겠단 말인가." 이 광경을 지켜보던 여인들은 차마 뭐라고 할 수 없어 입을 손으로 가리고 웃고 있었는데, 밖이 소란스럽자 퇴계는 방안에서 밖으로 나와 사태의 전말을 알게 되었다. 그리고 부인의 잘못을 대신하여 큰형수에게 정중하게 사과하였다. "형수님, 죄송합니다. 앞으로 제가 잘 가르치겠습니다. 그리고 손자며느리의 잘못이니, 돌아가신 할아버지께서도 귀엽게 보시고 화를 내시지는 않으실 것입니다. 부디 용서하여 주십시오." 퇴계의 말에 동서를 꾸짖던 큰형수는 입가에 미소를 띠면서 다음과 같이 말하였다고 한다. "참으로 동 서는 행복한 사람이야. 서방님같이 좋은 분을 만났으니." 퇴계는 남몰래 아내 권씨를 불러 치마 속에 배를 숨긴 이유를 묻고, 아내가 먹고 싶어 숨겼다고 하자 배를 꺼내게 한 후 손수 배의 껍질을 깎아 아내에게 먹으라고 잘라주었다고 전해오고 있다.

퇴계는 권씨 부인을 하늘이 자기에게 주는 극기의 시험, 또는 자기 자신과 싸워 이기는 성덕의 체인(體認)으로 간주하고 이를 극복한 것이었다. 퇴계는 인간윤리의 기본이라고 할 수 있는 부부의 도리를 실천하여 가정의 화평을 유지하고, 남편으로서의 신의를 다하는 한편 비록 모자란 아내였으나 존엄성을 지닌 인간으로서 대접을 받으며 인생을 마칠 수 있게 함으로써 완덕의 길로 나갈 수 있었던 것이다.

오늘을 사는 우리들이 반드시 본받아야 할 이러한 퇴계의 부부유별(夫婦有別)은 '아내를 손님처럼 공경하는 퇴계의 법도' 때문이었을 것이다.

4 암행어사 다산 정약용의 철학윤리

18세기 조선은 변화의 시대였다. '조선의 지식인' 사대부 사이에서 성리학 이외의 '지식'이 붓끝에 오르는 일이 잦아졌다. 유배지의 다산 정약용같은 주변부 지식인들이 새로운 기풍을 심어주었다. 이들은 명분 있는 말 대신에 쓸모 있는 지식에 눈을 돌렸고, '실사구시'로 상징되는 새로운 지식인을 탄생시켰다. 그는 흔히 다산을 조선 후기의 실학사상을 완성한 문과적으로 암행어사를 지낸 인물로 알고 있지만 한강에 배다리(주교·舟橋, 부교·浮橋) 건설, 수원 화성(華城) 설계, 거중기 발명, 의학서 저술(麻科 會通) 등의 업적을 남긴 위대한 과학자이기도 했다.

다산 고향집의 당호는 여유당(與猶堂)이다. '망설이면서(與), 겨울에 냇물을 건너는 것같이 주저하면서(猶), 사방의 이웃을 두려워한다'는 의미다. 다산은 1800년 그의 나이 38세 때 정신적 지주이던 정조가 승하하자 세상과의 절연을 결심하며 이 당호를 지었다. 다산은 무엇을 두려워했던 걸까.

당시 상황은 주류와 다른 생각을 가졌다는 이유만으로 사람을 죽이는 불의(不義)의 시대였다. 주류는 노론 벽파였고, 정약용은 그들의 정적인 남인의 핵이었다. 조선 후기 대표적 천주교 탄압 사건인 신유박해(1801년) 때 다산은 천주교도로 몰려 18년간을 유배지에서 살아야 했다. 다산이 살던 시대는 이랬다. 서학(西學)에 발을 디뎠다는 이유만으로, 단지 남인이라는 이유만으로 가문이 절멸되는 시대였다. 서민들의 삶도 궁핍하기 이를 데 없었다. 다산은 "아침, 점심 다 굶다가 밤에 와서 밥을 짓고, 집안의 물건이라곤 다 뺏겨 검푸르고 해진 무명이불 한 채가 전부인 서민들이 천지에 가득하다."며 현실을 아파했다. 암행어사 시절에는 지방관의 비리를 적발하며 '나라가 백성에게 사과해야 한다'는 보고서를 임금께 올리기도 했다.

다산은 '다산학'이란 사상 체계가 따로 있을 만큼 경학, 예학, 행정, 법학, 교육, 사학 등 다양한 분야에서 일가를 이룬 대학자이기도 하다. 정민 한양대 국문과 교수는 "한 사람이 이렇게 많은 분야에서 동시에, 그것도 아주 탁월한 성취를 이룩한 것은 경이요, 우리 학술사의 불가사의"라고 말할 정도다. 실용에 맞지 않으면 임금 앞에서도 승복하지 않았고, 진리를 위해서라면 주자(朱子)와도 맞섰으며, 처절한 불행 앞에서도 결코 무릎 꿇지 않았던 다산에게서 다시금 혜안(慧眼)을 구하는 이유다.

3 올바른 철학윤리를 실천하기 위하여

한국에는 다양한 '게이트'와 정치적 스캔들이 나타난다. 특히 고위공무원범죄가 증가하고 뇌물관련 범죄와 부정부패가 늘어나고 있다. 그럼에도 고위공직자에 대한 특단의 윤리철학 교육이 거의 없었다. 기존의 학문적, 실천적 노력은 대개 모든 공직자를 대상으로 한 획일적 접근법에 근거하여 공직비리를 통제하기 위한 제도적 수단 마련에 초점을 두었다. 또한 부패방지위원회, 국가청렴위원회, 국민권익위원회 등으로 명칭은 여러 번 바뀌면서도 공무원범죄 혹은 부정부패 통제를 위한 철학, 이론·실천론적 대책은 진화하지 못하고 회귀하는 것 같다. 고위 공직자 윤리적 실태와 중요성을 재조명하고, 고위 공직윤리의 핵심 내용을 확인한 후, 이익충돌을 중심으로 고위 공직의 윤리성 제고를 위한 개선 방안을 검토해야 한다.

고위직 공직자들은 항상 대통령을 비롯한 정치 지도자들의 정책적 성향이나 압력에 민감할 수밖에 없고, 의사결정 시 스스로 내면화된 윤리적 기준이나 공익같은 추상적 규범에 의존하기보다 자신의 경력 추구에 유리한 외부적 압력과 타협하기가 쉽다. 이럴 경우 공직자는 공익 추구라는 공직자의 본분을 상실한 채 사익을 추구하는 전형적 비리 관료로 전락하게 된다.

따라서 그 대책은 첫째, 정책윤리의 내면화를 이뤄야 한다. 둘째, 공직자의 올바른 충성(loyalty)이다. 셋째, 품위유지(Appearance Standards)이다. 고위 공직의 윤리성 제고를 위한 제도적 개선이 시급하며, 이익충돌 규제 원칙의 제도화도 필요하다. 또한 공직자 퇴직 후 활동 제한의 강화도 세심하게 연구되어야 하며, 재산공개 규제의 내실화도 필요하다.

이는 근본적으로 공직자의 철학윤리와 올바른 인성교육, 올바른 인사 등이 평등하게 이뤄지는 것을 전제로 법과 제도를 정비해 나가고 실천해 나가야 공무원범죄 혹은 공직비리, 공무원의 부정부패 등의 문제를 해결할 수 있을 것이다.

4부

직종별 매뉴얼
공직자 부패행위 관련 해외 8개국 비교 연구
2015 국제투명성기구 조사 세계 부패 인식지수

제4부 수록 내용은 국민권익위원회 민원 승인 절차를 밟아 사용되었음을 밝힙니다.

Chapter 1

유관단체 메뉴얼

1 선물 신고 처리 및 조치 매뉴얼

1 선물 신고 처리 및 조치 절차도

| 선물의 상담 | ◆ 선물의 직무관련성이 모호하여 공정한 직무수행이 곤란한 경우 청탁방지담당관과 상담 처리 |

| 선물의 신고 | ◆ 선물 수수 시 신고기관(소속기관, 국민권익위원회, 감독기관, 감사원, 수사기관)에 신고
◆ 청탁방지담당관 신고 접수 |

| 선물의 반환 | ◆ 제공자에게 거절의 의사표시 또는 제공자에게 반환
◆ 선물반환 시 편리한 객관적 방법 활용, 비용은 신고기관에 요청 |

| 선물의 인도 | ◆ 선물의 반환에 어려운 사정이 있는 경우 신고기관에 인도
◆ 신고기관은 소속기관, 수사기관 등에 신고와 함께 이첩·이송 |

| 수수금지 선물의 조사 및 조치 | ◆ 선물 수수 금지행위 위반 여부 조사 |

| 선물 위반자 제재 | ◆ 징계
◆ 과태료 부과 절차 진행
◆ 형사절차 진행 |

2 선물의 상담

- 공직자가 선물을 받는 경우 수수 금지 선물인지가 명확하지 않지만 공정한 직무수행에 영향을 미치는 것으로 의심되는 경우 청탁방지담당관과 상담
- 청탁방지담당관은 상담처리부에 상담요지와 그 결과를 기록
- 청탁방지담당관의 상담은 단순한 자문요청에서 선물의 자진신고로 진행될 수 있으므로 상담자의 신분이나 인적사항 등에 대한 비밀은 신고자에 준해 철저하게 보호
- 공직자가 상담 결과 수수 금지 선물에 해당하는 경우 지체 없이 신고하고 거부의 의사를 밝히거나 반환 인도해야 함
- 공직자가 받은 선물이 수수 금지 선물인지가 명확하지 않아 제공자에게 지체 없이 반환한 경우에도 사후의 책임으로부터 면책될 수 있도록 청탁방지담당관과 상담 가능

3 선물의 신고

1) 공직자 등의 신고(시행령 제18조)

- 공직자가 수수 금지 선물을 받거나 제공의 약속 또는 의사표시를 받은 경우
- 지체 없이 소속기관장(청탁방지담당관)에게 신고서(전자문서 포함) 작성 제출
- 공직자 등의 소속기관이 아닌 다른 신고기관(국민권익위원회, 감독기관, 감사원, 수사기관)에도 신고 가능
- 신고는 서면으로 하는 것이 원칙이나, 긴급하거나 부득이한 사유가 있는 경우에는 구술로 먼저 신고한 후 신고서 제출도 가능

> **신고사항(시행령 제18조)**
>
> - 신고자의 인적사항(성명, 주민등록번호, 주소, 소속 부서 및 연락처, 그 밖에 신고자를 확인할 수 있는 인적사항)
> - 수수 금지 금품 등을 제공하거나 그 제공의 약속 또는 의사표시를 한 자의 인적사항
>   · 개인인 경우: 성명, 연락처, 직업 등 수수 금지 금품 등을 제공하거나 그 제공의 약속 또는 의사표시를 한 자를 확인할 수 있는 인적사항
>   · 법인 또는 단체의 대표자인 경우: 가목의 사항 및 법인 또는 단체의 명칭·소재지
>   · 법인·단체 또는 개인의 대리인, 사용인, 그 밖의 종업원인 경우: 가목의 사항, 법인·단체 또는 개인의 명칭·소재지 및 대표자의 성명
> - 신고의 경위 및 이유
> - 금품 등의 종류 및 가액
> - 금품 등의 반환 여부
> - 신고내용을 입증할 수 있는 증거자료(증거자료를 확보한 경우에만 해당)

- 공직자가 선물을 받은 경우가 아니라 제공의 약속 또는 제공의 의사표시를 받은 경우에도 법 제9조제2항에 따라 거부하는 의사를 표시해야 하고 같은 조 제1항에 따라 신고해야 함
  - 선물 제공의 의사표시를 받은 공직자 등이 거부하는 의사를 표시하였으나 신고를 하지 않은 경우 징계처분 대상에 해당
- 제공자를 모를 경우에는 거절의 의사표시나 반환을 할 수 없으므로 반드시 선물을 지체 없이 신고하고 소속기관장 등에게 인도
  - 추후 논란을 방지하기 위해 선물 사진을 촬영하거나 그 정황을 확인할 수 있도록 증언(택배기사, 아파트 경비원 등)을 확보하여 신고기관에 함께 제출
- 신고는 지체 없이 해야 한다. 여기서 '지체 없이'는 '불필요한 지연 없이'를 의미하고, 지체 없이 할 수 없었던 정당한 사유가 있는 경우에는 그 사유가 종료된 후 즉시를 의미

2) 제3자의 신고(법 제13조)
- 누구든지 위반행위가 발생하였거나 발생하고 있다는 사실을 알게 된 경

우 신고기관에 신고서(전자문서 포함) 작성 제출
- 신고를 하려는 자는 인적사항과 신고의 취지 이유 내용을 적고 서명한 문서와 함께 신고 대상 및 증거 등을 제출
- 허위 신고와 무책임한 신고의 통제를 위해 신고내용을 입증할 수 있는 증거를 함께 제출할 필요가 있음

• 신고자는 보호 및 보상을 받고, 보호와 관련하여서는 공익신고자 보호법, 보상과 관련하여서는 부패방지권익위법을 각각 준용

```
┌─────────────── 보호·보상을 받지 못하는 경우 ───────────────┐
│ ■ 신고의 내용이 거짓이라는 사실을 알았거나 알 수 있었음에도 신고한 경우 │
│ ■ 신고와 관련하여 금품 등이나 근무관계상의 특혜를 요구한 경우          │
│ ■ 그 밖에 부정한 목적으로 신고한 경우                                │
└──────────────────────────────────────────────────────┘
```

• 신고기관은 수수 금지 선물의 신고에 대하여 다음 각 호의 사항을 확인하여야 함

```
┌─────────────── 확인사항(시행령 제19조) ───────────────┐
│ ■ 신고자의 인적사항, 수수 금지 금품 등을 제공하거나 그 제공의 약속 또는 의사표시를 한 자의 인적사항, 신고의 경위 및 이유, 금품 등의 종류 및 가액, 금품 등의 반환 여부 및 그 밖의 사항, 신고내용을 입증할 수 있는 증거 등 신고 내용의 특정에 필요한 사항 │
│ ■ 신고 내용을 입증할 수 있는 참고인, 증거자료 등의 확보 여부 │
│ ■ 다른 기관에 동일한 내용으로 신고를 하였는지 여부 │
│ ■ 신고자가 신고처리 과정에서 신분공개에 동의하는지 여부 │
└──────────────────────────────────────────────────┘
```

• 신고기관의 신고 보완 및 처리, 신고사항과 확인사항의 기록 관리 등에 관해서는 부정청탁의 신고처리 규정을 준용

4 선물의 반환

1) 개요

• 공직자가 수수 금지 선물을 받은 경우 신고와 함께 지체 없이 제공자에게

거절의 의사표시를 하거나 반환하여야 함
- 가액기준을 초과하여 선물을 수수한 경우 수수한 전액이 수수 금지 선물에 해당하므로 수수한 선물 전부를 반환
- 제2호의 예외사유는 목적상 요건(원활한 직무수행, 사교 의례)과 가액기준(5만 원 이하)상 요건을 모두 구비해야 예외사유가 성립하므로 수수한 전액이 수수 금지 금품 등에 해당
- 제공자를 알 수 있는 경우 휴대폰 문자메시지 또는 전화 등 구두로 지체없이 거절의 의사표시

〈 문자 메시지 예시 〉

- 선물이 전달된 시점과 공직자가 안 시점에 차이가 있고 정당한 사유가 있다고 인정되는 경우에는 그 사유가 종료된 후 반환

예) 외국 출장 중 선물배달 사실을 알고 출장기간이 상당한 시간 소요될 경우 신고는 선물을 받았다는 사실을 안 시점에 하고 반환은 출장 복귀 후 지체없이 실시

- 제공자에게 객관적 전달방법인 택배, 퀵서비스 등을 통해 반환하고 영수증 등 반환 증명자료를 확보하여 추후 반환비용 청구 시 증빙자료로 이용

※ 택배, 퀵서비스, 우편 등 편리한 운송 방법 활용
- 반환에 있어 비용이 발생한 경우 신고기관에 택배 영수증 등의 증빙자료를 첨부하여 반환비용을 청구

2) 모바일 상품권(선물하기, 기프티콘)의 반환
- 상대방에게 보내고 싶은 상품(커피 등)을 온라인으로 구매하여 휴대폰 문자메시지 및 SNS를 통해 바코드 형태로 전송하면 상대방이 매장에서 실제 상품으로 바꿀 수 있는 모바일용 쿠폰
- 취소 절차
- (유효기간 3개월 내) 보내는 사람이 취소하거나 받는 사람이 고객센터와 통화하여 '선물 거절'을 신청할 경우 보낸 사람에게 100% 환불
- (유효기간 3개월 이후) 유효기간을 연장하지 않거나 받는 사람이 취소 환불을 신청하는 경우 받는 사람에게 90% 환불
- 반환 방법
- 유효기간 이후에는 받는 사람이 고객센터와 통화를 거쳐 보낸 사람의 동의를 받아, 보낸 사람에게 환불되도록 요청 가능
- (반환방법의 개선) 향후 모바일 상품권 수신 후 즉시 '선물 거절(취소/환불)'기능이 추가되면 해당 기능을 통해 거부의사표시 또는 반환 가능

3) 간편송금
- 상대방의 계좌번호 없이 휴대폰 번호만 입력하면 문자메세지 및 SNS를 통해 일정 금액(예 : 50만 원/일)을 송금할 수 있는 서비스
※ 기존 계좌이체는 상대방의 거래 은행 및 계좌번호를 직접 입력하고 공인인증 절차를 거쳐 송금
※ 토스, 카카오페이, 옐로페이, 네이버페이 등 IT 업체 및 시중 은행에서 간편 송금 서비스 제공 중
- (간편송금 앱 사용자→일반 사용자) 상대방이 문자메세지 또는 SNS를 통

해 전송된 링크에 접속하여 본인의 계좌번호를 입력하면 송금 완료
- (간편송금 앱 사용자→간편송금 앱 사용자) 받는 사람이 계좌번호를 입력하지 않더라도 가상 계정으로 송금 가능

※ (토스) 받는 사람의 계정으로 자동 송금

◆ (카카오·네이버 페이) 받는 사람이 수신 여부·방법(계정 또는 계좌번호) 선택 후 송금

• 취소 절차
- (간편송금 앱 사용자→일반 사용자) 받는 사람이 본인의 계좌번호를 입력하지 않는 경우 일정 기간(24시간~3일) 경과 시 자동 취소
- (간편송금 앱 사용자→간편송금 앱 사용자) 카카오 네이버 페이의 경우 수신방법 미선택 시 자동 취소되나, 토스의 경우 확인 절차 없이 가상 계정으로 先입금되어 별도의 취소 절차 부재

• 반환 방법
- (간편송금 앱 사용자→일반 사용자) 메시지 수신 후 지체 없이 문자메세지 또는 전화 등 구두로 거부 의사표시 필요

※ 본인 계좌번호를 입력하지 않으면 일정 기간 경과 시 자동으로 취소되나 명확한 거부 의사표시 필요

- (간편송금 앱 사용자→간편송금 앱 사용자)
◆ (카카오 네이버 페이) 메시지 수신 후 지체 없이 문자메세지 또는 전화 등 구두로 거부 의사표시 필요

※ 수신 방법(포인트로 받기/은행계좌로 받기) 미선택 시 일정 기간이 경과하면 자동으로 취소되나 명확한 거부 의사표시 필요

◆ (토스) 메시지 수신 후 지체 없이 문자메세지 또는 전화 등 구두로 거부 의사를 표시하고 보낸 사람에게 다시 송금하는 방법으로 반환

5 선물의 인도 및 인도된 선물의 처리

- 부패 멸실 변질 등의 우려가 있거나 제공자를 알 수 없는 경우 등 제공자에게 반환하기 어려운 사정이 있는 경우에는 신고기관(소속기관, 국민권익위원회, 감독기관, 감사원, 수사기관)에 선물을 인도
- 신고기관은 선물을 인도한 공직자 등에게 인도확인서를 교부
- 신고기관은 선물을 인도받은 경우 즉시 사진으로 촬영하거나 영상으로 녹화
- 선물을 인도받은 국민권익위원회는 신고를 이첩 송부하는 경우 인도받은 선물과 녹화한 기록물을 첨부하고 이첩 송부 사실을 선물을 인도한 자에게 통보
- 선물을 인도, 이첩 송부받은 조사기관은 조사 등의 결과 수수 금지 선물이 아닌 경우에는 선물을 인도한 자에게 반환
- 신고기관은 인도받은 선물이 멸실 부패 변질 등으로 인하여 처리가 어렵다고 판단되는 경우 인도자의 동의를 얻어 폐기처분

6 수수 금지 선물의 조사 및 처리

1) 선물의 조사
- 소속기관 등 신고 접수기관은 선물을 신고 또는 인도 받은 경우 자가진단 Check List에 따라 수수 금지 선물인지에 대해 조사
- 조사 결과 수수 금지 금품에 해당하면 과태료 부과 절차를 진행하고, 범죄의 혐의가 있거나 수사의 필요성이 있으면 수사기관에 통보

2) 선물을 받은 공직자에 대한 조치
- 소속기관장은 공직자나 그 배우자가 선물 신고를 하는 경우 반환 인도하게 하거나 거부의사를 표시하도록 해야 함
- 공직자 등의 배우자가 반환을 거부하는 경우 배우자로 하여금 그 선물을 제공자에게 반환하도록 요구

- 선물을 수수한 소속 공직자 등이 직무의 수행에 지장이 있다고 인정하는 경우에는 해당 공직자에게 일정한 조치 가능
- 전보 조치는 다른 조치를 통해서도 그 목적을 달성할 수 없는 경우에 한정하여 실시
- 필요한 경우 계속해서 직무를 수행하게 하면서 청탁방지담당관 또는 다른 공직자 등으로 하여금 그 공직자 등의 공정한 직무수행 여부를 주기적으로 확인 점검하도록 하는 것도 가능

〈 선물을 받은 공직자에 대한 조치 Check List 〉

구분	체크	조치	내용
조치 필요	☐	직무 공동수행자 지정	◆ 업무의 전문성 등으로 인해 직무수행자를 변경하거나 직무 참여 정지 등의 조치를 하기 어려운 경우
	☐	직무참여 일시중지	◆ 직무 담당자의 변경 없이 일시적으로 해당 업무 수행만 정지
	☐	직무 대리자의 지정	◆ 직무담당자는 해당 업무를 수행하지 못하는 상태에서 다른 공직자 등으로 하여금 해당 사안에 한하여 업무를 수행하도록 하는 조치
	☐	사무분장의 변경	◆ 전보 등 보직의 변경 없이 과내에서 사무분장을 변경하는 경우
	☐	전보	◆ 해당 공직자 등에 대한 보직 변경을 의미
조치 불필요	☐		◆ 직무를 수행하는 공직자 등을 대체하기 지극히 어려운 경우
	☐		◆ 공직자 등의 직무수행에 미치는 영향이 크지 아니한 경우
	☐		◆ 국가의 안전보장 및 경제발전 등 공익증진을 이유로 직무수행의 필요성이 더 큰 경우

3) 위법한 직무처리에 대한 조치

- 소속기관장은 공직자 등의 직무수행 중에 또는 직무수행 후에 법 위반 사실을 발견한 경우 해당 직무의 중지 취소 등 필요한 조치 실시

※ 청탁금지법

제16조(위법한 직무처리에 대한 조치) 공공기관의 장은 공직자 등이 직무수행 중에 또는 직무수행 후에 제5조, 제6조 및 제8조를 위반한 사실을 발견한 경우에는 해당 직무를 중지하거나 취소하는 등 필요한 조치를 하여야 한다.

- 소속기관장은 법 제5조, 제6조, 제8조를 위반하여 수행한 공직자 등의 직무가 위법한 것으로 확정된 경우에는 그 직무의 상대방에게 이미 지출 교부된 금액 또는 물건이나 그 밖에 재산상 이익을 환수
- 법 제5조, 제6조를 위반하여 한 직무수행의 경우 직무 그 자체도 위법하나, 제8조를 위반하여 한 직무수행의 경우 직무 그 자체의 위법 여부는 별도 판단 필요
- 직무가 위법한 것으로 확정된 경우란 재판 등의 불복절차에 따라 더 이상 불복할 수 없는 상태를 의미

2 수수 금지 음식물 신고 처리 매뉴얼

1 개요

1단계 (가액 진단)	◆ 음식물 가액의 확인

2단계 (직무관련자 진단)	◆ 음식물 제공자의 직무관련자 해당 여부를 판단(check list 1)

3단계 (예외사유 진단)	◆ 청탁금지법 제8조제3항의 예외사유가 있는지 여부를 판단 (check list 2)

4단계 (음식물 목적진단)	◆ 만 원 이하 음식물 제공자의 직접적인 직무관련 여부를 판단 (check list 3)

※ 음식물 수수 여부는 Check List 1~3 진단 과정을 거쳐 결정

- 공직자 등이 음식물을 받은 때에는 수수가 금지된 음식물인지를 먼저 확인하여야 함
- 받을 수 있는 음식물인지 여부는 위의 절차에 따라 구체적 사항을 면밀히 고려하여 판단해야 함

2 음식물 가액의 확인

- 음식물의 가액은 제재의 종류(형사처벌과 과태료), 수수 금지 금품 등의 예외 사유의 기준(3만 원 이하의 음식물)이 되므로 음식물을 받은 때(기준 시)에는 즉시 음식물 가액을 확인

- 당사자가 함께 식사를 한 경우 실제 각자에게 소비된 비용을 산정하고, 해당 비용의 산정이 어려운 경우 균등하게 분할한 금액이 수수한 음식물의 가액에 해당
  - 공직자 등이 제3자와 함께 접대를 받은 경우 특별한 사정이 없는 한 제3자의 접대비용과 공직자 등의 접대비용을 합산
- 상이한 가격자료가 있는 경우 신빙성이 담보되는 객관적 합리적인 자료가 우선하되, 알기 어려운 경우에는 위반행위자에게 유리한 자료를 기준으로 함
- 음식물과 선물을 함께 받은 경우 합산액은 5만 원을 초과할 수 없고, 부조금과 선물 음식물을 함께 받은 경우 합산액은 10만 원을 초과할 수 없음 (이 경우 음식물 선물의 가액기준인 3만 원 5만 원을 초과할 수 없음)

> **주 의**
> ☞ 원활한 직무수행, 사교·의례 목적으로 함께 식사를 한 후 가액기준 내에서는 제공자가 계산하고 초과 부분은 공직자 등이 계산하면 위반행위에 해당하지 않음
> ☞ 예를 들어, 직무관련자와 1인당 5만 원의 식사를 한 후 가액기준 내인 3만 원에 대해서는 제공자가 계산하고, 가액기준을 초과하는 2만 원에 대해서는 더치페이를 하는 경우에는 청탁금지법 위반이 아님

- 함께 식사를 한 후 제공자가 이미 결제를 했을 때 가액기준을 초과하는 경우 수수한 음식물 전액이 수수 금지 금품 등에 해당
  ※ 제2호의 예외사유는 목적 요건(원활한 직무수행, 사교·의례 목적)과 가액기준(3만 원 이하) 요건을 모두 충족해야 예외사유가 성립되므로 수수한 전액이 수수 금지 금품 등에 해당
  - 공직자 등은 가액기준을 초과하는 음식물 전액에 대하여 신고기관에 지체 없이 신고해야 함

3 수수 금지 음식물 자가 진단 Check List

◆ 음식물 가액, 직무관련성, 목적 등 자가진단에 있어 애매한 경우 소속기관의 청탁방지담당관과 상담

📖 **Check List 1 (3만 원 초과 허용되는 음식물 자가진단)**

• 음식물 제공자가 공직자 등의 직무수행이나 의사결정에 영향을 미쳐 공정성을 저해할 우려가 있는 직무관련자 여부를 판단

체크	체크 항목
☐	◆ 공직자가 법령 · 기준상 관장하는 직무와 관련이 있는 자
☐	◆ 공직자가 관례상 · 사실상 소관하는 직무행위와 관련이 있는 자
☐	◆ 결정권자를 보좌하거나 영향을 줄 수 있는 공직자의 직무행위와 관련이 있는 자
☐	◆ 공직자가 법령 · 기준상 관장하는 직무와 밀접한 관계가 있는 직무행위와 관련이 있는 자

▲ 체크(v)가 없을 경우에는 음식물 제공자가 직무관련성이 없으므로 3만 원을 초과하는 음식물도 수수가 허용됨(종료)
▲ 체크(v)가 1개 이상인 경우 check list 2를 진행

📖 **Check List 2(가액 제한 없이 허용되는 음식물 자가진단)**

• 법 제8조제3항의 예외사유에 해당하는 경우에는 가액의 제한 없이 음식물 수수가 가능하므로 그 해당 여부를 판단

체크	체크 항목
☐	◆ 공공기관이 소속 공직자 등이나 파견 공직자 등에게 제공하는 음식물
☐	◆ 상급 공직자 등이 위로 · 격려 · 포상 등의 목적으로 하급 공직자 등에게 제공하는 음식물
☐	◆ 원활한 직무수행, 사교 · 의례 목적으로 제공되는 3만 원 이하의 음식물
☐	◆ 공직자 등의 친족(「민법」제777조에 따른 친족을 말한다)이 제공하는 음식물
☐	◆ 공직자 등과 관련된 직원상조회 · 동호인회 · 동창회 · 향우회 · 친목회 · 종교단체 · 사회단체 등이 정하는 기준에 따라 구성원에게 제공하는 음식물
☐	◆ 공직자 등과 특별히 장기적 · 지속적인 친분관계를 맺고 있는 자가 질병 · 재난 등으로 어려운 처지에 있는 공직자 등에게 제공하는 음식물
☐	◆ 공직자 등의 직무와 관련된 공식적인 행사에서 주최자가 참석자에게 통상적인 범위에서 일률적으로 제공하는 음식물
☐	◆ 그 밖에 다른 법령 · 기준 또는 사회상규에 따라 허용되는 음식물

▲ 체크(v)없을 경우에는 음식물 수수가 허용되지 않음
▲ 체크(v)가 1개 이상인 경우 가액의 제한 없이 음식물 수수 가능
▲ 다만, 3만 원 이하의 음식물에 해당하여 세 번째 항목(원활한 직무수행, 사교 · 의례 목적으로 제공되는 3만 원 이하의 음식물)에 체크(v)한 경우에는 check list 3을 진행

📖 Check List 3(3만 원 이하라도 제한되는 음식물 자가진단)

• 음식물 제공자가 '직접적인 직무관련자'인 경우 공정한 직무수행을 저해할 것이 명백하므로 직접적인 직무관련 여부를 판단

체크	체크 항목
☐	◆ 민원을 신청하여 처리 과정에 있는 개인 또는 단체가 제공하는 음식물
☐	◆ 인가·허가 등의 취소, 영업정지, 과징금 또는 과태료의 부과 등으로 이익 또는 불이익을 직접적으로 받는 개인 또는 단체가 제공하는 음식물
☐	◆ 수사, 감사(監査), 감독, 검사, 단속, 행정지도 등의 직접적 대상인 개인 또는 단체가 제공하는 음식물
☐	◆ 재결(裁決), 결정, 검정(檢定), 감정(鑑定), 시험, 사정(査定), 조정, 중재 등으로 직접적인 이익 또는 불이익을 받는 개인 또는 단체가 제공하는 음식물
☐	◆ 징집, 소집, 동원 등의 직접적 대상인 개인 또는 단체가 제공하는 음식물
☐	◆ 국가 또는 지방자치단체와 계약 체결 절차가 진행 중이거나 계약 진행 중인 개인 또는 단체가 제공하는 음식물
☐	◆ 인사·예산·감사·상훈 또는 평가 등을 직접 받는 소속 기관 공직자 또는 다른 기관의 공직자가 제공하는 음식물
☐	◆ 그 밖에 정책·사업 등의 결정 또는 집행으로 이익 또는 불이익을 직접적으로 받는 개인 또는 단체가 제공하는 음식물

▲ 체크(v)1개 이상인 경우 3만 원 이하의 음식물도 수수할 수 없음

4 수수 금지 음식물 신고 처리 및 조치 절차

1) 절차도

음식물의 상담	◆ 음식물의 직무관련성이 모호하여 공정한 직무수행이 곤란한 경우 청탁방지 담당관과 상담 처리 ◆ 제공자에게 거절의 의사표시 또는 가액기준 초과 부분을 공직자 등이 계산한 경우 가액기준을 초과한 음식물 수수로 보기 어려움

음식물의 신고	◆ 음식물 수수 시 신고기관(소속기관, 국민권익위원회, 감독기관, 감사원, 수사기관)에 신고 ◆ 청탁방지담당관 신고 접수

수수 금지 음식물의 조사 및 조치	◆ 음식물 수수 금지행위 위반 여부 조사

음식물 위반자 제재	◆ 징계 ◆ 과태료 부과 절차 진행 ◆ 형사절차 진행

2) 음식물의 상담

- 공직자 등이 음식물을 받는 경우 수수 금지 음식물인지가 명확하지 않지만 공정한 직무수행에 영향을 미치는 것으로 의심되는 경우 청탁방지담당관과 상담

※ 직무관련성, 공식적인 행사 및 통상적인 범위인지 여부 등

- 청탁방지담당관은 상담처리부에 상담요지와 그 결과를 기록
- 청탁방지담당관의 상담은 단순한 자문요청에서 자진신고로 진행될 수 있으므로 상담자의 신분이나 인적사항 등에 대한 비밀은 신고자에 준해 철저하게 보호

3) 음식물의 신고

- 공직자 등은 상담 결과 수수 금지 음식물에 해당하는 경우 지체 없이 신고 해야 함
- 신고는 신고기관에 신고서를 작성 제출하는 방법으로 하고 신고사항은 수수금지 선물의 신고사항과 동일

- 신고는 서면으로 하는 것이 원칙이나, 긴급하거나 부득이한 사유가 있는 경우에는 구술로 먼저 신고한 후 신고서 제출도 가능
- 신고는 지체 없이 해야 하고 여기서 '지체 없이'는 '불필요한 지연 없이'를 의미
  - 지체 없이 할 수 없었던 정당한 사유가 있는 경우에는 그 사유가 종료된 후 즉시를 의미

Chapter 2 언론사 메뉴얼

1 수수 금지 선물 매뉴얼

1 개요

〈 수수 금지 선물 확인 절차도 〉

1단계 (선물가액 진단)	◆ 선물 가액의 확인

2단계 (직무관련자 진단)	◆ 선물 제공자의 직무관련자 해당 여부를 판단(check list 1)

3단계 (예외사유 진단)	◆ 청탁금지법 제8조제3항의 예외사유가 있는지 여부를 판단 (check list 2)

4단계 (선물 목적 진단)	◆ 5만원 이하 선물제공자의 직접적인 직무관련 여부를 판단 (check list 3)

※ 선물 수수 여부는 Check List 1~3 진단 과정을 거쳐 결정

- 언론사 임직원이 선물을 받은 때에는 수수가 금지된 선물인지를 먼저 확인하여야 함
- 받을 수 있는 선물인지 여부는 위의 절차에 따라 구체적 사항을 면밀히 고려하여 판단해야 함

2 선물 가액의 확인

- 선물의 가액은 제재의 종류(형사처벌과 과태료), 수수 금지 금품등의 예외사유의 기준(원활한 직무수행, 사교·의례 등 목적으로 제공되는 5만원 이하 선물)이 되므로 선물을 받은 때(기준 시)에는 즉시 선물 가액을 확인
- 선물에 구매 영수증 등이 들어 있어 실제 지불된 비용을 알 수 있는 경우 구매가 기준
- 일률적인 할인이 아닌 구입자에 대해서만 특별한 할인이 이루어진 경우, 일부를 현금이나 포인트로 지급한 경우 등이 확인되면 이를 반영한 실제 구입가액이 기준이 될 수 있을 것임
- 실제 구입한 가액을 입증할 수 있는 영수증 등의 자료가 없으면 통상의 거래가격, 즉 시가를 기준
- 상이한 가격자료가 있는 경우 신빙성이 담보되는 객관적·합리적인 자료가 우선하되, 알기 어려운 경우에는 위반행위자에게 유리한 자료를 기준
- 가액기준(5만원) 초과 선물을 수수한 경우 기준 초과부분이 아닌 선물 전체가 수수 금지 금품등에 해당
- 가액기준 초과 선물을 수수한 경우 선물 전체가 수수 금지 금품등에 해당하므로 선물 전체를 반환해야 함
- 음식물과 선물을 함께 받은 경우 합산액은 5만원을 초과할 수 없고, 부조금과 선물·음식물을 함께 받은 경우 합산액은 10만원을 초과할 수 없음 (이 경우 음식물·선물도 가액기준인 3만원·5만원을 초과할 수 없음)
- ※ (예시) 4만원 상당의 음식물과 1만원 상당의 선물을 받은 경우 합산액은 5만원 이하이나 음식물 가액기준 3만원을 초과하였으므로 수수 금지 금품등에 해당
- 언론사 임직원이 선물 가액이 얼마인지 확인하기 어려운 경우에는 청탁방지담당관과 상담

3 수수 금지 선물 자가 진단 Check List

◆ 선물 가액, 직무관련성, 목적 등 자가진단에 있어 애매한 경우 소속기관의 청탁방지담당관과 상담

📖 **Check List 1 (5만원 초과 허용되는 선물 자가진단)**

• 선물 제공자가 언론사 임직원의 직무수행이나 의사결정에 영향을 미쳐 공정성을 저해할 우려가 있는 직무관련자 여부를 판단

체크	체크 항목
☐	◆ 언론사 임직원의 법령·기준상 관장하는 직무와 관련이 있는 자
☐	◆ 언론사 임직원이 관례상·사실상 소관하는 직무행위와 관련이 있는 자
☐	◆ 결정권자를 보좌하거나 영향을 줄 수 있는 언론사 임직원의 직무행위와 관련이 있는 자
☐	◆ 언론사 임직원이 법령·기준상 관장하는 직무와 밀접한 관계가 있는 직무행위와 관련이 있는 자

▲ 체크(v)가 없을 경우에는 선물 제공자가 직무관련성이 없으므로 5만원을 초과하는 선물도 수수가 허용됨(종료)
▲ 체크(v)가 1개 이상인 경우 check list 2를 진행

📖 Check List 2(가액 제한없이 허용되는 선물 자가진단)

• 법 제8조제3항의 예외사유에 해당하는 경우에는 가액의 제한 없이 선물 수수가 가능하므로 그 해당 여부를 판단하는 테스트

체크	체크 항목
☐	◆ 언론사가 소속 임직원이나 파견 임직원에게 지급하는 선물
☐	◆ 상급자가 위로 · 격려 · 포상 등의 목적으로 하급자에게 제공하는 선물
☐	◆ 원활한 직무수행, 사교 · 의례 목적으로 제공되는 5만원 이하의 선물
☐	◆ 언론사 임직원의 친족(「민법」 제777조에 따른 친족을 말한다)이 제공하는 선물
☐	◆ 언론사 임직원과 관련된 직원상조회 · 동호인회 · 동창회 · 향우회 · 친목회 · 종교단체 · 사회단체 등이 정하는 기준에 따라 구성원에게 제공하는 선물
☐	◆ 언론사 임직원과 특별히 장기적 · 지속적인 친분관계를 맺고 있는 자가 질병 · 재난 등으로 어려운 처지에 있는 언론사 임직원에게 제공하는 음식물
☐	◆ 불특정 다수인에게 배포하기 위한 기념품 또는 홍보용품 등이나 경연 · 추첨을 통하여 받는 보상 또는 상품 등
☐	◆ 그 밖에 다른 법령 · 기준 또는 사회상규에 따라 허용되는 선물

▲ 체크(v)없을 경우에는 선물 수수가 허용되지 않음
▲ 체크(v)가 1개 이상인 경우 가액의 제한 없이 선물 수수 가능

2 수수 금지 경조사비 신고 처리 매뉴얼

1 개요

〈 수수 금지 음식물 확인 절차도 〉

| 1단계
(가액 진단) | ◆ 경조사비 가액의 확인 |

| 2단계
(직무관련자 진단) | ◆ 경조사비 제공자가 직무관련자 해당 여부를 판단(check list 1) |

| 3단계
(예외사유 진단) | ◆ 청탁금지법 제8조제3항의 예외사유가 있는지 여부를 판단 (check list 2) |

| 4단계
(경조사비목적 진단) | ◆ 5만 원 이하 경조사비 제공자의 직접적인 직무관련 여부를 판단 (check list 3) |

※ 경조사비 수수 가능 여부는 Check List 1~3 진단 과정을 거쳐 결정
- 언론사 임직원이 경조사비를 받은 때에는 수수가 금지된 경조사비인지를 먼저 확인하여야 함
- 받을 수 있는 경조사비인지는 위의 절차에 따라 구체적 사항을 면밀히 고려하여 판단해야 함

2 경조사 범위 및 경조사비 가액의 확인

- 경조사의 범위는 결혼과 장례에 한정
- 본인 및 직계비속의 결혼

- 본인과 배우자, 본인과 배우자의 직계 존·비속의 장례
- 그 밖에 생일, 돌, 회갑, 집들이, 승진, 전보, 퇴직, 출판기념회 등은 경조사에 해당하지 않음
• 경조사비의 가액은 제재의 종류(형사처벌과 과태료), 수수 금지 금품 등의 예외사유의 기준(부조 목적으로 제공되는 10만 원 이하 경조사비)이 되므로 경조사비를 받은 때(기준 시)에는 즉시 경조사비 가액을 확인
• 부조금과 선물·음식물을 함께 받은 경우 합산액은 10만 원을 초과할 수 없음(이 경우 음식물·선물은 가액기준인 3만 원·5만 원을 초과할 수 없음)
• 가액기준을 초과하는 경조사비를 수수한 경우 기준 초과 부분이 아니라 수수한 경조사비 전액이 수수 금지 금품 등에 해당하므로 전액을 반환해야 함
※ 제2호의 예외사유는 목적 요건(원활한 직무수행, 사교·의례 목적)과 가액기준(10만 원 이하) 요건을 모두 충족해야 예외사유가 성립되므로 수수한 전액이 수수 금지 금품 등에 해당
※ 음식물, 선물과 함께 부조금을 받은 경우 기준 초과 부분만 반환하는 것은 사실상 불가능하고, 경조사비는 선물이나 음식물과 달리 가액기준을 초과하는 부분만 수수 금지 금품 등에 해당한다고 보기 어려움
• 경조사비의 경우 즉시 확인을 할 수 없는 정당한 사유가 있는 경우 그 사유가 종료된 후 리스트 등을 확인하여 직무관련성과 가액 기준 초과 여부를 확인한 후 조치

3 수수 금지 경조사비(결혼·장례에 한정) 자가 진단 Check List

◆ 경조사비 가액, 직무관련성, 목적 등 자가진단에 있어 애매한 경우 소속기관의 청탁방지담당관과 상담

📖 **Check List 1 (10만 원 초과가 허용되는 경조사비 자가진단)**

- 경조사비 제공자가 공직자 등의 직무수행이나 의사결정에 영향을 미쳐 공정성을 저해할 우려가 있는 직무관련자인지를 판단하는 테스트

체크	체크 항목
☐	◆ 언론사 임직원이 법령·기준상 관장하는 직무와 관련이 있는 자
☐	◆ 언론사 임직원이 관례상·사실상 소관하는 직무행위와 관련이 있는 자
☐	◆ 결정권자를 보좌하거나 영향을 줄 수 있는 언론사 임직원의 직무행위와 관련이 있는 자
☐	◆ 언론사 임직원이 법령·기준상 관장하는 직무와 밀접한 관계가 있는 직무행위와 관련이 있는 자

▲ 체크(v)가 없을 경우에는 경조사비 제공자가 직무관련성이 없으므로 10만 원을 초과하는 경조사비도 수수가 허용됨(종료)
▲ 체크(v)가 1개 이상인 경우 check list 2를 진행

📖 **Check List 2(가액 제한 없이 허용되는 경조사비 자가진단)**

• 경조사비 제공자가 법 제8조제3항의 예외사유에 해당하는 경우에는 가액의 제한 없이 경조사비 수수가 가능한데, 그 여부를 판단하는 테스트

체크	체크 항목
☐	◆ 언론사가 소속 임직원이나 파견 임직원에게 제공하는 경조사비
☐	◆ 상급자가 위로·격려·포상 등의 목적으로 하급자에게 제공하는 경조사비
☐	◆ 부조 목적으로 제공되는 10만 원 이하의 경조사비
☐	◆ 언론사 임직원의 친족(「민법」 제777조에 따른 친족을 말한다)이 제공하는 경조사비
☐	◆ 언론사 임직원과 관련된 직원상조회·동호인회·동창회·향우회·친목회·종교단체·사회단체 등이 정하는 기준에 따라 구성원에게 제공하는 경조사비
☐	◆ 그 밖에 다른 법령·기준 또는 사회상규에 따라 허용되는 경조사비

▲ 체크(v)없을 경우에는 경조사비 수수가 허용되지 않음
▲ 체크(v)가 1개 이상인 경우 가액의 제한 없이 경조사비 수수 가능
▲ 다만, 10만 원 이하의 경조사비에 해당하여 세 번째 항목(부조 목적으로 제공되는 10만 원 이하의 경조사비)에 체크(v)한 경우에는 check list 3을 진행

Check List 3(10만 원 이하라도 제한되는 경조사비 자가진단)

• 경조사비 제공자가 직접적인 직무관련자인 경우 공정한 직무수행을 저해할 것이 명백하므로 직접적인 직무관련 여부를 판단

체크	체크 항목
☐	◆ 민원을 신청하여 처리 과정에 있는 개인 또는 단체가 제공하는 경조사비
☐	◆ 방송프로그램의 기획·편성, 제작 및 송신이나 취재·보도·논평·여론 및 정보 등의 전파 등에 참여 중인 개인 또는 단체가 제공하는 경조사비
☐	◆ 방송프로그램의 기획·편성, 제작 및 송신이나 취재·보도·논평·여론 및 정보 등의 전파 등으로 이익 또는 불이익을 직접적으로 받는 개인 또는 단체가 제공하는 경조사비
☐	◆ 방송프로그램의 기획·편성, 제작 및 송신의 대상이거나 취재·보도·논평·여론 및 정보 등의 직접적 전파 대상인 개인 또는 단체가 제공하는 경조사비
☐	◆ 언론사와 계약 체결 절차가 진행 중이거나 계약 진행 중인 개인 또는 단체가 제공하는 경조사비
☐	◆ 인사·예산·감사·상훈 또는 평가 등을 직접 받는 소속 기관 임직원 또는 다른 기관의 임직원이 제공하는 경조사비
☐	◆ 그 밖에 정책·사업 등의 결정 또는 집행으로 이익 또는 불이익을 직접적으로 받는 개인 또는 단체가 제공하는 경조사비

▲ 체크(v)1개 이상인 경우 10만 원 이하의 경조사비도 수수할 수 없음

4 경조사비 신고 처리 및 조치

1) 절차도

| 경조사비의 상담 | ◆ 경조사비의 직무관련성이 모호하여 공정한 직무수행이 곤란한 경우 청탁방지담당관과 상담 처리 |

| 경조사비의 신고 | ◆ 경조사비 수수 시 신고기관(소속기관, 국민권익위원회, 감독기관, 감사원, 수사기관)에 신고
◆ 청탁방지담당관 신고 접수 |

| 경조사비의 반환 | ◆ 제공자에게 거절의 의사표시 또는 제공자에게 반환
◆ 경조사비 반환 시 비용은 신고기관에 요청 |

| 경조사비의 인도 | ◆ 경조사비의 반환이 어려운 사정이 있는 경우 신고기관에 인도
◆ 신고기관은 소속기관, 수사기관 등에 신고와 함께 이첩·이송 |

| 수수금지 경조사비의 조사 및 조치 | ◆ 경조사비 수수 금지행위 위반 여부 조사 |

| 경조사비 위반자 제재 | ◆ 징계
◆ 과태료 부과 절차 진행
◆ 형사절차 진행 |

2) 경조사비의 상담

- 언론사 임직원이 경조사비를 받는 경우 수수 금지 경조사비인지가 명확

하지 않지만 공정한 직무수행에 영향을 미치는 것으로 의심되는 경우 청탁방지담당관과 상담
- 청탁방지담당관은 상담처리부에 상담요지와 그 결과를 기록
- 청탁방지담당관의 상담은 단순한 자문요청에서 경조사비의 자진신고로 진행될 수 있으므로 상담자의 신분이나 인적사항 등에 대한 비밀은 신고자에 준해 철저하게 보호

3) 경조사비의 신고

- 언론사 임직원은 상담 결과 수수 금지 경조사비에 해당하는 경우 지체 없이 신고하고 거부의 의사를 밝히거나 반환·인도해야 함
- 신고는 신고기관에 신고서를 작성·제출하는 방법으로 하고 신고사항은 수수 금지 선물의 신고사항과 동일
- 신고는 서면으로 하는 것이 원칙이나, 긴급하거나 부득이한 사유가 있는 경우에는 구술로 먼저 신고한 후 신고서 제출도 가능
- 제공자를 모를 경우에는 거절의 의사표시나 반환을 할 수 없으므로 반드시 경조사비를 지체 없이 신고
- 신고는 지체 없이 해야 하고 여기서 '지체 없이'는 '불필요한 지연 없이'를 의미
- 지체 없이 할 수 없었던 정당한 사유가 있는 경우에는 그 사유가 종료된 후 즉시를 의미

4) 경조사비의 반환

- 언론사 임직원이 수수 금지 경조사비를 받은 경우 신고와 함께 지체 없이 제공자에게 거절의 의사표시를 하거나 반환하여야 함
- 가액기준을 초과하는 경조사비를 수수한 경우 기준 초과 부분이 아니라 수수한 경조사비 전액이 수수 금지 금품 등에 해당하므로 수수한 경조사비 전액을 반환

- 제2호의 예외사유는 가액기준(10만 원 이하)과 목적 요건(부조)을 모두 구비해야 예외사유가 성립하므로 가액기준을 초과하면 목적 요건도 부정되어 가액기준 내의 부분만 예외사유에 해당된다고 보기 곤란
- 제공자를 알 수 있는 경우 휴대폰 문자메시지 또는 전화 등 구두로 지체 없이 거절의 의사표시

〈 문자 메시지 예시 〉

- 경조사비가 전달된 시점과 언론사 임직원이 안 시점에 차이가 있고 정당한 사유가 있다고 인정되는 경우에는 그 사유가 종료된 후 반환
- 반환·인도에 있어 비용이 발생한 경우 신고기관에 택배 영수증 등의 증빙자료를 첨부하여 반환비용을 청구

5) 경조사비의 인도 및 인도된 경조사비의 처리

- 제공자를 알 수 없는 경우 등 제공자에게 반환하기 어려운 사정이 있는 경우에는 신고기관에 경조사비를 인도
- 신고기관은 경조사비를 인도한 공직자 등에게 인도확인서를 교부
- 신고기관은 범죄의 혐의가 있거나 수사의 필요성이 있다고 인정되는 경

우 인도받은 경조사비를 수사기관에 증거자료로 제출하고 과태료 부과 대상이거나 징계의 필요성이 있다고 인정되는 경우 소속기관장에게 신고를 송부
- 조사 등 결과 인도받은 금품 등이 수수 금지 금품 등에 해당하지 않는 경우 다른 법령에 특별한 규정이 있는 경우를 제외하고는 경조사비를 인도한 자에게 반환
- 반환·인도에 있어 비용이 발생한 경우 증빙자료를 첨부하여 반환비용을 청구

3 FAQ

1 금품 등 수수 금지 관련

> Q. 언론사 임직원이 직무관련자로부터 3만 원 이하의 식사를 지속적으로 제공받아 연 300만 원을 초과한 경우 청탁금지법 위반인지?
>
> ☞ 원칙적으로 회계연도 300만 원 초과 여부 산정 시 예외사유에 해당하는 금품 등의 가액은 제외됨. 그러나 사례의 경우 3만 원 이하의 식사를 연 100회 넘게 제공한 경우에는 사교·의례 목적을 벗어날 가능성이 크므로 예외사유로 인정되지 않을 수 있음.

> Q. 금지된 금품 등을 제공하겠다는 약속을 하는 것도 위반인지?
>
> ☞ 언론사 임직원은 금지된 금품 등을 수수하는 것뿐만 아니라 요구 또는 약속하는 행위도 금지되며, 누구든지 언론사 임직원에게 금지된 금품 등을 제공하거나 제공의 약속 또는 의사표시를 하는 행위도 금지됨.

> Q. 언론사 임직원 자신이 소속된 언론사에서 주최하는 체육행사에 경품을 협찬할 것을 직무관련자에게 요구한 경우 청탁금지법 위반인지?
>
> ☞ 언론사 임직원은 금지된 금품 등을 수수하는 것뿐만 아니라 요구하는 행위도 금지되므로 청탁금지법 위반임.

> Q. 언론사 임직원이 대형마트에서 행해지는 행사에 참가해 추첨을 통해 받은 상품도 제재 대상인지?
>
> ☞ 불특정 다수인에게 배포하기 위한 기념품 또는 홍보용품 등이나 경연·추첨을 통해 받는 보상 또는 상품은 허용됨.

Q. 업무협조가 필요한 부처 및 과에 방문 시 가벼운 음료수를 들고 갈 수 있는지?

☞ 원활한 직무수행, 사교·의례 목적으로 제공되는 5만 원 이하의 선물은 수수 금지 금품 등의 예외사유(법 제8조제3항제2호)에 해당되어 허용됨.

Q. 직무와 관련된 언론사 임직원이 승진한 경우 10만 원 상당의 난 선물이 가능한지?

☞ 경조사는 결혼, 장례의 경우에 한정되며, 승진의 경우 경조사에 해당하지 않으므로 사교·의례 목적으로 5만 원 이하의 선물만 수수 가능.

Q. 월 정기 회비를 납부하는 같은 소속 직원들로 구성된 모임에서 회원의 경조사가 발생하여 회칙에 따라 50만 원을 지급할 수 있는지?

☞ 언론사 임직원과 관련된 직원 상조회 등이 정하는 기준에 따라 구성원에게 제공하는 금품 등은 수수 금지 금품 등의 예외사유(법 제8조제3항제5호)에 해당되어 지급 가능.

Q. 식사를 한 후 1인당 식사비 5만 원이 나온 경우 3만 원은 제공자가 결제하고 나머지 2만 원은 언론사 임직원이 결제한 경우 청탁금지법 위반인지?

☞ 음식물 가액기준 3만 원을 초과하는 부분에 대해서 언론사 임직원이 결제한 경우 청탁금지법 위반에 해당하지 않음.

Q. 미혼의 언론사 임직원인 A가 언론사 임직원이 아닌 미혼의 이성 B와 교제하며 직무와 관련 없이 1회 100만 원, 회계연도 300만 원을 초과하여 선물을 받을 수 있는지?

☞ 원칙적으로 1회 100만 원, 회계연도 300만 원을 초과하는 경우 직무관련 여부와 상관없이 형사처벌 대상에 해당하나, A와 B는 연인관계에 있으므로 수수의 동기·목적, 당사자의 관계, 수수한 금품 등의 가액, 청탁과 결부 여부 등을 종합적으로 고려할 때 사회상규에 따라 허용되는 금품 등에 해당되어 수수 가능.

Q. 언론사가 소속 직원에게 화환(10만 원)을 보내고 별도로 경조사비(10만 원)를 줄 수 있는지?

☞ 언론사가 소속 임직원에게 제공하는 금품 등(법 제8조제3항제1호)의 예외사유에 해당하여 가능.

Q. 법 제8조제3항제2호의 가액범위 내의 경우라면 직무관련성·대가성 유무에 관계없이 수수해도 되는지?

☞ 가액기준 내라도 직무관련성 및 대가성이 있으면 원활한 직무수행, 사교·의례의 목적을 벗어나 허용되지 않음.

Q. 식사를 했는데 각자에게 소요된 비용이 불분명 할 때에는 어떻게 해야 하는지?

☞ 원칙적으로는 실제 각자가 소비한 음식물의 가격으로 판단해야 함. 다만, 실제 각자에게 소비된 비용을 산정하기가 어려운 경우에는 균등하게 분할한 금액 즉, n분의 1을 한 금액으로 판단.

Q. 언론사 임직원이 직무관련자로부터 10만 원 상당의 선물을 받고, 지체 없이 반환하고 신고한 경우 선물 제공자는 청탁금지법 위반인지?

☞ 직무와 관련된 언론사 임직원에게 가액기준을 초과하는 선물을 제공한 경우 실제 언론사 임직원이 수수하였는지 여부와 상관없이 청탁금지법 위반임.

Q. 직무관련자가 언론사 임직원에게 금지된 금품 등 제공의 의사표시를 하였고, 언론사 임직원이 그 자리에서 거부의 의사를 표시한 경우 청탁금지법 위반인지?

☞ 직무와 관련된 언론사 임직원에게 금품 등 제공의 의사표시를 한 것으로도 청탁금지법 위반임. 이 경우 금품 등 가액에 따라 과태료 또는 형사처벌 대상이 됨.(다만, 언론사 임직원은 거부의 의사를 표시하였으므로 처벌대상에서 제외.)

Q. 언론사 임직원의 배우자가 금품을 수수하면 배우자가 처벌받는지?

☞ 언론사 임직원의 배우자가 언론사 임직원의 직무와 관련하여 수수금지 금품 등을 수수했을 때, 해당 언론사 임직원이 그 사실을 알고도 신고하지 않은 경우 언론사 임직원이 처벌됨. 즉, 배우자는 청탁금지법에 따라 처벌받는 것은 아님.(다만, 변호사법 등 다른 법률에 따라 처벌될 수 있음.)

Q. 언론사 임직원이 직무관련자로부터 1인당 2만 원 상당의 식사를 접대받고, 4만 원 상품권을 받은 경우 청탁금지법이 적용되는지?

☞ 음식물과 선물을 함께 수수한 경우 그 가액을 합산하며, 가액기준이 5만 원 범위 내의 경우만 허용되므로, 해당 사안에서 2만 원 식사를 접대받고 4만 원 상품권을 받은 경우 5만 원을 초과하여 청탁금지법 위반임.

Q. 무이자 소비대차의 경우에도 정당한 권원에 의한 것으로 허용되는 금품 등에 해당하는지?

☞ 이자 상당액은 사실상 증여를 위장한 가장된 법률관계로 평가가 가능하므로, 무이자 소비대차의 경우에는 특별한 사정이 없는 한 정당한 권원에 따른 것으로 보기 곤란.

Q. 직무와 관련된 공식적인 행사에서 통상적인 범위에서 일률적으로 제공하는 교통, 숙박, 음식물은 허용되는데, 이 경우 참석자 모두에게 똑같이 제공되는 것이어야 하는지?

☞ 모든 참가자에게 절대적으로 동일하게 제공되어야 한다는 의미는 아니며, 참석자 중 수행하는 역할(발제자, 토론자, 일반 참석자 등)에 따라 합리적으로 차등하여 제공할 수 있음.

Q. 민간기업 10개 사의 업무담당자 10명(각 사별 1명)과 언론사 임직원 1명 등 총 11명이 원할한 직무수행 목적으로 식사를 한 후 총 110만 원의 식사비용이 발생(1인당 10만 원)하였는데, 민간기업 업무담당자 10명이 각각 11만 원씩 비용을 결제하였다면 금품수수 금지 위반에 해당되어 과태료 부과대상이 되는지 여부

☞ 2인 이상이 가담하여 위반행위의 실현에 기여를 한 경우 가담자 각자가 위반행위를 한 것으로 간주하므로(질서위반행위규제법 제12조제1항) 가담자 각자는 언론사 임직원에게 제공한 금액인 10만 원의 2배 이상 5배 이하 과태료 부과대상에 해당하고 언론사 임직원도 동일하게 제재.

Q. 음식물과 선물을 같이 수수하는 경우 그 가액을 합산하고 5만 원을 초과하면 안 된다고 되어 있는데, 그럼 직무관련된 언론사 임직원에게 45000원 식사를 접대하고 5000원 상당의 선물을 하는 경우 법 위반이 아닌지?

☞ 이 경우에도 음식물은 3만 원, 선물은 5만 원 가액기준 내이어야 함. 따라서 음식물이 3만 원 가액기준을 초과하였으므로 청탁금지법 위반임.

Q. 상급자가 위로·격려·포상 등의 목적으로 하급자에게 제공하는 금품 등은 예외사유에 해당하는데, 소속 언론사가 다른 경우에도 예외사유가 될 수 있나요?

☞ 상급자와 하급자는 직무상 명령에 복종하는 관계이므로 같은 언론사 소속 임직원 사이에서만 예외사유가 성립.

Q. 기자가 골프회원권을 가진 사업자와 함께 골프를 할 때, 골프회원권 동반자에게 주어지는 회원우대나 준회원우대를 받아 5~10만 원 정도의 그린피 우대를 받는 경우 청탁금지법 위반인지?

☞ 골프회원권 동반자에게 주어지는 그린피 우대 등 할인은 금품 등에 해당하므로 골프회원권을 가진 직무관련자와 골프를 치면서 그린피 우대를 받는 것은 허용되지 않으며, 골프회원권은 선물에 해당하지 않으므로 선물의 가액기준 내라도 허용되지 않음. 따라서 이 경우 기자는 정가의 골프비(할인받지 않은 금액)를 지불해야 함.

Q. 언론사 기자가 취재원과 3만 원 초과의 식사를 하고 취재원이 식사비를 낸 경우 청탁금지법 위반인지?

☞ 청탁금지법상 공직자 등이 1회 100만 원 이하의 금품 등을 직무와 관련하여 수수한 경우는 과태료 부과대상임. 따라서 언론사 기자가 취재원으로부터 3만 원 초과의 식사를 대접받은 경우는 직무관련성이 있어 기자와 취재원 모두 제재대상임.

Q. 공연 담당 기자가 기획사의 티켓을 지원 받아 고가의 공연을 취재 목적으로 관람하는 경우 청탁금지법 위반인지?

☞ 청탁금지법상 수수금지 금품 등의 예외사유인 원활한 직무수행 목적으로 제공되는 선물의 가액기준은 5만 원임. 따라서 5만 원을 초과하는 공연 티켓을 지원받은 경우는 가액기준 범위를 벗어나 제재대상임.

Q. 부조 목적으로 제공되는 10만 원 이하의 경조사비는 허용되는데, 여기서 경조사의 범위가 어디까지인가요?

☞ 경조사의 범위는 본인 및 직계비속의 결혼과 본인과 배우자, 본인과 배우자의 직계 존·비속의 사망에 한정됨. 그 밖에 생일, 돌, 회갑, 집들이, 승진, 전보, 퇴직, 출판기념회 등은 경조사에 해당하지 않음.

Q. 언론사 임직원이 경조사비로 15만 원을 받은 경우 가액한도를 초과한 부분(5만 원)만 반환하면 되나요?

☞ 가액기준을 초과하는 경조사비를 수수한 경우 수수한 경조사비 전액이 수수 금지 금품 등에 해당하므로 수수한 전액을 반환해야 함.

Q. 언론사 임직원에게 5만 원의 범위 내에서 백화점 · 전통시장 · 모바일 등의 상품권을 선물로 줄 수 있나요?

☞ 직무와 관련한 언론사 임직원에게는 원활한 직무수행, 사교 · 의례의 목적으로 5만 원의 한도에서 상품권을 선물로 줄 수 있음. 다만 사교 · 의례 등의 목적을 벗어나는 경우에는 가액한도 내라도 허용되지 않음.

Q. 5만 원의 범위 내에서라면 음식물 상품권도 줄 수 있나요?

☞ 음식물 상품권은 음식물이 아니라 선물에 해당하므로 원활한 직무수행, 사교 · 의례의 목적으로 5만 원의 한도에서 줄 수 있음. 다만 사교 · 의례 등의 목적을 벗어나는 경우에는 가액한도 내라도 허용되지 않음.

Q. 언론사 임직원에게 택배나 우편을 통해 선물을 전달한 경우 택배비 또는 우편비가 선물의 가액에 포함되나요?

☞ 택배비 또는 우편비는 언론사 임직원에게 제공되는 것이 아니므로 선물의 가액에 포함되지 않음.

Q. 선물의 가액은 영수증에 기재된 금액으로 하는지?

☞ 시가와 구매가가 다른 경우 영수증 등에 의해 구매가를 확인할 수 있으면 시가와 현저한 차이가 없는 이상 구매가를 기준으로 산정함.(일률적인 할인이 아닌 구입자에 대해서만 특별한 할인이 이루어진 경우, 일부를 현금이나 포인트로 지급한 경우 등이 확인되면 이를 반영한 실제 구입가액이 기준이 될 수 있을 것임.)

Q. 식사접대와 선물을 동시에 받을 수 있는지?

☞ 사교·의례 등 목적으로 음식물과 선물을 함께 수수한 경우에는 그 가액을 합산하고, 이 경우 가액기준은 5만 원으로 하되 각각의 가액범위(음식물 3만 원 이하, 선물 5만 원 이하)를 넘지 못함.

Q. 7만 원 상당의 선물을 받은 경우 선물의 가액기준(5만 원)을 초과한 2만 원만 반환하면 되는지?

☞ 가액범위(5만 원)를 초과한 선물을 받은 경우 선물 전부가 수수 금지 금품 등에 해당하므로 받은 선물 전부를 반환해야 함.

Q. 취재원이 언론사 임직원과 식사 시 식사 외에 음료수나 주류 등을 함께 마신 경우 음식물 상한액에 포함되는지?

☞ 제공자와 언론사 임직원이 함께 하는 식사 외에 주류, 음료수 등도 음식물에 포함되므로 수수한 음식물의 가액 산정 시 모두 합산함.

Q. 대규모 해외 자동차 모터쇼 행사에 기업이 기자협회를 통해 취재기자를 선별하여 제공하는 숙박, 항공편을 받을 수 있는지?

☞ 공식적인 행사에 해당한다고 하더라도 숙박, 항공편을 기자만 선별하여 제공하고 일률적으로 제공하지 않았으므로 받을 수 없음.

Q. 결혼식에 참석한 하객에게 제공되는 가액범위를 초과하는 식사는 허용될 수 없는지?

☞ 경조사에 참석한 하객에게 접대하는 식사는 우리 사회의 전통 관습이고 불특정 다수인에게 제공하는 것이므로 3만 원을 초과하는 식사도 사회상규에 따라 허용되는 금품 등에 해당함.

Q. 직무관련자를 집으로 초대하여 음식물을 제공한 경우 허용되는지?

☞ 식사 초대 시 음식물의 가액산정은 재료비 구입 영수증 등 신빙성이 담보되는 자료가 우선하되, 이를 알기 어려운 경우에는 위반행위자에게 유리한 자료를 기준으로 산정함.

Q. 음식물의 가액범위에 부가가치세도 포함되는지?

☞ 부가가치세는 음식물 가격에 포함되어 표시되므로 음식물의 가액범위에 포함됨.

2 금품 등 신고 처리 관련

Q. 요구하지 않았음에도 책상에 놓고 가거나 택배로 발송 또는 배우자에게 전달하고 가는 경우 청탁금지법 위반인지?

☞ 금품 등 수수 사실을 알게 된 경우 지체 없이 반환·인도하고 신고하면 처벌대상에서 제외됨.

Q. 언론사 임직원이 직무와 관련된 자로부터 가액기준을 초과하는 식사접대를 받은 후 같은 금액의 식사를 직무관련자에게 제공한 경우 면책이 되는지?

☞ 두 행위는 별개의 행위로 면책이 되는 것은 아님. 언론사 임직원이 식사접대를 받은 후 나중에 같은 금액 상당의 식사를 제공한 것을 제재대상에서 제외되는 금품 등의 반환으로 볼 수 없으므로 면책되지 않음.

Q. 명절에 직무와 관련된 협회의 직원으로부터 언론사의 부서로 배송되어 온 선물은 받아도 되는지요?

☞ 선물이 누구로부터 온 것인지 특정하기 어렵거나 선물의 가액을 확인하기 어려운 경우 등에는 해당 언론사의 청탁방지담당관과 상담한 후 처리해야 함.(특정 직원 앞으로 왔다는 등의 특별한 사정이 없는 한 언론사의 부서로 온 선물은 부서장에게 온 선물로 보는 것이 상당하므로 부서장이 반환이나 신고 등 절차를 이행해야 함.)

Q. 언론사 임직원이 자진하여 신고는 하였으나 지체하여 신고한 경우에는 제재가 되는지?

☞ 언론사 임직원이 수수 금지 금품 등을 지체 없이 신고한 경우에만 제재 대상에서 제외될 수 있음. 다만 지체하여 신고한 경우에는 법 제15조제3항에 따라 제재가 감면될 수 있음.

Q. 언론사 임직원이 수수 금지 금품 등을 지체없이 신고하거나 반환·인도한 경우 제재대상에서 제외되는데, 이 경우 제공자도 제재대상에서 제외되나요?

☞ 누구든지 언론사 임직원에게 수수 금지 금품 등을 제공하거나 그 제공의 약속 또는 의사표시를 한 경우 제재대상에 해당하므로, 언론사 임직원이 금품 등을 지체 없이 신고 또는 반환하여 제재대상에서 제외되더라도 제공자의 위반행위는 성립되므로 제공자는 제재대상임.

Q. 언론사 임직원이 수수 금지 금품 등을 수수한 경우 지체 없이 신고하고 반환해야 하는데, 여기서 지체 없이는 무엇을 의미하는지?

☞ 지체 없이는 불필요한 지연 없이를 의미하고, 지체 없이 할 수 없었던 정당한 사유가 있는 경우에는 그 사유가 종료된 후 즉시를 의미함. '지체 없이'의 판단은 일률적으로 판단할 수 없고 사안에 따라 구체적·개별적으로 판단해야 함.

Q. 언론사 임직원이 직무와 관련된 자로부터 3만 원 저녁식사를 접대 받고, 주변 카페로 자리를 옮겨 6000원 상당의 커피를 제공받은 경우?

☞ 식사접대행위와 음료수 접대행위가 시간적, 장소적으로 근접성이 있어 1회로 평가 가능하며, 음식물 3만 원 가액기준을 초과하였으므로 청탁금지법 위반임.

Chapter 3

공직자 부패행위 관련
해외 8개국 비교 연구

	캐나다	미국	오스트리아	영국
법체계 (행정법, 형법, 강령 등)	- 행정법 - 형법 - 강령	- 연방형법 - 개별 부패 방지법 - 공무원 윤리강령	- 행정법 - 형법 - 행동강령	- 행동강령 - 형법 - 행정법
주요 법령	- 이해충돌법 - 공직신고자 보호법 - 로비법 - 공공부문 강령	- 연방형법 (뇌물죄, 이 해충돌 방 지규정) - 정부윤리법 - 공무원 복무 개혁법 - 해외부패 방지법	- 연방공무 원법 - 형법 - 단체책임법 - 로비법 - 정당법 - 미디어 투 명성법	- 장관행동 강령 및 공무원 행동강령 - 공무원행동 관리지침 - 뇌물법 - 사기법 - 공익정보 공개법

독일	프랑스	싱가포르	일본
- (형식적) 부패방지법 - 행정규칙, 가이드라인, 지침 등	- 행정법 - 형법	- 부패방지법 - 형법 - 강령(장관, 공무원)	- 행정법 - 형법 - 훈령 등 규칙
- 연방법 - 주법 - 행정규칙	- 부패방지법 - 공직생활 투명성법	- 부패방지법	- 국가공무원법 - 국가공직자 윤리법 - 국가공직자 윤리규정

〈김현희·나채준·박경철·박규환·장원규·전훈·조재현·배성호, "캐나다, 미국, 영국, 독일, 오스트리아, 프랑스, 싱가포르, 일본 공직자 부패행위에 관한 비교법적 연구"한국법제연구원, 2015, 부록 표 게재.〉

	캐나다	미국	오스트리아	영국
공직자	- 연방의원 - 공무원 (일반공무원, 보고대상 공무원) - 공직자	- 공무원 및 고용인 - 하원의원 - 공무원으로 선출, 지명되거나 천거된 사실이 통보된 자	- 공직자 (형법) - 공무원 (연방공두원법)	- 정무직 공직자 - 직업공무원 - 공공기관 종사자
공직자 외 범위	- 배우자 - 가족(친척)	- 배우자 - 자녀 - 가족	- 배우자 - 가족(친척) - 이해관계자 - 제3자	- 배우자 - 직계가족 (주식 기타 증권보유 신고/뇌물죄 적용) - 직원대리인 등과 소속 기업

독일	프랑스	싱가포르	일본
- 공직담당자 - 공직고용자 - 교육생	- 공직자 (국내, 국외, 법관)	- 공무원 - 공무원, 의원을 포함한 모든 공직자 및 공공단체, 법인 등 포함	- 일반직 공무원 (공무원법)
- 이해관계인 - 제3자	- 제3자	- 일반인 포함 (누구든지)	- 없음

	캐나다	미국	오스트리아	영국
금지행위	- 이해충돌 - 투표 - 내부정보 이용 - 영향력행사 - 외부채용 - 금품 등 혜택 - 협찬여행 - 민간계약 - 정치활동 - 모금 등	- 이해충돌 - 불법사례 수수 - 의사결정 - 우선적 처리 - 공무와 소득 - 내부정보 이용 - 영향력행사 - 외부채용 - 금품 등 혜택 - 여행 - 민간계약	- 집단따돌림 금지 - 편파행위 - 부수적인 업무의 제한 - 선물 수수	- 부정청탁 및 금품수수 - 이익충돌 - 주식, 증권 투자 - 직무 전념 의무 위배 - 내부정보 이용 - 정치활동 - 공무상비밀 누설

독일	프랑스	싱가포르	일본
- 대가관계 - 영향력행사	- 공무 수행 및 포기에 대한 제의, 약속 - 증여 - 선물 등 - 영향력행사	- 뇌물 및 향응 제공금지 - 기관(법인 포함) 간의 부정거래 - 의원 및 공공단체 뇌물 - 조사 및 수색방해 - 부패행위 조사국에 대한 정보 제공의무 위반 - 허위 및 사실 호도정보제공	- 금전 및 물품 수수 - 금전소비 대차, 부동산의 증여 - 무상 물품 대여 부동산 대출, - 무상 서비스 제공 - 미공개 주식 양수 - 공응접대 - 이해관계자 동반 유기 또는 골프 - 이해관계자 동반 여행 - 사회통념상 상당하지 않은 접대, 재산성의 이익

	캐나다	미국	오스트리아	영국
금품 등 (유형/가액)	- 원칙적 금지 - 선물 기타 이익 - 200달러	- 주별 차이	- 소액의 사소한 선물 - 100유로	- 원칙적 금지 - 장관 : 140 파운드 이하 - 하원 : 650 파운드 - 상원 : 500 파운드
외부강의, 강연	- 특별규정X	- 원칙적 금지 - 제공된 공무 서비스와 직접적 연관이 있는 경우에 적용	- 부수적인 행위로 가능 (신고 및 허가 사항) - 산출직 공직자의 부수적인 수입공개	- 공무원행동관리지침

독일	프랑스	싱가포르	일본
- 원칙적 금지 - 연방 : 25유로	- 원칙적 금지	- 원칙적 금지	- 원칙적 금지
- 직위, 관행, 평균임금 고려	- 교육기관에서의 강연 (허가없이 가능) - 기타의 경우 소속기관의 허가 요함	- 직무관련성 금지(선물 및 사례수수금지) - 소속기관장의 허가	- 이해관계자의 의뢰에 의한 강연 및 방송 출연 등에 대하여 윤리감독관의 사전승인에 의하여 가능

	캐나다	미국	오스트리아	영국
퇴직 후 취업 (대상/ 기준)	- 전체 전직 공무원(1년) - 전직 보고 대상 공무원 (2년)	- 퇴직한 모든 공무원 - 직접 또는 상당히 관여 했던 사안	- 퇴직 후 6개월 유예 - 직위 또는 직무판단에 상당한 영향을 받은 법인에 활동 금지 - 60세 미만 휴직공직자에 대해서도 일정한 의무부여	- 공무원행동 관리지침 - 공무원영리활동
로비	- 로비법 : 로비스트 등록	- 로비공개법: 로비스트 등록, 로비 활동 공개	- 로비법 : 로비스트 등록, 미이행 시 행정 위반에 따른 벌금, 로비스트 보수에 대한 형사상 규제	- 이익충돌 금지규정 - 공무원행동 관리지침

독일	프랑스	싱가포르	일본
- 영향력 - 대가관계	- 퇴직 후 취업가능 - 경우에 따라 공직자윤리위원회의 감독	- 특별규정X	- 국가공무원법
- 특별규정X - 주의회 규칙으로 로비스트 등록 2개주 시행 - Brandenburg와 Rheinland - Pfalz	- 특별규정X	- 특별규정X	- 특별규정X

	캐나다	미국	오스트리아	영국
신고자 보호 (대상, 방식)	- 공직자 신고 보호법	- 내부고발자 보호법 : 내부 고발 접수 및 처리 현황보고, 내부고발자 보복금지 및 경계	- 웹상에서 익명의 공익신고 시스템 구축	- 공익정보 공개법 (1988) - 근로자 - 노동재판소의 재판을 통한 보호
처벌	- 형벌 : 징역 - 벌금, 몰수 - 내부징계	- 형벌 : 징역, 벌금, 몰수 - 민사처벌 : 부당이득 반환	- 형벌 - 경계	- 형벌 : 징역, 벌금, 몰수 - 내부경계

독일	프랑스	싱가포르	일본
- 공익신고자 보호센터 (함부르크) - 공익신고 보호관 (베를린)	- 공직생활 투명성법	- 일체의 소송 절차에서 증인, 참고인 등으로 허가되지 않음 - 일체의 소송 절차 진술 의무 없음 - 법원은 정보 제공자의 신원이 노출되지 않도록 조치를 취할 의무가 있음	- 공익통보자 보호법 - 신고대상 : 개인의 생명·신체보호·환경보전·소비자이익의 옹호 - 신고방식 : 특별히 정하고 있지 않음 다만 원칙적으로 익명으로는 불가능
- 형벌 - 행정벌 - 내부징계 - 연금정지 (퇴직자)	- 형벌 - 부과형 가능	- 형사적 제재 - 행정적 제재	- 형벌 - 내부징계

	캐나다	미국	오스트리아	영국
주요조직	- 이해충돌 및 윤리위원회 - 로비위원회 - 재무위원회 - 왕립기마경찰대	- FBI - 정부윤리청 - 법무부 감찰국 - 특별심사청	- 경찰 - 경제범죄 및 부패 행위의 소추를 위한 중앙검찰청 - 연방부패행위 예방 및 방지청 - 회계감사원	- 공무원인 - 왕립검찰청 - 중대부정수사청 - 국가회계감사원 - 감사위원회 - 공공회계감사위원회
권한	- 조사 - 수사 - 기소요청	- 조사 - 수사 - 기소요청	- 조사 - 수사 - 기소 또는 기소 요청	- 무영장 정보 제공 요구권 - 비밀유지 의무 면제 - 진술거부권 제한

독일	프랑스	싱가포르	일본
- 연방 : 내무부, 연방범죄청 - 주 : 각 주의 상황에 맞는 조직	- 중앙부패방지처 - 공직자윤리위원회 - 투명성고등사무국	- 부패행위조사국	- 국가공직자윤리심사회 - 윤리감독관
- 조사 - 검·경·회계조직과의 연계를 통한 수사, 기소	- 정보수집 및 제공 - 감독	- 조사 - 수사 - 체포권 - 기소권한은 없음	- 조사권 - 징계권

Chapter 4

2015 국제투명성기구 조사 세계 부패 인식 지수

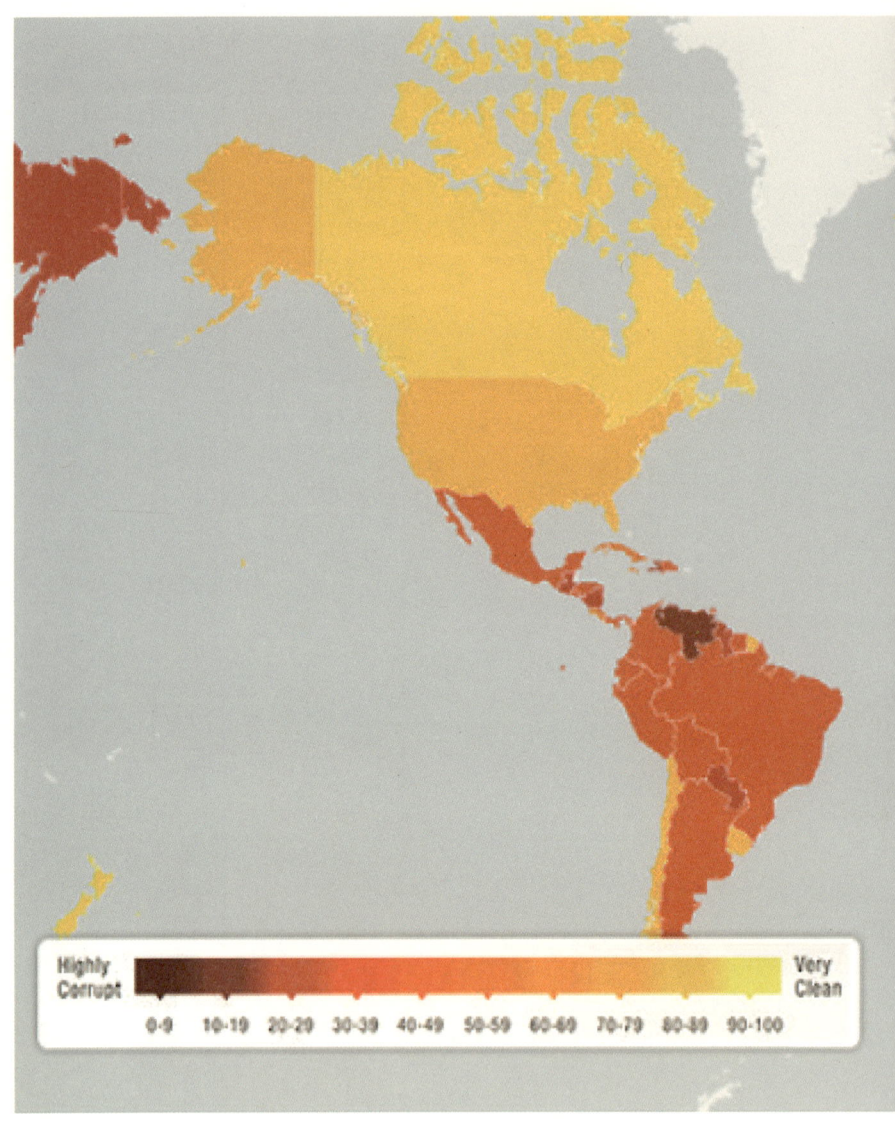

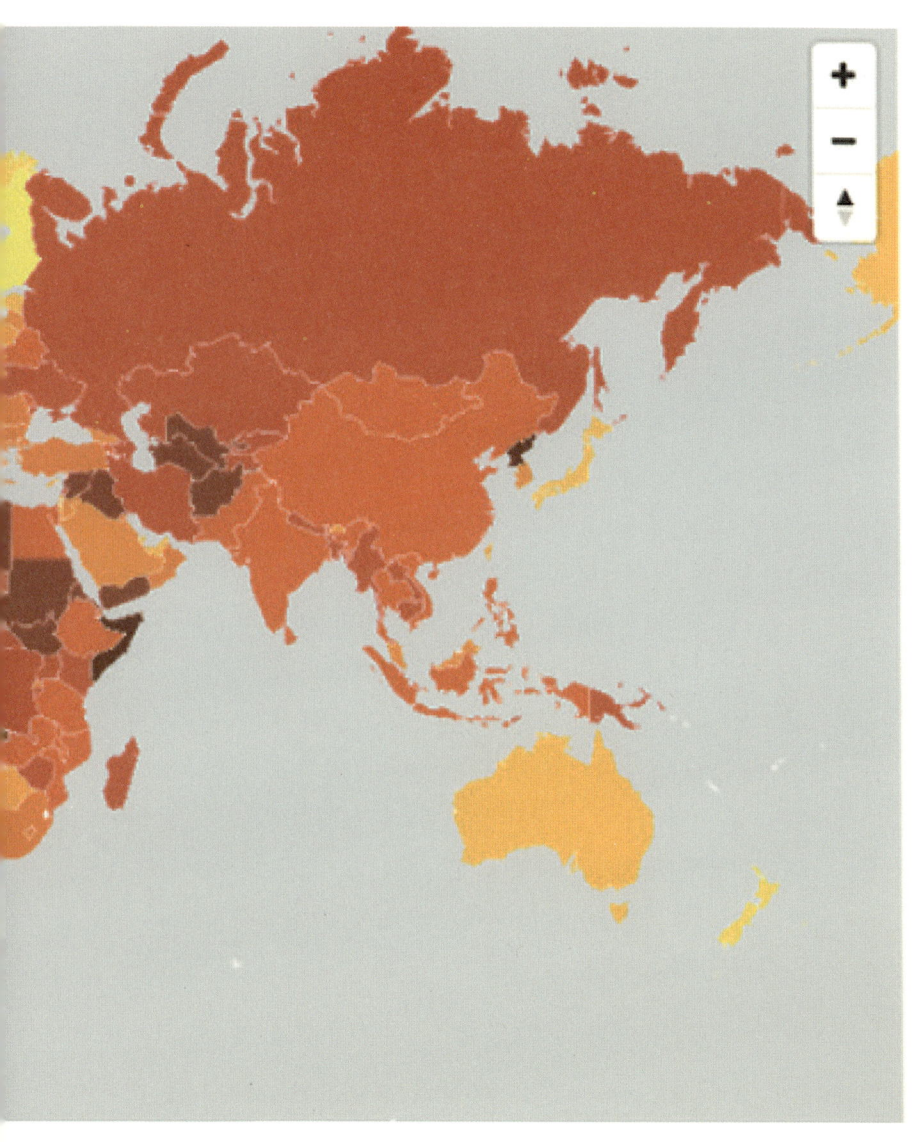

2015 국제투명성기구 조사 세계 부패 인식 지수

2015 국제투명성기구 조사 세계 부패 인식 지수

앞의 지도는 국제투명성기구가 각 국가의 공공부문 부패에 대한 전문가들의 의견을 수렴해 산정하는 부패인식지수(CPI)이다. 지도는 2016년에 국제투명성기구가 발표한 국가별 부패 인식 지수인데, 지도를 보면 노란색부터 시작해서 색이 점점 더 붉어지는 모양을 띠고 있다. 색이 진할수록 사람들이 해당 국가의 부패상황이 심각하다고 생각하는 것으로 우리나라의 경우 한 눈에 보기에도 붉은 색을 보이고 있으며, 이를 통해 세계 속에서 한국의 부패 상황에 대한 세계인의 인식 수준이 어느 정도에 위치해 있는지 한 눈에 볼 수 있다.

우리나라는 2015년 100점 만점에 56점으로 37위를 기록한 것으로 드러났다. 이는 2014년(43위)보다 순위 자체는 6계단 올라간 것이지만, 올해의 조사결과에서는 우리나라보다 상위에 있던 5개국이 조사대상에서 제외된 결과라 실제 순위는 거의 오르지 못한 셈이라고 할 수 있다.

전체 조사 대상 국가가 167개국이라는 점을 생각해 봤을 때, 37위라는 순위는 낮지 않은 것으로 생각될 수 있을지도 모르지만, 현재 한국의 국제적 위상과 앞으로의 지향점 등을 생각해 본다면, 10년이 지나도록 개선되지 않은 상황은 문제라고 할 수 있다.

〈신동윤 기자, 2015 한국 부패인식지수 '56점' 7년째 제자리걸음, 헤럴드 경제, 2016-01-27.〉